侦查原理与
讯问实务丛书

侦查的伦理分析

ZHENCHA DE LUNLI FENXI

上官春光／著

中国检察出版社

图书在版编目（CIP）数据

侦查的伦理分析/上官春光著. —北京：中国检察出版社，2017.5
（侦查原理与讯问实务丛书）
ISBN 978 - 7 - 5102 - 1877 - 4

Ⅰ.①侦…　Ⅱ.①上…　Ⅲ.①侦查－法伦理学－研究　Ⅳ.①D918

中国版本图书馆 CIP 数据核字（2017）第 070365 号

侦查的伦理分析

上官春光　著

出版发行：中国检察出版社
社　　址：北京市石景山区香山南路 111 号　（100144）
网　　址：中国检察出版社（www. zgjccbs. com）
编辑电话：(010) 88953709
发行电话：(010) 88954291　88953175　68686531
　　　　　(010) 68650015　68650016
经　　销：新华书店
印　　刷：保定市中画美凯印刷有限公司
开　　本：710 mm×960 mm　16 开
印　　张：14　插页 4
字　　数：265 千字
版　　次：2017 年 5 月第一版　2017 年 5 月第一次印刷
书　　号：ISBN 978 - 7 - 5102 - 1877 - 4
定　　价：40.00 元

前　言

本书从伦理角度对侦查进行了分析和探讨，内容涉及侦查的伦理属性、侦查中的伦理原则、侦查讯问、询问证人的伦理问题、侦查的伦理保障机制以及侦查人员职业伦理的构建等内容。研究的目的在于从伦理角度审视侦查程序以及侦查行为的正当性，推动侦查制度的完善，避免不道德侦查行为。

伦理包含有伦理关系、伦理观念和伦理规范多重含义。伦理和道德在含义上有所区分，但在大的方面则是趋同的。对侦查进行伦理分析是必要的。侦查规范本身的概括性和抽象性使其在规范侦查行为时难免会出现空隙和盲点。而管理规范也可能扭曲侦查法律规范的本意。在实践中，侦查的目的、侦查措施和期限都会因为伦理因素的影响而发生变异。这需要对侦查进行伦理分析，把握侦查行为的伦理界限。对侦查进行伦理分析是可能的。这是因为人具有共性和价值共识，伦理标准具有多样性的同时也具有统一性，更重要的是对伦理标准的探讨已经存在一定的理论基础。对侦查进行伦理分析有助于规范侦查行为也有助于侦查制度的完善。

侦查具有伦理属性。侦查规范本身具有一定的伦理蕴含。侦查制度和规范尊重社会伦理情常并禁止不道德的侦查行为。侦查行为不仅体现侦查人员的职业伦理，而且体现国家伦理。侦查行为既会受到伦理评价，也具有伦理示范功能。侦查对犯罪嫌疑人以及公众都会产生相应的伦理效应。

刑事侦查实践既受法律规范的制约也受道德规范的调节。其中，一些体现基本价值追求的伦理原则虽然未为法律所直接确认，但对侦查规范和侦查行为具有价值引领和指导作用。侦查中的伦理原则主要包括人道、隐私保护、诚信、公序良俗等。

人道原则是最基本、最重要的伦理原则。人道原则源于人道主义思想。人道原则体现了对人的价值、尊严和主体性地位的认同和尊重，具有价值引导作用。同时，人道原则反对无视人的生命价值的做法，反对对人施加不人道或有辱人格尊严的行为，具有道德评价作用。在国际人权法文件中，人道尊严包括生命安全、人格尊严和人道待遇三方面。人道原则在侦查中的要求也主要表现为尊重生命安全、尊重犯罪嫌疑人及相关人员的人格尊严、给予犯罪嫌疑人以人道待遇，但侦查中存在违背人道原则的行为，具体表现为人格侮辱、残忍和不人道待遇、酷刑等。

诚实信用是基本的道德原则。刑事诉讼程序中也存在着信任需求，需要诚实信用原则在一定范围内发挥调节作用。侦查中，侦查机关需要遵守诚信原则，但诚信原则对犯罪嫌疑人只有引导作用和内在的强制作用，没有外在的强制作用。侦查中侦查谋略的使用具有一定的道德容许性，但在诚信与侦查谋略之间，诚信具有优先的选择权。侦查机关在使用侦查谋略时，不仅要看到其对侦查的积极效果，还需要注意侦查谋略对被欺骗人的影响和对整个社会的长远影响。

隐私具有不可替代的工具性价值，隐私保护既是伦理要求也是法律要求。侦查中侵害个人隐私的主要措施包括通信监控、搜查、扣押、人身检查、强制取样等。对隐私的侵犯主要表现为侵犯通信秘密、个人隐私空间、个人信息。侦查中侵犯个人隐私虽有一定的正当性，但其正当性是有限的。侦查中采用侵犯个人隐私的侦查措施，应当注意相应的伦理界限，即目的的正当性、具有必要性、比例适当、兼顾时间和场所因素、避免附带侵害。

公序良俗原则适用于侦查领域，主要体现为对侦查活动的限制，核心就是要求侦查权不得违背公序良俗。侦查中对犯罪嫌疑人的布控、犯罪现场的控制、犯罪案件信息的发布都需要考虑对公共秩序的影响，注意方式和方法。对善良风俗的尊重贯穿于侦查的全部过程，其中侦查实验、搜查扣押、尸体解剖等具体环节需要更加注意。

侦查讯问不仅要依法进行，而且要恪守道德底线。侦查讯问中伦理标准客观存在，侦查讯问遵循伦理规则也是必然要求。侦查讯问的法律界限是确定的、具体的，而且是统一的，而伦理界限则是相对的、多元的和带有差别性的。在侦查讯问中完全超越伦理标准的限制不仅不利于诉讼目的的实现，而且也是不可能的。口供的重要性以及犯罪嫌疑人道德低下并不能构成侦查人员逾越道德底线的正当理由。侦查讯问的伦理保障可以通过证据审查、律师参与、侦查人员的职业伦理建设等途径来实现。虽然犯罪嫌疑人难称君子，但侦查人员在侦查讯问中却不能做小人。

证人在诉讼制度中被预设成为积极追求正义、善于利益权衡、具有安全意识并且循规守法的理性人。但具体情境下作证的证人是带有价值倾向、具有道德品性、懂情理权衡的"伦理人"。证人作证面临家庭伦理、职业伦理等方面的冲突。法律上证人拒绝作证制度、强制作证制度以及特殊作证方式可以看作是在证人作证问题上，法律对伦理的让步、强制和规避。侦查中询问证人应当注意伦理因素对证人的影响，既要注意因伦理原因隐藏的证人，又要把握伦理界限，在询问地点、方式等方面兼顾伦理因素。

侦查的伦理保障主要来自三方面：一是刑事诉讼内部运行机制的保障。具体包括令状签发中的伦理权衡、证据审查中的伦理裁量、侦查的适度公开、检察监督中的伦理制约。二是立法层面的完善。具体包括：立法目的上实现由惩罚犯罪到控制犯罪的转变；比例原则的构建；录音录像制度、见证人制度的具体侦查制度的完善。三是工作机制层面的完善。具体包括完善侦查工作的考评机制、建立侦查、羁押的分离机制、完善讯问室的管理机制。

构建侦查职业伦理是必要的。侦查人员职业伦理的构建首先需要推动侦查工作人员职业群体的形成，同时注意发挥不同层次伦理规范的作用。侦查伦理规范需要针对侦查工作的特点来确定，具体内容涉及人性与人道、公正与客观、忠于宪法和法律、勤勉与效率、廉洁、职业荣誉。侦查人员职业德性的培养需要在培训侦查技能中养成侦查思维，激励职业荣誉，催生职业信仰。

目　　录

前　言 ……………………………………………………（ 1 ）

第一章　导　论 …………………………………………（ 1 ）

一、伦理范畴 …………………………………………（ 2 ）

二、分析的必要性 ……………………………………（ 7 ）

（一）规范不足 ……………………………………（ 7 ）

（二）实践异化 ……………………………………（ 9 ）

三、分析的基础 ………………………………………（ 15 ）

（一）人性共性 ……………………………………（ 15 ）

（二）价值共识 ……………………………………（ 17 ）

（三）伦理标准统一性 ……………………………（ 17 ）

（四）伦理标准理论 ………………………………（ 18 ）

四、研究意义 …………………………………………（ 32 ）

第二章　伦理属性 ………………………………………（ 34 ）

一、侦查规范的伦理性 ………………………………（ 35 ）

（一）伦理蕴含 ……………………………………（ 35 ）

（二）尊重伦理情常 ………………………………（ 35 ）

（三）禁止不道德侦查行为 ………………………（ 36 ）

二、侦查行为的伦理性 ………………………………（ 37 ）

（一）体现职业伦理 ………………………………（ 37 ）

（二）体现国家伦理 ………………………………（ 38 ）

（三）伦理选择 ……………………………………（ 38 ）

（四）伦理示范 ……………………………………（ 38 ）

三、侦查关系的伦理性 ………………………………（ 39 ）

（一）主要关系类型 ………………………………（ 39 ）

（二）伦理性表现 …………………………………（ 40 ）

四、侦查的伦理效应 …………………………………（ 44 ）

（一）效果的多样性 ………………………………（ 44 ）

（二）对犯罪嫌疑人的效应 ………………………（ 45 ）

（三）对公众的效应 ………………………………（ 46 ）

第三章　伦理原则 ……………………………………………（48）

一、人道 ………………………………………………………（48）

（一）人道内涵 ………………………………………………（48）

（二）传统流变 ………………………………………………（50）

（三）人道标准 ………………………………………………（55）

（四）侦查中的人道 …………………………………………（60）

二、诚信 ………………………………………………………（66）

（一）含义与渊源 ……………………………………………（66）

（二）诚信的扩张 ……………………………………………（68）

（三）刑事程序中的诚信 ……………………………………（70）

（四）侦查中的对抗与诚信 …………………………………（74）

三、隐私 ………………………………………………………（80）

（一）内涵 ……………………………………………………（80）

（二）保护 ……………………………………………………（83）

（三）侵害 ……………………………………………………（86）

（四）界限 ……………………………………………………（91）

四、公序良俗 …………………………………………………（97）

（一）公序良俗解读 …………………………………………（97）

（二）侦查中的体现 …………………………………………（100）

第四章　侦查讯问 ……………………………………………（104）

一、伦理的失落 ………………………………………………（104）

（一）宽容 ……………………………………………………（104）

（二）逾越 ……………………………………………………（107）

二、伦理标准存在形态 ………………………………………（114）

（一）法律规范中的伦理界限 ………………………………（114）

（二）法律规范外的伦理界限 ………………………………（116）

三、伦理标准特征 ……………………………………………（117）

（一）相对性 …………………………………………………（117）

（二）多元性 …………………………………………………（118）

（三）差异性 …………………………………………………（120）

四、回归伦理 …………………………………………………（122）

（一）尊重伦理标准 …………………………………………（122）

（二）恪守伦理界限 …………………………………………（124）

五、伦理保障机制 ……………………………………………（127）

（一）证据审查 ………………………………………………（127）
（二）律师参与 ………………………………………………（129）
（三）职业伦理 ………………………………………………（130）

第五章　询问证人 ……………………………………………（131）

一、作证的变异 …………………………………………………（131）

二、伦理冲突 ……………………………………………………（132）
（一）"伦理人"与"理性人" ………………………………（133）
（二）家庭伦理与作证义务 …………………………………（136）
（三）职业伦理与作证义务 …………………………………（139）

三、伦理负担 ……………………………………………………（142）
（一）良心自责 ………………………………………………（142）
（二）尴尬 ……………………………………………………（143）
（三）情感痛苦 ………………………………………………（144）

四、作证制度的伦理解读 ………………………………………（144）
（一）拒绝作证制度 …………………………………………（145）
（二）强制作证制度 …………………………………………（149）
（三）特殊作证方式 …………………………………………（150）

五、询问证人的启示 ……………………………………………（151）
（一）意义 ……………………………………………………（151）
（二）启示 ……………………………………………………（152）

第六章　伦理保障 ……………………………………………（156）

一、诉讼内保障 …………………………………………………（156）
（一）令状签发中的伦理权衡 ………………………………（156）
（二）证据审查中的伦理裁量 ………………………………（158）
（三）适度的侦查公开 ………………………………………（160）
（四）检察监督中的伦理制约 ………………………………（166）

二、立法完善 ……………………………………………………（167）
（一）立法目的的调整 ………………………………………（168）
（二）比例原则的构建 ………………………………………（170）
（三）具体制度的完善 ………………………………………（174）

三、工作机制 ……………………………………………………（182）
（一）考评机制 ………………………………………………（182）
（二）侦、押分离 ……………………………………………（184）
（三）讯问场所的规范和管理 ………………………………（184）

第七章　职业伦理构建 ················ （187）

　一、必要性 ·········· （187）

　　（一）侦查专业化的要求 ·········· （187）

　　（二）侦查法制化的条件 ·········· （190）

　　（三）侦查权合理行使的保障 ·········· （191）

　二、职业群体 ·········· （192）

　　（一）职业群体的作用 ·········· （192）

　　（二）职业群体的形成 ·········· （194）

　三、职业伦理的层次 ·········· （195）

　四、职业伦理规范 ·········· （198）

　　（一）确定原则 ·········· （198）

　　（二）主要内容 ·········· （200）

　五、职业德性的培养 ·········· （202）

　　（一）侦查思维 ·········· （202）

　　（二）职业信仰 ·········· （202）

参考文献 ·········· （204）

后　记 ·········· （213）

第一章 导 论

　　在我国刑事诉讼程序中，侦查被视为一个独立的阶段，侦查是审查起诉和审判的基础。侦查阶段对案件事实的调查情况以及证据的收集对诉讼的进程和案件事实的认定具有决定作用。在侦查阶段，侦查机关在侦查活动中处于主导地位。在这种结构模式下，侦查机关以及侦查人员的行为在诉讼中的作用得以凸显。一方面，侦查承载着犯罪控制功能，侦查的效率和效果直接影响犯罪控制的成效，这需要加强侦查权力，充分发挥侦查人员的作用；另一方面，为了保护人权、防止侦查权被滥用，又需要限制侦查权，规制侦查人员的行为。因此，从立法层面上看，侦查制度的理想状态是对侦查机关"授权充分，监督到位"。

　　当然，这只是一种理想状态。一方面，立法上对侦查机关进行充分授权并不难，但控制侦查权并不容易。防止侦查权滥用需要设置周全的监督制度，但怎样的监督才算到位？其标准很难确定。另一方面，即便有这样完善的制度，其运行情况如何也很难说。看似完好的制度在执行中往往会发生变异。这是因为侦查制度在运行中还受其他社会因素的影响。博登海默曾经指出："法律在一个孤立封闭的容器中不可能得到健康发展，而且我们也不能把法律同其周围的并对它无害的非法律生活隔离开来。"① 如果把法律放到社会生活中观察，这一论断无疑是正确的。法律与社会生活的其他方面存在互动关系，法律对社会生活具有调节作用，同时法律制度的发展和完善也受制于文化传统、伦理道德等其他因素。就侦查制度而言，也是如此。侦查制度的完善不仅仅是法律文件的立法完善，还需要考虑法律文化、伦理道德等多方面的因素。要使侦查权能够有效运行，完善侦查制度时必须考虑法律制度与文化传统、伦理道德等因素的互动关系。

　　自清末变法以来，中国不断引进外国的司法制度，但没有建立相应的法律文化，传统的文化与"现代"的司法制度形成一种僵化的格局。这种格局下，司法制度虽有其形但无其神，难以产生理想的效果。因此，我们在构建现代的法律制度的时候，需要注意制度与中国文化的内在契合。中国传统文化是一种伦理型

---

　　① ［美］博登海默著：《法理学：法律哲学与法律方法》，邓正来译，中国政法大学出版社 1999 年版，第 201 页。

的文化，伦理道德在社会生活中是一种支配性力量。① 在现实社会生活中，伦理道德对人们的行为也发挥着重要的支配作用。司法制度在实践中发生变异，往往与忽视伦理道德有关。

侦查制度的完善也必须考虑其中的伦理因素。当侦查中的伦理因素与社会的伦理状况不一致的时候，侦查过程便不可避免地会出现法律与伦理的错位现象。符合法律规定的行为可能与伦理道德相违背，而符合道德原则的行为又有可能与法律规范的要求相左。这种错位会造成行为选择上的困难。忽视道德会影响行为的正当性和法律的公信力，忽视法律则会将法律制度架空，而变通的行为又会让侦查制度在实践中变异。因此，只有把侦查中的伦理因素与社会的伦理状况结合起来，才能使侦查制度得到侦查人员和公众的认同。同时，也只有把侦查与伦理结合起来，才能真正树立侦查的公信力。"公共官员如果失于维护人们期望下的基本伦理，就会被认为是对公众信任的一种违背、一种对权力的滥用或腐败。"② 如果侦查人员追求破案的功利性效果而忽视行为的伦理效应，或者在法律的界限内实施不道德的侦查行为，那么司法的权威就不可能树立起来，侦查的效果也难以达到。可见，侦查不仅有对抗的一面，而且有人性的一面。侦查行为的实施在追求功利效果的同时需要顾及伦理，在保证合法性的同时还要注意合伦理性。侦查规范的设计、侦查制度的制定都需要考虑相应的伦理因素，否则便会在实际运行中异化，达不到立法的预期效果。在完善侦查制度的过程中，需要关注侦查中的伦理因素和现实社会的伦理状况，使两者相互协调，以便使侦查的法律效果和社会效果能够统一起来。因此有必要从伦理角度对侦查活动和制度进行分析，把握侦查和伦理的内在关系。但要对侦查进行伦理分析首先要明确一些基本的范畴以及这样做的可能性和必要性。

一、伦理范畴

中文中的"伦理"一词，最早见于《礼乐·乐记》。《礼乐·乐记》曰："乐者，通伦理者也。"东汉郑玄对此注为："伦，类也。理，分也。"其中的伦理泛指伦类条理，并不是我们今天所说的伦理。从字面上看，"伦理"是指"人

---

① 有学者指出，中国传统文化是一种伦理型的文化，可以从三个方面得到印证："第一，就中国传统文化的核心价值讲，伦理道德构成了它的内涵；第二，就中国传统制度安排来讲，伦理化是其基本取向；第三，就中国传统的社会生活实际状态而言，伦理道德也成为一种支配性的力量。"参见任剑涛著：《道德理想主义与伦理中心主义——儒家伦理及其现代处境》，东方出版社 2003 年版，前言。

② ［美］特里·L. 库珀：《世界转型中的公共管理伦理标准》，载《中国人民大学学报》2002 年第 6 期。

伦"之理，也就是指人伦关系的内在规律。《说文解字》认为"伦，从人，辈也，明道也；理，故从玉，治玉也。"① "人伦"一词，见于《孟子》。孟子叙述帝舜的事迹时说："使契为司徒，教以人伦：父子有亲，君臣有义，夫妇有别，长幼有序，朋友有信。"② 其中提到的父子、君臣、夫妇、长幼、朋友五种人伦关系，都是人与人之间的社会关系。在中国古代社会中，这种伦理关系表现为道德关系，有关的伦理学说讨论的问题也主要是人性、义利、理欲、立命、志功、纲常等有关原则和规范的问题。

西方伦理学的创始人亚里士多德在其伦理学著作《尼各马可伦理学》中阐释过"伦理"一词的由来。亚里士多德将灵魂的德性分为两类："其中一类是理智德性，另一类是伦理上的德性。智慧和理解以及明智都是理智德性。而慷慨与节制则是伦理德性。"③ "伦理德性则是由风俗习惯沿袭而来，因此把'习惯'（ethos）一词的拼写方法略加改动，就有了'伦理'（ethike）这个名称。"④

在现代，伦理成为社会科学中的一个重要的概念，其含义具有多重性，涵盖的范围也十分宽泛。伦理，"可以是低层次的、外在的、类似于法律、'百姓日用而不知'的东西，但也可以是高层次的、综合了主客观的、类似于家园、体现了人或民族的精神本质的、可以在其中居留的东西。它连接内外，沟通上下、甚至在凡俗和神圣之间建立起信道。"⑤ 虽然这么说似乎有些玄妙，但在学术研究和现实生活中，人们至少在三种意义上使用"伦理"一词。第一，伦理关系。主要指称人际关系的应然和实然状态。用学者的话说，伦理"既包括人际关系应该如何，又包括人际关系事实如何"。⑥ 从广义上理解，伦理关系包括了人与人、人与社会乃至人与自然的全部关系，伦理几乎包含了人类生活的全部。第二，伦理观念。指称抽象的伦理理念，如人道、安全、公平、正义、隐私等基本原则和理念。第三，伦理规则。指称特定社会区域内或特定行业内影响和调节人们行为的道德准则和传统习惯，是一种规则形态的伦理。

1. 伦理与道德

在现代，伦理和道德是伦理学的两个基本的概念。对伦理的理解离不开

---

① 《说文解字》。
② 《孟子·滕文公上》。
③ ［古希腊］亚里士多德著：《尼可马克伦理学》，苗力田译，中国社会科学出版社1999年版，第26页。
④ ［古希腊］亚里士多德著：《尼可马克伦理学》，苗力田译，中国社会科学出版社1999年版，第27页。
⑤ 何怀宏著：《伦理学是什么》，北京大学出版社2002年版，第12页。
⑥ 王海明著：《新伦理学》，商务印书馆2001年版，第106页。

"道德"这一概念。

在中国古代,"道"与"德"原本是两个概念。"道"的本义为道路,后引申为表示事物运动变化的规则和做人的道理。① "德"原意是表示正道而行,直目无邪的意思。从周代起,"德"字演绎为不仅要外得于义礼,还要内得于己的意思,即"德者,得也"。② 在儒家思想中,道是行为应当遵守的原则,德是实行原则而有所得,也就是道的实际体现。孔子曾说:"志于道,据于德,依于仁,游于艺。"③ 道家思想中的道德含义与儒家有所不同。《老子》中的"道"为天地的本原,为万物存在的最高根据,"德"为天地万物所具有的本性。

后来,道与德经常一起使用,于是逐渐连为一个词。道德二字相连并用,最早见于《周易·说卦传》及《荀子》。《周易·说卦传》云:"和顺于道德而理于义,穷理尽性以至于命。"《荀子》的《劝学篇》云:"故学至乎礼而止矣,夫是之谓道德之极。"《说卦》和《荀子》中的"道德"都是把两个名词连为一个名词,把两个概念结合为一个概念。④ 此后,《韩非子·五蠹》也说:"上古竞于道德,中世出于智谋,当今争于气力。"诚如张岱年先生所言,在中国伦理学史上,道德是一个二合为一的概念。"分析地看,道与德是两个概念,道指行为应该遵循的原则,德指行为原则的实际体现。作为一个完整的名词来看,道德是行为原则及其具体运用的总称。"⑤道德既有规范、规则的意思,又有风尚、风气、习俗的含义;既包含有着眼于外在要求的社会规范,又包含有个体内在要求的德性品质和内心修养。道德一方面是人们行为的准则,另一方面又是评价人们言行的标准。从古人使用的语境上看,"道德"和"伦理"还是有所区别的,但都不是常用的伦理学概念。

到了中国近代,"伦理"和"道德"逐步成为固定的伦理学概念,并且和西方词汇有了某种约定俗成的联系。"伦理"一般对应于英文中的"ethic"、"ethics","道德"一般对应于"moral"或"morality"。

---

① 前者如《说文解字》曰:"道,所行道也。"其中的"道",表示行人之路;后者如《左传·昭公十八年》所载子产之言:"天道远,人道迩,非所及也,何以知之?"其中的人道就是指人与人之间的行为规则。

② "德"字在《卜辞》中为"徝"或"悳",与"得"字相通。从"德"字的外形来看,从直从心,意为"心得即正"。在《说文解字》中,关于"德"字的解释是:"德,外得于人,内得于己也。……内得于己谓身凡所自得也,外得于人谓惠泽使人得之也。"段玉裁的《说文解字注》,"德"的本义为得,表示对"道"的认识、践履而后有所得。故曰:"德即得也。"朱熹在《四书集注·学而篇》提出:"德者,得也,行道而有德于心者也。"

③ 《论语·述而》。

④⑤ 参见张岱年著:《中国伦理思想研究》,江苏教育出版社2005年版,第1—2页。

在西方日常语言中，常常把 ethical 和 moral（以及 unethical 和 immoral）两词互换使用。形容人或行为时，可以用 ethical 也可以用 moral。这说明，在西方，道德与伦理在词义上有大致相通的一面。但两者也有一些细微的区别。英文的ethics 一词源于古希腊文的 ethos，本意是品质、人格。morality 源于拉丁文 mora-lis，本意是风俗或礼貌。ethics 似乎与人的个体品格有关，而 morality 似指人们的相互关系。人们讲 ethics 的准则，却很少说 morality 的准则。有些人只是在性生活领域才使用术语 moral 和 immoral，而当讨论企业和职业团体应该如何对待其成员或公众时，则使用术语 ethical 和 unethical。①

从汉语字义上看，伦理和道德还是各有侧重的。伦理更侧重于"伦"，即强调人伦关系。人伦关系对于现实的人而言是外在的、客观的。道德则侧重于"德"强调内得于己的一面，强调将人际关系的道理和行为原则内化为一个人的内在德性，相对而言具有主观的一面。

在西方，对于"道德"和"伦理"两个概念也有过区分。在古希腊时代，亚里士多德在讲授伦理学时，把人的德性分为伦理的德性和理智的德性。所谓"伦理的德性"，是指在城邦伦理关系中形成的德性。所谓"理智的德性"，则指不经过伦理关系的天生的智慧之德。这实际上是初步区分了伦理和道德。

真正从伦理关系上去研究伦理和道德并对二者进行细致区分的是黑格尔。在黑格尔看来，客观精神的发展就是伦理发展的过程，法和道德都是伦理关系发展过程中的阶段或环节。② 自由意志借外物（财产）以实现其自身，就是抽象的法。自由意志在内心中实现，就是道德。自由意志既通过外物，又通过内心，得到充分的现实性，就是伦理。因此，法是客观的，道德是主观的，伦理是主观与客观的统一，是客观精神的真实体现。道德是由扬弃抽象形式的法发展而来的，

---

① 参见［美］雅克·蒂洛、基思·克拉斯曼著：《伦理学与生活》（第9版），程立显、刘建等译，世界图书出版公司2008年版，第5页。

② 黑格尔把"精神哲学"分为主观精神、客观精神和绝对精神三大部门，主观精神分为灵魂、意识和心灵三个环节，客观精神分为法、道德和伦理三个环节，绝对精神分为艺术、天启宗教和哲学三个环节。黑格尔的法哲学就是关于客观精神的哲学。在他的《法哲学原理》中，黑格尔把客观精神的发展看作是伦理发展的过程，法和道德都是伦理关系发展过程中的阶段或环节。对于黑格尔的伦理学，恩格斯曾说："黑格尔的伦理学或关于伦理的学说就是法哲学，其中包括：（1）抽象的法；（2）道德；（3）伦理，其中又包括家庭、市民社会、国家。在这里，形式是唯心的，内容是现实的。"［转引自高兆明、李萍等著：《现代化进程中的伦理秩序研究》，宋希仁所作的"论伦理秩序（代前言）"，人民出版社2007年版。］

是自由在人的主观内心里的体现。"道德的观点就是自为地存在的自由"。① 在黑格尔的理论体系中，伦理比道德的层次更低，更具有普遍性和客观现实性。道德则更加自觉、更加主观。如黑格尔认为："一个人做了这样或那样合乎伦理的事，还不能就说他是有德的；只有当这种行为方式成为他性格中的固定要素时，他才可能说是有道德的。"② "德是伦理性的东西而应用于特殊物"。③ 关于伦理的客观性，他认为，"个人存在与否，对客观伦理来说是无所谓的，唯有客观伦理才是永恒的，并且是调整个人生活的力量。因此，人类把伦理看作是永恒的正义，是自在自为地存在的神，在这些神面前，个人的忙忙碌碌不过是玩跷跷板游戏罢了。"④

不难看出，西方学者对于"伦理"（ethical）与"道德"（moral）的区分主要是这几方面进行的，即客观还是主观、外在还是内在、社会还是个人。这种区分与中文中伦理与道德的含义差别大致相似，即在讨论人际关系的客观规律、对于行为的外在要求和针对社会多数人的规范时，倾向于使用"伦理"一词；在讨论主观价值、内心感受和个人修养时，倾向于使用"道德"一词。

综合看来，尽管伦理和道德在含义上有所区分，但只是"小异"，在大的方面则是趋同的。它们都是关乎人们品质的善恶正邪，乃至生活方式、生命意义和终极关怀。首先，除了在某些哲学家那里"伦理"和"道德"的概念有倾向性的差异外，在人们的日常生活中，一般不对"道德"与"伦理"这两个概念做严格的区分。"伦理"、"道德"乃至"伦理道德"往往通用，主流是趋同而不是分离。其次，在学术研究中，伦理学则一直是把道德作为自己的研究对象。⑤ 伦理学被认为是关乎道德的哲学，是关于"道德、道德问题和道德判断的哲学思考"。⑥虽然伦理学作为一个学科持续了两千多年，但对"伦理"与"道德"这两个概念的使用也依然是有微殊而无迥异。

---

① ［德］黑格尔著：《法哲学原理》，范扬、张企泰译，商务印书馆1982年版，第111页。

② ［德］黑格尔著：《法哲学原理》，范扬、张企泰译，商务印书馆1982年版，第170页。

③ ［德］黑格尔著：《法哲学原理》，范扬、张企泰译，商务印书馆1982年版，第169页。

④ ［德］黑格尔著：《法哲学原理》，范扬、张企泰译，商务印书馆1982年版，第165页。

⑤ 参见罗国杰主编：《伦理学》，人民出版社1989年版；王海明著：《伦理学导论》，复旦大学出版社2009年版；何怀宏：《伦理学是什么》，北京大学出版社2002年版。

⑥ ［美］弗兰克纳著：《伦理学》，关键译，三联书店1987年版，第7页。

2. 本书对伦理概念的使用

为了行文方便，本书对伦理和道德的理解和使用基本遵从通俗观点，将二者视为大致同一的概念，同时为了表意准确，适当考虑学术上的区分。在表示理论、规范的时候，使用"伦理"一词，在表示现象、问题的时候，则使用"道德"一词。

本书对有关刑事侦查伦理问题的探讨主要从两方面进行，一是从伦理角度审视侦查程序的正当性，涉及侦查程序的内在正义等根本问题。由于刑事侦查属于刑事诉讼的重要组成部分，这种探讨属于法律和道德关系的局域性考察，因此侧重于从伦理关系、价值准则和道德行为意义上理解和使用伦理这一概念。二是探讨侦查行为的伦理规范和侦查人员的职业伦理。这种探讨则侧重于从行为准则意义上使用伦理概念。

二、分析的必要性

（一）规范不足

侦查的有序化需要一系列规范来调整和保障。就我国侦查实践情况而言，调节侦查活动的规范包括侦查的法律法规、国家的刑事政策、侦查机关的内部管理制度、侦查人员职业伦理规范、社会伦理规范等。这些不同类型的规范构成了侦查行为的规范体系。根据性质不同，可以将这些规范划分为法律规范、管理规范和伦理规范三种类型。这三种规范的表现形式、发挥作用的方式以及产生的作用存在具体差别。但在实践中，伦理规范的作用被忽视了，而法律规范和管理规范则存在不足。

1. 法律规范

调整侦查行为的法律规范主要是指规范性法律文件所规定的有关侦查的程序性规范。这些规范包括刑事诉讼法和司法解释中有关侦查的规定以及公安部制定的与侦查工作有关的规范性文件。从理论上讲，有关侦查的法律规范从整体上规定了侦查的基本原则和基本要求，具有最高的权威性。一方面，法律的规定是判断侦查行为是否合法的标准，只要有相关的法律规定，侦查就应当按照规定进行，否则就是违法。另一方面，违反法律规范，将构成违法侦查，需要承担相应的法律后果。从行为评价的视角看，侦查法律规范设定了侦查行为的法律标准，决定了侦查行为的合法性。

而在侦查实践中，由于法律规范的抽象性、概括性，以及法律文件语言的模糊性，判断侦查行为是否合法的标准有时并不明确。实践中出现的许多具体情况，法律规范难以提供确切的指导，需要侦查人员根据具体情况自由把握。同时，由于犯罪的不断发展和侦查工作的变化，侦查立法总是滞后于现实情况的变化。这进一步加剧了法律规定与侦查实践之间的差距，使法律规定与侦查工作出现局部脱节。因此，具体侦查工作仅靠法律规范的调节和制约还是远远不够的。如侦查人员工作的积极性和责任心直接影响侦查工作的效率和质量，而对侦查人员积极性的激励、责任意识的培养仅靠法律规范的作用是不行的。

2. 管理规范

实践中，侦查机关制定了相应的内部管理制度以规范侦查行为，这些管理制度包括侦查信息管理制度、案件管理制度、扣押物品管理制度、侦查经费管理制度、保密制度、工作奖惩制度等。这些内部管理制度设定了相应的管理规范，对侦查工作具有更具体的指导意义。管理规范在实践中既起着调动侦查人员积极性的作用，又调节控制具体侦查行为。它们通常以侦查法律规范为基础，体现具体的刑事政策，在一定程度上填补了法律规范的空白，弥补了法律规范的不足。

但是，侦查机关的内部管理规范在实践中也存在副作用。管理规范总体上体现了侦查法律规范的基本要求，但实施过程中也可能扭曲侦查法律规范的本意，使侦查工作出现异样变化。如最高人民检察院为了进一步加大办案力度，使全国检察机关查办职务犯罪案件工作平稳发展，于2004年2月16日发布了《最高人民检察院考评各省、自治区、直辖市检察机关查办职务犯罪案件工作办法（试行）》，该办法采取量化计分的方式对地方检察机关进行考评，考评的项目包括立案数、起诉数、起诉比例、有罪判决数、有罪判决比例、起诉大要案数、刑事赔偿案件数和违法违规办案致使涉案人员自杀死亡人数等，考评得分与上年得分相比上升幅度超过5%的，属于办案工作进步较大；升降幅度不超过5%的，属于办案工作平稳；下降幅度超过5%或超过全国平均下降幅度的，或者连续两年下降累计超过8%的，属于办案工作不够平稳。这一考评制度的目的具有积极意义，而且对于职务犯罪侦查工作具有激励作用。在这一考评制度下，2004年职务犯罪案件有罪判决人数有明显增加。然而，在实施过程中，有的地方检察机关为了应付这一考评制度，将案件线索或案件压到第二年再办理，以使案件数量可持续发展。根据有关部门公布的2003—2007年职务犯罪案件有罪判决情况可以看出，职务犯罪案件有罪判决人数于2004年有明显上升，增加了8641人，但此后年份人数增加相对缓慢，分别为1361人、374人、842人（见图1-1）。虽然案件数量稳中有升，但上升的幅度却极为有限。而在2004年以后的几年中，并没有迹象显示职务犯罪诱发因素有明显改变，也没有明显迹象显示我国职务犯罪已得到平稳控制。2012年底中国共产党十八大以后，全面从严治党战略深入开展，中国反腐败形势出现新的变化，办案力度进一步加大，检察机关的立案侦查数量又有了明显提升（见图1-2）。根据这些统计数据我们可以得出这样的一个结论：这一考评制度虽然避免了查办职务犯罪案件的起伏，但却限制了办案的力度。

人

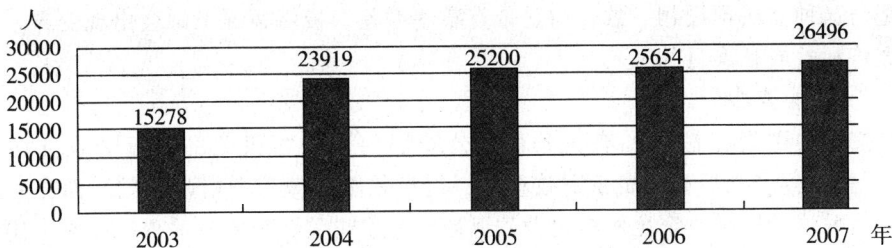

图 1-1　　2003—2007 年职务犯罪案件有罪判决情况①

人

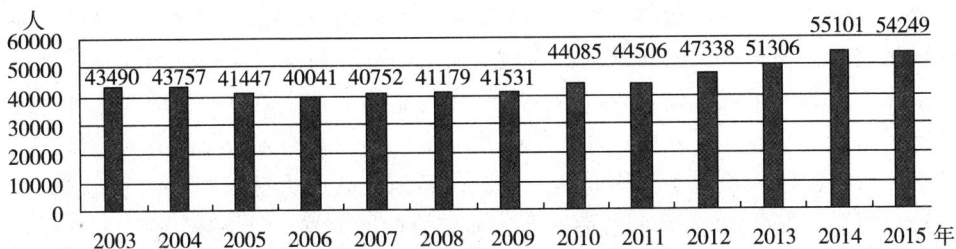

图 1-2　　2003—2015 年职务犯罪案件立案侦查人数情况②

（二）实践异化③

侦查规范是立法对侦查行为的预设和规制，也是对侦查相对人合法权利的保护。但侦查规范本身的概括性和抽象性使其在规范侦查行为时难免会出现空隙和盲点，侦查实践中，总会出现一些与侦查规范或立法目的不相一致的侦查行为。这些侦查行为可能形式上并不违法，但与立法目的相违背或与社会道德规范严重相左，使得侦查程序在侦查实践中呈现出扭曲和变异状态。

1. 侦查目的的异化

侦查的任务在于侦破案件，查获犯罪嫌疑人、收集犯罪证据，为提起公诉做准备。从理论上讲，侦查人员应当以完成此任务为目标，以实现国家惩罚犯罪和

① 资料来源：人民网："2003—2007 年职务犯罪案件有罪判决情况"，http：//pic. people. com. cn/GB/8229/117238/117247/6979813. html，2008 年 3 月 10 日。

② 资料来源：2004—2016 年最高人民检察院工作报告。

③ "异化"一词原本是哲学和社会学上的概念。所谓异化，就是异己化，指的是人们自己创造的某种东西，反过来控制了人自身。根据马克思主义观点，异化是人的物质生产与精神生产及其产品变成异己力量，反过来统治人的一种社会现象。人们在社会生活中要经常与这种异化现象作斗争，以便能够成为自己创造出来的东西的主人。本书并不是在这种意义上使用"异化"这一概念，而是仅指"异常变化"，意在分析侦查程序在实践中的扭曲和侦查中的不合伦理现象。

保障人权的双重目的。然而在具体案件的操作过程中，侦查人员的目的并不一定总是与这种立法预设相一致，而是带有某些偏差，极端情况下则会出现变异，追求经济利益或私人目的。

(1) 办案创收

按照中国现行法规和有关条例，公安部门和检察机关都实行"收支两条线"，办案经费和后勤经费由财政下拨，罚没款则一律上缴财政部门。而在一些地方，财政会按照一定比例将罚没款返还给公安机关，公安机关再按照一定比例返还给各支队。而有的公安机关为了解决办案经费问题，将罚没款数额作为考核干警的重要依据。为了激励干警，还规定将罚没款的一定比例返还给个人。① 在这种机制下，侦查机关的罚没款就与侦查人员的自身利益产生一定的联系，侦查办案成为创收的手段，侦查权成为谋取经济利益的工具。侦查的目的在这种返还机制下出现了变异。实践中这样的例子并不鲜见，如某地方公安机关的经侦支队甚至利用罚没收入盖起了豪华的办公楼，该经侦支队的大队长坦言"罚款第一，惩治犯罪靠后"。② 在经济利益驱动下，侦查目的的变异可见一斑。

侦查目的的变异，也使得侦查阶段的强制措施发生扭曲。如有学者在实证研究中发现，在返还罚没款的激励下，"各办案单位也很愿意适用财保，至于人保，通常在犯罪嫌疑人确无缴付能力时才适用"。③ 取保候审甚至成为一些办案人员牟利的手段。如湖北通城县公安局在办理一网络赌球案件时，办案人员"千里办案，10 万放人"。④ 在犯罪嫌疑人家属向警方提供的一个私人账户上汇了 10 万元以后，两位犯罪嫌疑人得以被"取保候审"。而且犯罪嫌疑人家属被告知，其中只有 3 万元的名目是"保证金"，而且将来也不会被退还。对此，通城县公安局表示："案件从整体上来说并没有办错，只是程序上有些不合适。"⑤ 虽然从形式上看，是侦查程序上的瑕疵，但若隐若现的利益驱动背后，却是办案人员侦查目的的偏移。

---

① 如吉林公主岭公安局曾规定：把罚款的 10% 作为奖金返还给个人，20% 返还给执行罚款的基层单位；将罚款数额与绩效考评挂钩，实行末位淘汰。参见丁志军、任胜利：《记者调查：吉林公主岭公安局乱罚款 10% 返干警》，载《人民日报》2007 年 3 月 20 日第 9 版。

② 参见《张家口：公安利用办案创收，罚款盖起豪华办公楼》，载新华网：http://news. xinhuanet. com/legal/2004 - 11/18/content_ 2231753. htm，2004 年 11 月 18 日。

③ 左卫民等著：《中国刑事诉讼运行机制实证研究（二）——以审前程序为重心》，法律出版社 2009 年版，第 104 页。

④⑤ 孟登科：《千里办案，10 万放人》，载《南方周末》2009 年 5 月 30 日。

（2）插手经济纠纷

侦查机关插手经济纠纷的现象由来已久，但屡禁不止。公安部于 1989 年下发了《关于公安机关不得非法越权干预经济纠纷案件处理的通知》，此后又于 1992 年下发了《公安部关于严禁公安机关插手经济纠纷违法抓人的通知》，最高人民检察院也先后下发了《关于不得以检察机关的名义为当地追款讨债的通知》（1990 年）、《关于严禁检察机关越权办案插手经济纠纷违法捕人的通知》（1992 年）和《关于重申严禁检察机关越权办案、违法办案的通知》（1993 年）。但在实践中，侦查机关插手经济纠纷的事件依然存在。①

公安机关插手经济纠纷，一部分是由于对案件性质存在认识上的错误，把合同纠纷、合伙人纠纷等经济纠纷当作合同诈骗、职务侵占等犯罪案件来办理；另一部分则是明知属于民事纠纷，但出于办案单位经济利益考虑或侦查人员收受对方当事人贿赂，故意插手经济纠纷。办案人员通常以涉嫌诈骗罪、合同诈骗罪、职务侵占罪等罪名，按照刑事案件程序办理相关手续，查封扣押经济纠纷所涉及的财产，采用侦查手段追缴相关债务，甚至对纠纷当事人采取刑事拘留等强制措施。然后收取"办案费"，或以追究刑事责任为威胁，让当事人家属拿钱赎人。最终对"犯罪嫌疑人"取保候审，并对案件作撤案处理。这种情况是侦查权在利益驱动下的滥用。从形式上看，法律程序合法，法律手续也很齐全，但侦查人员的办案动机和目的显然偏离立法本意，变异为追求不正当的利益。这种目的从法律上无从判断，但却不符合道德伦理，缺乏道义上的正当性。

2. 侦查措施的异化

（1）普通侦查措施

我国刑事诉讼法对一部分侦查措施进行了相应的规定和限制②，但在实践中，侦查主体可以采用的侦查措施和方法是多种多样的。即便对于法律规定的侦查措施，侦查人员也会根据案件情况的需要灵活使用。这种灵活性是侦查工作的实际需要，本无可厚非，但实践中有些侦查措施逾越了法律的界限，出现变异。有些侦查措施，从形式上看完全符合法律程序的规定，手续也相当齐备，但采取措施的意图和产生的效果不仅与立法预设完全背离，甚至与社会伦理相背离。有

---

① 笔者以"公安机关插手经济纠纷"为关键词，在谷歌网上搜索，得到 22500 条信息，其中有很多关于公安机关插手经济纠纷的新闻媒体报道，也有很多网友曝光公安机关插手经济纠纷的具体案件。

② 我国刑事诉讼法规定的侦查措施包括：（1）讯问犯罪嫌疑人；（2）询问证人；（3）勘验、检查；（4）搜查；（5）查封、扣押物证、书证；（6）鉴定；（7）技术侦查措施；（8）通缉。

些侦查措施的适用实质上是对法律限制的一种规避。根据笔者调研,发现有如下情况:

第一,以询问证人的形式讯问犯罪嫌疑人。根据我国刑事诉讼法的规定,讯问犯罪嫌疑人受到传唤和拘传持续时间的限制,不得超过 12 小时,而询问证人却没有时间限制。按照法理,询问证人是不应该超过讯问犯罪嫌疑人的时间限制的。但笔者在调研中发现,有些侦查人员为了突破讯问犯罪嫌疑人的时间限制,故意以询问证人的形式讯问犯罪嫌疑人。如职务犯罪侦查中,侦查人员为了拿下行贿人员的口供,对行贿嫌疑人以证人的身份进行"询问"。同时告知行贿嫌疑人,其现在的身份是证人,对于询问证人,刑诉法没有规定 12 小时的期限,因此不受 12 小时的限制,也不需要录音录像。而实质上进行的是讯问,目的是让行贿人交代行贿行为和相关事实,追究其行贿责任。这种方法,不仅故意规避了讯问的时间限制,而且限制了行贿嫌疑人的辩护权,削弱了行贿嫌疑人的对抗性。实际上,这是侦查人员对法律故意曲解下采取的措施,是侦查措施的异化。

第二,选择特殊时机进行搜查,不一定是为了查出证据,而是向犯罪嫌疑人施加压力。搜查是侦查机关为了发现犯罪证据,查获犯罪嫌疑人而对有关人身、物品、住处和其他有关地方进行搜索和检查的一项侦查措施。我国刑事诉讼法规定了搜查的程序要件和形式要件,但没有时间限制。从理论上讲,搜查的目的在于发现犯罪证据,查获犯罪嫌疑人。而调研发现,侦查人员进行搜查的目的并不仅限于此,搜查时机的选择也很特殊。侦查实践中有这样的做法,即选择犯罪嫌疑人家里或单位有重要事情时进行搜查,如父母做寿、子女婚嫁、客商谈判等事情。这样的场合犯罪嫌疑人应当在场或者必须在场,选择这样的时机进行搜查,不一定非得搜出什么证据,而是要向犯罪嫌疑人施加心理压力,在侦查对抗中取得优势。有时并不一定真的进行这样的搜查,而是以要进行这样的搜查相威胁,迫使犯罪嫌疑人作出妥协,敦促其如实交代犯罪事实。

采用这种方式进行搜查,在法律上似乎挑不出什么毛病,也很难认定侦查行为违法。但其本质上是以伦理情常为要挟,是一种合乎法理而不合伦理的行为。虽然这种做法体现了侦查人员的智慧和侦查谋略,但也会引发办案不择手段的质疑。

第三,以带有威胁或欺骗成分的手段进行讯问。我国刑事诉讼法严禁刑讯逼供和以威胁、引诱、欺骗以及其他非法的方法收集证据,[①] 但威胁、引诱和欺骗的界限并不清楚,实践中难以判断。如讯问人员告知犯罪嫌疑人,如果其不交代犯罪事实,侦查人员就要在其母亲八十大寿的那天进行入室搜查,如果老实交

---

① 具体规定参见我国《刑事诉讼法》第 50 条。

代，则可以不搜查或改时间搜查。这种讯问实质上是以犯罪嫌疑人的亲情为威胁，可能会取得一定的效果，但违背孝道，违反社会道德。其合法性需要裁量，其道德基础显然不足。

又如测谎技术的使用。调研发现，侦查人员似乎并不看重测谎的结果，因为测谎的结果并不能作为证据直接使用。但测谎设备和测谎技术本身，却成为侦查人员讯问的道具。当侦查人员认为犯罪嫌疑人没有如实供述时，便以测谎技术为道具，告知犯罪嫌疑人测谎技术的科学作用、功能和成功效果等，甚至进行夸大。但常常是只讲效果不做测试，或是在测试效果不明显时，只讲功效不讲结果，引而不发，以虚求实，以突破犯罪嫌疑人的心理防线。这种讯问手段是对测谎技术的活用，但也明显带有欺骗性质。采用这种手段是否违法难以定论，但显然违背诚信原则。

（2）强制措施

强制措施的功能主要在于保障刑事诉讼的顺利进行，至少刑事诉讼法对于强制措施的功能预设是这样的。但侦查实践中，强制措施的功能往往异化为侦查人员向犯罪嫌疑人施加压力的工具和消化案件的手段。

第一，施加压力的工具。强制措施在实践中有时异化为侦查人员向犯罪嫌疑人施加压力的工具，而不是保障刑事诉讼顺利进行的手段。如拘传是一种强制犯罪嫌疑人到案的手段。侦查人员拘传犯罪嫌疑人除履行相应的手续外，拘传的时机则由侦查人员根据案件情况自己把握。实践中，有些侦查人员故意选择在工作时间到犯罪嫌疑人单位进行拘传，有的则选择犯罪嫌疑人家中有重要事情（如婚嫁、祝寿等）时到其家中拘传。选择在这种场合拘传的目的在于给犯罪嫌疑人施加额外的心理压力，以乱其方寸。调研发现，侦查人员有时会对某一个犯罪嫌疑人多次交换适用数种强制措施和侦查措施，制造某些假相以使其迷惑或增加其压力。如拘留犯罪嫌疑人后再释放，故意在可控制犯罪嫌疑人行踪的条件下提供串供、伪造毁灭证据的机会，随后又拘传到案，获取再生证据后重新予以拘留或逮捕，以求彻底突破案件。此外，对于已经拘留或批捕的犯罪嫌疑人，采取异地羁押、化名羁押的方式，使其产生陌生感和孤独感，以打消犯罪嫌疑人的嚣张气焰，消除其对抗侦查的底气。实践中的这些做法与强制措施的预期功能完全不同，完全是侦查人员基于侦查工作的需要而对强制措施进行变通的结果。这种变通会对侦查工作带来一定的便利，但这种变通的正当性明显不足，所带来的社会效果也是负面的。

第二，消化案件的手段。有的强制措施在实践中发挥着消化案件的作用，这是强制措施在实践中异化的另一种表现。有学者在实证调查中发现：侦查中的取保候审，如果办案单位申请取保的，一般能够得到审批机关的批准，但由犯罪嫌疑人一方提出申请时，获准同意取保的结果非常少。① 他们还发现：取保候审的预期功能与实践功能出现明显背离。取保候审在实践中的主要功能是侦查保障而非自由保障，而且取保候审还有一项制度外的功能——消化案件。也就是在错误羁押已经产生时，侦查机关为了避免刑事赔偿而用取保候审替代释放决定。这样可以使被追诉对象不能免除犯罪嫌疑，同时也不能请求刑事赔偿。在侦查实践中，这种制度外功能居于主要地位。② 笔者在调研中也发现，有些地方甚至把这种做法作为规避侦查风险的经验来交流，取保候审功能的异化绝不是个别现象。需要指出的是，取保候审的这种工具化倾向只能说是"有悖于法治理念的要求"③，而很难认定为违法。而且这种结论很大程度上是站在道德立场上对侦查人员的动机进行判断而得出的。实质上，这种做法侵害了被追诉人的合法权益，是侦查权的滥用。

3. 期限的异化

侦查的异化还表现为对法定期限的规避。法律对侦查设定相应的期限限制，一方面可以避免拖延，保证侦查的及时性；另一方面可以保护诉讼参与人的合法权益，防止侵权现象的发生。而实践中，在法定侦查期限内往往达不到预期的效果，于是有的侦查人员开始通过一定手段规避侦查期限的限制。实践中有两种规避的方式：一种是通过改变案件管辖重新计算办案期限，另一种是交替使用侦查措施和强制措施。

以传唤、拘传为例，2012 年刑事诉讼法修改以前，法律规定传唤、拘传的时间最长不得超过 12 小时，不得以连续传唤、拘传的形式变相拘禁犯罪嫌疑人。调研中笔者发现这一时间限制在实践中发挥的作用非常有限。在与 J 省 N 市检察机关职务犯罪侦查部门人员的访谈中，侦查人员告诉我们：在他们所办的职务犯罪案件中，绝大多数犯罪嫌疑人的口供在 12 小时内根本突破不下来。为了拿下犯罪嫌疑人的口供又不违反规定，他们有时通过改变案件管辖的方式争取讯问的时间。如果犯罪嫌疑人 12 小时内不交代问题，就办理手续将案件移交邻县检察机关职务犯罪侦查部门管辖，但侦查人员并没有更换，讯问依然继续，只不过以另一个检察院的名义进行。这样讯问的时间就变成了 24 小时。如果犯罪嫌疑人还不交代问题，那么就将案件的管辖权移交上一级检察机关，依然只办理手续不换人，这样讯问的时间就变成了 36 小时。

---

① 参见左卫民等著：《中国刑事诉讼运行机制实证研究（二）——以审前程序为重心》，法律出版社 2009 年版，第 82 页。

②③ 左卫民：《侦查中的取保候审：基于实证的功能分析》，载《中外法学》2007 年第 3 期。

而 J 省 Y 市检察机关的一位检察官在座谈中介绍：为了争取讯问时间，他们先以"谈话"的名义做犯罪嫌疑人的思想工作，思想工作做通以后再进行讯问，而所谓的谈话其实就是讯问。如果思想工作做不通，也可以进行讯问。12 小时拿不下口供就放人，但在犯罪嫌疑人走出办案机关大门不久就带回来，再做思想工作。通过所谓的思想工作让犯罪嫌疑人"主动"留下来接受讯问。获得一些证据以后就采取强制措施，办理相关手续。有的甚至通过做思想工作让犯罪嫌疑人书面放弃会见律师的权利，将犯罪嫌疑人的人格塑造成一个真诚悔罪、自找惩罚的形象。

2012 年刑事诉讼法修订以后，第 117 条第 2 款规定："传唤、拘传持续的时间不得超过 12 小时；案情特别重大、复杂，需要采取拘留、逮捕措施的，传唤、拘传持续的时间不得超过 24 小时。"依此规定，一般情况下传唤、拘传不得超过 12 小时，特殊情况下不得超过 24 小时。但实际上笔者调研发现，职务犯罪案件绝大多数案件的传唤、拘传都是按照 24 小时来计算的。实践中"变特殊为一般"的情况绝不鲜见。变相延长讯问时间的现象依然存在，有的在初查中以谈话的名义进行讯问，突破后再进入立案程序进行录音录像；有的通过指定居所监视居住来变相延长讯问的时间。

三、分析的基础

对刑事侦查进行伦理分析，探讨侦查行为的伦理特性，其意义有两方面。一方面是完善对侦查行为的监督和制约，另一方面是促成正直和良好的侦查行为。这需要一个前提条件，那就是：有一个判断侦查行为的伦理标准为侦查人员提供辨明是非的方向，为如何采取适当的侦查行为和决策提供指导。那么，这么做的基础何在？笔者认为包括如下几个方面：

（一）人性共性

对伦理现象的研究离不开人性问题，人性理论是伦理学的前提和基础。英国著名哲学家休谟说："一切科学对于人性总是或多或少地有些关系，任何学科不论似乎与人性离得多远，它们总是会通过这样或那样的途径回到人性。"① 从根本意义上讲，人性理论预制伦理学的理论建构，同时也为伦理现象提供解释的基础。讨论刑事侦查的伦理标准也需要从人性开始，这是因为伦理标准的存在是以人性的某些共性特征为基础的。没有具有共性特征的人，就不可能有人际交往的伦理准则。刑事侦查是一种社会现象，侦查关系也是一种人际关系。侦查行为的

---

① ［英］休谟著：《人性论》（上册），商务印书馆 1980 年版，第 6 页。

伦理标准是各方在评价侦查行为过程中达成的共识和认同的准则。没有各方共识，没有主体对评价依据的认同，就不可能存在评价伦理行为的标准。而这种共识和认同，是以人性的共性为基础的。

关于人性问题，马克思主义也承认人性的存在，但否认存在普遍抽象的人性。在马克思主义人性理论看来，人的存在既是"有生命的个人的存在"，"同时又是社会的存在"。也就是说，人的存在具有二重性，即任何人都是一个个体的存在物又都是一个社会的存在物。人的存在的二重性决定了人的需要和利益的二重性，也决定了人性的二重性，即自然属性和社会属性。其中，人的社会属性是人性的本质属性。马克思曾这样认为，人的本质"不是单个人所具有的抽象物。在其现实性上，它是一切社会关系的总和"。在马克思主义人性理论看来，只有从人的社会性和阶级性出发，才能得出对人性的正确解释，在阶级社会中没有超阶级的人性。

马克思主义人性论虽然否认存在普遍抽象的人性，但并不否认人性中的共性特征。以自然属性为例，马克思主义认为，作为个人的存在，人都有维持自己生存和发展的需要，而且人的需要是具有共性特征的。马克思曾言："人以其需要的无限性和广泛性区别于其他一切动物。"[①]人的社会属性也同样存在共性特征。虽然不同的阶级确存在不同的行为特征、价值观乃至信仰，但相同阶级的人性具有共性特征，至少其价值观应当是相同的。同时，马克思主义也并没有否认表现为不同阶级的人性就没有任何共性。即便是在阶级社会中，人性可能表现为不同的阶级性，阶级性的内容可能不同，但都具有阶级性这一点却是共同的。任何存在物，只要作为类而存在，总会具备某种共性的东西。不同阶级的人既然同样作为人类而存在，那么，也必然存在共性。

从概念上讲，人的共性特征本身就是人性或是人性的一部分。美国博物学家威尔逊在描述人性时指出："人类个体行为决策过程中的细节因人而异，但是各人遵守的规则却是相当一致的，导致他们作出的决定多有重叠，从而出现一种非常强大的趋同性，我们把它叫作人性。"[②] 在他看来，人性就是人类个体行为中表现出来的趋同性，这种趋同性其实就是人的共性。这种理解在思考的角度上与马克思主义人性论存在差异，但它指出了人具有共性特征这一事实。

人性的共性为刑事侦查伦理标准的存在提供了逻辑基础。因为人是有共性的，人性有共通的地方，所以人们行为方式和遵循的规则总有内在相通的地方。

---

① ［德］马克思：《资本论》（第1卷），人民出版社1982年版，第130页。

② ［美］爱德华·O.威尔逊著：《论人性》，方展画、周丹译，浙江教育出版社2001年版，第61页。

"普天之下，凡有人类文明所载，其生活条件相若者，则生活之基本法则亦必相若，非任何立法者所可恣意改废。"① 在伦理问题上也是如此，人们对伦理行为的观点可能存在较大的差异，但基于人性的共性也必然存在一致认同的地方，这就使得伦理标准的存在成为可能。具体到刑事侦查中，侦查行为的伦理标准也是以人性为基础的一种评价准则，人性的共性为其存在提供了基础。

（二）价值共识

侦查伦理标准存在的另一个基础是人们的价值共识。所谓价值共识是指人们在伦理价值问题方面的意见一致。价值共识是人们根据主体间共性的思想，通过主体间的交往、对话而形成的。价值共识不是所谓的普世价值，而是人类发展过程中，通过人际交往、民族间的文化交流而形成的对某些基本价值的认可。价值共识是有条件的、历史的，也是变化的。它是社会结构多元分化的产物，同时又具有客观的历史必然性。在社会中形成价值共识是可能的，因为社会是有多个独立个体或主体之间相互作用、相互联系的关系网络。社会主体之间存在人性的共性，存在交往和对话这样的沟通渠道，这为主体之间达成价值共识提供了现实的基础和条件。

价值共识是形成伦理规范的基础。伦理规范本身是人们在社会生活中逐步形成并共同遵守的准则。伦理规范的形成以社会成员的道德共识为基础，没有道德共识，就不可能形成共同遵守的准则。但道德共识的形成需要以价值共识为基础。只有形成价值共识，才有可能在"应该如何"问题上达成一致，才有可能形成道德共识。因为道德规范本身就是以"应该"如何作为为内容的。

价值共识为评价侦查行为提供价值依据。价值共识表现为人们对不同层次不同方面价值问题形成一致认识，其中包括对基本价值目标的认同。价值目标统摄人们行为的动机和目的，同时也为行为评价提供依据。人们只有在基本价值目标上达成共识，才可能形成一致的行为评价标准。反之，价值取向不同，看问题的角度就不同，评价行为的标准必然不同，就难以形成合理的结论。就刑事侦查的伦理评价而言，虽然人们评价的具体标准可能千差万别，但也存在标准一致的可能性。只要人们就侦查的基本价值目标形成共识，评价依据就可能产生重合，也就可能形成一致的伦理评价标准。也就是说，价值共识使得刑事侦查的伦理标准成为可能。

（三）伦理标准统一性

伦理规范具有层次性和多样性，评价人们行为的伦理标准也具有多样性。关

① 韩忠谟著：《刑法原理》，中国政法大学出版社 2002 年版，订正后记。

于伦理规范的层次性，富勒的研究具有一定的借鉴意义。富勒将道德规范区分为"义务的道德"和"愿望的道德"。义务的道德意味着尊重社会生活的基本要求，愿望的道德则意味着实现个人全部潜能。义务的道德"可比之于语法规则"，愿望的道德相当于"批评家为卓越而优雅的写作所确立的标准。"① 换言之，义务的道德则体现"人之为人"的基本要求，从人的成就最底层开始，而愿望的道德则着眼于人所能达到的最高成就。前者类似于规范伦理学上的底线伦理，后者则类似于美德伦理学上的德性伦理。在底线伦理范围内，人们将会因为失败而受到谴责，却不能指望因为成功而受到赞扬；在德性伦理范围内，人们将会因为成功而受到尊敬，因失败而使人感到惋惜。可见，对不同层次的伦理行为评价的标准不同，评价的结果也不同。

伦理标准的层次性和多样性并不意味着伦理标准没有统一性。伦理标准在较高层次上是多样的、变化的、不确定的，但在最低标准上却具有统一性。在伦理规范体系中，存在一种"底线伦理"，它是对社会成员的一种最低要求，也称为道德底线。"一个人，作为社会的一个成员，不管在自己的一生中怀抱什么样的个人和社会的理想，追求什么样的价值目标，有一些基本的行为准则和规范是无论如何必须共同遵循的。否则社会就可能崩溃。"②这种底线伦理所要求的准则是社会维系的基本条件，要求每一位社会成员都必须遵守。这类伦理规范的适用范围具有普遍性，有一部分甚至为法律所确认而成为法律规范，因而在作为伦理行为评价的标准时则具有统一性。此外，在一定的文化共同体中也存在一些不言而喻的价值和命令，这是人们在社会生活中形成的价值共识。侦查行为是一种职权行为也是社会行为，也同样受底线伦理和共识价值的约束，在特定的场合，人们会很自然的把这种底线伦理和共识价值作为衡量侦查行为的伦理标准。

（四）伦理标准理论

伦理标准是伦理学的重要问题。对道德行为和道德现象的分析离不开道德评价，而进行道德评价的前提是依照一定的道德标准。评价人们行为的道德标准是什么？这些道德标准的依据是什么？这些问题是伦理学必须要回答的问题，也是中外伦理学者们一直思考的问题。而正是对伦理标准依据和内容的不同解释，构成了不同的道德理论。有从行为结果评价的结果论道德理论，如功利主义主张："每一个人所实施的行为或遵循的道德规则应该为每一个相关者带来最大的好处

---

① ［美］富勒著：《法律的道德性》，郑戈译，商务印书馆2005年版，第8页。
② 何怀宏著：《底线伦理》，辽宁人民出版社1998年版，第6页。

（或幸福）。"① 也有从行为本身或行为应当遵守的规则评价的非结果论（义务论）道德理论。该理论认为，作为道德基础的规则是存在或可能存在的，而结果则无关紧要。遵循这些规则（正确的道德命令）就是道德的，不能把道德概念运用于因遵循规则而产生的结果。如康德的义务伦理学认为人具有善良意志和理性两种属性，并由此推理出了绝对命令和实践命令两项道德原则。还有从行为人的品质入手进行评价的美德伦理学。该理论关注的并不在于行为本身的正义和善，而在于人性的善，力图造就的是善良的人，而不光是善良的行为或规则。如儒家的道德自我修养学说，主张修、齐、治、平，以成就有德性之人。前人的这些理论为我们从伦理角度分析探讨刑事侦查积累了重要的资源，尤其是其中一些有关伦理标准的具体讨论更是具有启发意义。

1. 以行为结果为基础的探讨——功利主义结果论

在伦理学史上有两种主要理论，即"目的论"和"义务论"。目的论也称为结果论，其以行为结果为基础或关心行为的结果；义务论也称为非结果论，不以行为结果为基础或不关心行为的结果。在目的论的道德理论中，发展最为系统的是功利主义，在义务论的道德理论中，发展最为系统的是康德伦理学。在西方现代道德哲学中，功利主义伦理学和康德伦理学一直占据统治地位，是最有影响的规范伦理学理论。

功利主义代表人物主要有苏格拉底、休谟、边沁、穆勒、摩尔等。功利主义者认为道德起源和目的只能是他律，是为了道德和美德之外的每个人的利益和幸福，而不可能为了道德本身或是每个人品德的完善。其中，边沁是功利主义伦理学的创立者。他以避苦求乐的经验主义人性论为基础，将"苦乐原理"作为其个体道德理论的基石。边沁认为，人性的避苦趋乐决定了行为的正当性与伦理的标准。他在《道德与立法原理导论》中说："自然把人类置于两个至上的主人——'苦'与'乐'——的统治之下。只有它们两个才能够指出我们应该做什么，以及决定我们将要怎样做。在他们的宝座上紧紧系着的，一边是是非的标准，一边是因果的链环。凡是我们的所行、所言和所思，都要受它们的支配；凡是我们所作一切设法摆脱它们的努力，都是足以证明和证实它们的权威之存在而已。一个人在口头上尽可以自命弃绝它们的统治，但事实上他却始终屈从于它。"② 在他看来，个人受制于苦乐的统治，追求快乐避免痛苦是行为的最终目的。评价行为的标准就是看行为对主体快乐是增加还是降低，行为增加或者可能

---

① ［美］雅克·蒂洛、基思·克拉斯曼著：《伦理学与生活》（第9版），程立显、刘建等译，世界图书出版公司2008年版，第40页。

② 周辅成编：《西方伦理学名著选辑》（下卷），商务印书馆1987年版，第210页。

增加主体的快乐就是善，行为降低主体的快乐或使主体快乐可能受到影响就是恶。这一标准就是"快乐法则"。显然边沁将行为的道德评价建立在行为的后果之上的，属于结果论道德理论。

边沁还将个人伦理中的"快乐法则"扩展到社会伦理领域中，提出了功利原则。关于功利原则，边沁指出："功利原则指的是当我们对任何一种行为予以赞成或不赞成的时候，我们是看该行为是增多还是减少当事者的幸福；换句话说，就是以该行为增进或者违反当事者幸福为准。这里我说的是对任何一种行为予以赞成或不赞成，因此这些行为不仅要包括个人的每一个行为，而且要包括政府的每一种设施。"① 这里，边沁所说的"功利"与幸福、快乐紧密相关，而且"功利"所涉及的主体既包括个人主体又包括社会主体和政府设施。这实际上就是把个人伦理的"快乐法则"的适用范围由个人扩大到社会主体和政府。即便个人利益与社会利益有差别，在他看来也不是问题。社会利益不过是"组成社会所有单个成员的利益之总和"②，所以私利即公利。为了简单有效地说明功利原则的实质，让更多的人接受功利原则，边沁在他的《政府片论》中又提出了"最大幸福"原则，即"最大多数人的最大幸福是正确与错误的衡量标准"。③

需要特别强调的是，边沁认为对政府行为的判断也同样适用这一伦理标准。边沁明确指出："当一项政府措施（这只是一种特殊的行动，由特殊的人去做）之增大共同体的幸福倾向大于它减少这一幸福的倾向时，它可以说是符合或服从功利原理。"④

边沁的"快乐法则"是从行为的结果来评价行为的善恶的。这一判断标准也因其局限性而受到批评。批评之一是行为给别人带来的结果难以确定。当"快乐法则"只适用于行为者个人时，是一种利己主义，这一原则面临不同主体的利益冲突问题。而当推广适用于所有道德行为的一切相关者时，又陷入了判定什么会对别人有好处的困境。因为在实践中要确定什么是对别人有好处是十分困难的事情。此外，根据快乐法则进行行为的道德选择时，必须尽量多地发现并确定行为可能产生的结果，这在实践中无论如何是个困难的任务。批评之二是边沁

① 周辅成编：《西方伦理学名著选辑》（下卷），商务印书馆 1987 年版，第 211—212 页。

② 周辅成编：《西方伦理学名著选辑》（下卷），商务印书馆 1987 年版，第 212 页。

③ ［英］边沁著：《政府片论》，商务印书馆 1997 年版，第 92 页。

④ ［英］边沁著：《道德与立法原理导论》，时殷红译，商务印书馆 2005 年版，第 59 页。

的"一切相关者的最大好处"可能带有对于少数派个人的不道德结果。边沁的快乐法则无法解释这样现象：当多数人欺负少数弱者时，多数人作恶所得到的快乐总量可能大于少数弱者所受的痛苦的总量，但要说这种行为是道德的显然很荒谬。因为在一些道德家（如康德）看来，每一个人本身就应当被视为目的，绝不仅仅是手段。这样的行为对于少数人来说是极不道德的。批评之三是功利主义采取的是一种利本分析的道德思考方法，用目的证明手段的正当性，但并不是任何目的，尤其是任何好目的，都可以证明任何手段的正当性。人们在做道德决定时不应该只专注于结果或目的而不顾手段或动机之类的因素。也就是说，目的和手段并不能构成全部的道德。

在边沁之后，密尔对边沁的功利主义伦理理论进行了修正和发展。边沁认为快乐的体验以及痛苦体验的免除是唯一有价值的东西，而密尔则认为快乐不仅有量的区别，而且有品质上的区别。快乐之所以有价值，是因为快乐是幸福的组成部分。道德的最终标准是幸福而不是快乐。只有幸福是唯一应当追求的东西。密尔认为："幸福，因是目的，是可欲的；并且只有幸福才是因它是目的而可欲的；一切别的东西只因它是取得幸福的工具而成为可欲的。"① 但是密尔依然坚持将功利原理作为道德理论的简单标准，并且在幸福概念的基础上对功利原理进行了证明。密尔的休整和发展，使得功利主义理论体系更加系统化、逻辑更为严谨、论证更加周密，揭示了发展人的个性、培养个人道德的价值。

尽管边沁的功利主义标准存在这样或那样的难题，但其突出了结果的重要性。虽然在进行道德判断的时候只考虑结果或目的而不顾手段或动机是非常困难的，但道德判断和决定对结果还是有一定依赖性的。如果不考虑道德决定、行为或规则的结果，任何人也不可能做到有道德。现实中，我们必须考虑决定、行为和规则的结果，但同时要避免仅从目的和结果证明手段的正当性。

2. 以行为规则为基础的探讨——康德伦理学的义务论

康德伦理学是在康德的伦理观念的鼓舞下发展起来的伦理学理论，也称为"康德式伦理学"，代表人物主要有康德、布拉德雷、普里查德、罗斯等。在道德起源和目的上，这些论者认为道德起源于道德自身，起源于每个人品德自我完善的需要，因而是自律论者。其核心人物是康德。

康德是西方启蒙运动重要的思想家，他创立了西方理性主义伦理学第一个完整严格的道德形而上学体系。他认为人类精神、行为现象也像自然现象一样有其普遍必然性的规律，伦理学要成为科学也必须找出它的普遍必然性法则。而在他以前的伦理学都是他律的伦理学说，都是从人的本质以外的原因中引申出道德律

---

① ［英］密尔著：《功用主义》，商务印书馆1957年版，第18页。

令，都没有找到道德价值的真正根据，也没有找到行为的普遍必然性法则。他认为，要找到行为的普遍必然性法则，必须从人的理性本质出发。

在康德看来，人性中最重要的属性分别是善良意志和理性。康德认为，人性中第一重要的属性是善良意志。善良意志不仅是一切道德价值的必要条件，而且其自身就是具有内在价值的善。在他那里，"意志"被解释为"按照道德规则、法律或原则行事而不关心利益或结果的人的独特能力"。① 康德认为，理性是人的第二重要属性。人是理性存在物，人和动物的区别不在于感性欲望，而在于理性。理性既是人的根本特质，也是人的道德价值所在。依靠理性和逻辑推理，人们可以确立绝对的道德规则，而不需要借助经验证据。而且依靠理性确立的绝对道德规则具有同数学原理一样的无可争辩的力量。基于理性和人的善良意志，康德建造起伦理学体系的理性主义原则："确定善恶绝不能在道德法则之前，而只能在道德法则之后，并且只能借助于道德法则来确定。"② 这一原则判断行为的方法与经验主义快乐论和幸福论完全相反。

康德的道德法则是一种理性原则。在康德看来，道德法则源自善良意志，是具有普遍必然性的规律。康德曾言："有两种东西，我们愈时常、愈反复加以思维，它们就给人心灌注了时时在翻新、有加无已的赞叹和敬畏：头上的星空和内心的道德法则。"③这句经典语言点出了他对真理和正义的审视。④ 根据康德的思想，"头上的星空"象征着现象世界及其规律，"内心的道德法则"则是指人类精神、行为现象的普遍必然规律。

康德认为道德行为本身应当被看作是自为的，客观必然的，同其他目的、欲求无关的道德活动。道德法则是排除一切感性经验，排除道德主体的偏好、兴趣和利益欲求的客观规律。人们遵照道德法则行事是纯粹出自理性对规律的尊重。

在康德道德哲学中，道德法则主要有二，一个被称为"绝对命令"，另一个被称为"实践命令"。绝对命令被表述为这样一个命题："不论做什么，总要做到使你的意志所遵循的准则永远同时能够成为一条普遍的立法原理。"⑤ 依据康

---

① ［美］雅克·蒂洛、基思·克拉斯曼著：《伦理学与生活》（第 9 版），程立显、刘建等译，世界图书出版公司 2008 年版，第 54 页。

② 宋希仁主编：《西方伦理思想史》，中国人民大学出版社 2004 年版，第 327 页。

③ ［德］康德著：《实践理性批判》，商务印书馆 1960 年版，第 164 页。

④ 康德给自己的批判哲学提出了两大任务：一个是在科学上反对蒙昧主义，论证科学规律的必然性；另一个是在道德上反对奴隶主义和利己主义，揭示自由意志的普遍必然性的法则。前者是认识论的任务，后者是伦理学的任务。"头上的星空和内心的道德法则"分别代表着科学和道德两个不同领域，前者是探求真理的领域，后者则是探求正义的领域。

⑤ ［德］康德著：《实践理性批判》，商务印书馆 1960 年版，第 30 页。

德的绝对命令，如果某一行为所遵循的规则不具有普遍性，不能成为一切人所遵行的准则，那么该行为就是不道德的。绝对命令蕴含着可普遍化原则，也就是按照能成为普遍规律的准则去实施行为。康德的实践命令被表述为："你的行动，要把你自己人身中的人性，和其他人身中的人性，在任何时候都同样看作是目的，永远不能只看作是手段。"① 其意思就是"任何人都不应仅仅被视为或用作达到别人目的的手段，每个人本身就是独特的目的——至少在道德上说来是如此。"② 根据这一原则，每一个有理性的人都应当把自己和别人当成行动的目的而不是手段。借助实践命令，康德实际上强调了包括自己和别人在内所有的人都应当具有同等的尊严和价值。

在康德看来，遵照源自善良意志的、具有普遍必然性的道德法则行事是一种义务或责任。因此，康德的伦理学又被叫作义务伦理学。他认为，义务是由尊重规律而产生的行为必然性。一切行为只有出于义务才有道德价值，否则就没有道德价值。而且，凡出于义务的行为，其道德价值不取决于它所要达到的目标，而取决于它所遵循的道德法则。他所说的义务实际上就是行为者服从理性支配、尊重规律的义务，或者说是按照善良意志行事的义务，执行绝对命令的义务。

康德通过理性建立起的义务伦理学理论所要表达的核心要点就是：一个人要有道德，就应当出于义务感而服从道德法则；所有的人都具有同等的尊严和价值，都必须被视为独特的个体，绝不应被用来为实现别人的目标或目的服务。从总体上看，康德的道德哲学从人的道德行为入手，找出反映道德领域普遍必然性的规律和先验性判断，并把这些规律和判断表达成命令式的道德法则。这些道德法则是体现道德价值的应然法则，是指导人们道德行为的"应然律"。判断行为或人是否道德，不考虑、实际上也不应当考虑结果，而是另外的某些道德规则（正确的道德命令）。遵循这些规则就是道德的，否则就是不道德的，而且不能把道德概念运用于因遵循规则而产生的结果。在道德理论体系中，这种观点属于典型的"规则非结果论"。

当然，康德的道德法则理论也因其存在缺陷而受到批评。其一，康德的道德法则是一种先验综合判断，他用纯粹理性的推理论证了作为道德唯一基础的绝对规则是存在或可能存在的，但是现实世界中是否真有绝对的道德规则呢？这一点是存在疑问的。随着社会的发展，许多曾经被视为绝对的东西都被证明是有例外的。一些道德相对主义者甚至认为，一切事物都是相对的，没有任何绝对的东

---

① ［德］康德著：《道德形而上学原理》，上海人民出版社1980年版，第81页。

② ［美］雅克·蒂洛、基思·克拉斯曼著：《伦理学与生活》（第9版），程立显、刘建等译，世界图书出版公司2008年版，第55页。

西。退一步说，即便真的存在这样绝对的道德规则，那么这些规则的重要性如何排序？几个具有同样绝对约束力规则之间的冲突如何解决？康德并没有提出解决的办法。其二，康德的理论论述了构成道德原则的形式结构，而不是道德原则的实质内容。康德的绝对命令实质是一种可普遍化原则，这一原则只是道德原则的形式特征。它说明有些道德规则被普遍化之后就会不合逻辑，因而可能由于其不具有一贯性而被说成是不道德的。但是，这一原则并未告诉人们哪些规则在道德上是正确的，哪些是不正确的。更为重要的是，有一些道德规则按照康德的理论可以普遍化，而且也具有一贯性，但是其蕴含的道德价值却是值得怀疑的。其三，康德的道德理论完全反对考虑行为的结果，但是要建立一个道德体系是否能够完全避开行为的结果？道德规则体系应该不应该避开结果？这本身也是值得反思的问题。如果遵守道德规则对行为人甚至对一切相关者有害，那么为什么还要遵守这些道德规则呢？如果不顾及行为的结果，完全不理会遵守道德规则背后的目的，那么就会使社会道德失去现实意义。

康德之后，罗斯（William David Ross）进一步发展了义务论。罗斯也认为道德基本上不应该以结果为基础，也认为存在所有人都必须遵守的道德规则，而且遵守这些规则是人们的道德义务。这些规则就是"显见义务"。所谓显见义务就是指一切人在考量任何其他因素之前一般都应遵从的义务。这些义务包括：忠诚、补偿、感恩、公正、慈善、自我改善、勿作恶等。[①] 人们必须始终坚持这些显见的义务，除非有重要的理由要求人们采取其他不同的行动。对于道德原则之间的冲突，罗斯提出了两条解决原则：（1）始终按照更强烈的显见义务去行动；（2）始终采取可压倒显见恶的最大显见善的行为。[②]

康德主张依照道德法则来判断行为的善恶，这一主张克服了功利主义伦理学的某些困难，具有积极的意义。首先，依据先验的道德法则来判断行为的善恶，避免了估算行为结果的麻烦，也没有确定行为结果的困难。其次，康德的理论主张根据行为结果以外的规则构造伦理体系，避免了道德本利分析方法的局限。最后，康德的道德理论与结果论道德理论不同，提出了一套强硬的道德准则，突出了道德规则的重要性。

3. 以行为人为基础的探讨——美德伦理学

功利主义伦理理论和康德伦理学都认为人们的行为存在一个不偏不倚的终极道德标准。在功利主义者那里，这一终极性的标准是"该行为增进还是减少了

---

①② 参见［美］雅克·蒂洛、基思·克拉斯曼著：《伦理学与生活》（第9版），程立显、刘建等译，世界图书出版公司2008年版，第59页。

利益相关者之幸福"。①而康德伦理学者们则认为，这一标准是可普遍化的道德法则。这两种标准一个以行为的结果为基础，另一个以行为依据的规则为基础，分别提出了行动的理由。但是这两种理论都有意无意地忽略了行为人，忽略了行为人自己的道德心理状态和个性结构。相对而言，美德伦理学并不太关注行为的结果和规则，而是重视发展人的美德（内在道德品质），重视德性人的塑造和培养。美德伦理学的代表人物在古代有古希腊的亚里士多德和中国的孔子，在当代有阿拉斯戴尔·麦金太尔等。他们的理论以行为人为基础，强调人们自身所具有的善良或有德性的品质，强调德性人或善人的发展，而不是抽象的规则或行为的结果。

美德伦理学起源于亚里士多德的《尼各马可伦理学》。亚里士多德认为理性是人特有的，人的特有活动在于他的灵魂的有理性部分的活动。亚里士多德称这个特别属于人的活动为实践的生命活动。他认为，人的一切实践的生命活动，都追求某种善。人的每种技艺与研究、实践与选择，都以某种善为目的。人的可实践的最高善，就是幸福。善不在于行为的本身，而在于他是人性的一部分，是一种品质。亚里士多德说，人们研究什么是善、什么是适度，不是为了获得知识，而是为了使自己成为好人。在他看来，道德与人性的完善具有本质的联系，是一个人幸福的构成要素。因而他所关注的焦点不是单一的行为，而是作为整体的人的完善。亚里士多德认为，德性是在实现人特有活动上所表现出来的优点，是由适当的训练而发展起来的一种意向和气质。人的德性可分为理智德性和伦理德性。理智德性是理性活动上表现出来的德性，可以由教导而生成；伦理德性是欲望活动上表现出来的优点，需要通过习惯来养成。亚里士多德强调行为人品质的善，把行为人的品格和选择作为关注的焦点，注重德性人的发展，为美德伦理学树立了典范。

同样，中国儒家伦理更是强调道德的自我修养，强调理想人格的追求。在孔子看来，用外在的强制来规范人的行为，不如形成主观上的道德自律，强制要求人们做好事不如引导人们做好人。孔子说："道之以政，齐之以刑，民免而无耻；道之以德，齐之以礼，有耻且格。"② 在儒家看来，德就是一种内在的可以通过自我完善而提升的优秀品质，美德具有道德示范作用。对于优秀品质的示范作用，孔子曾做过形象的比喻。他说："为政以德，譬如北辰，居其所而众星共之。"对于德的培养，孟子认为人性本善，通过训练和培养，就能发掘人的善良

---

① Jeremy Bentham, An Introduction to the Principles of Morals and Legislation, Clarendon Press, Oxford, 1823, p. 2.

② 《论语·为政》。

本性。孟子曰："恻隐之心，人皆有之；羞恶之心，人皆有之；恭敬之心，人皆有之；是非之心，人皆有之。恻隐之心，仁也；羞恶之心，义也；恭敬之心，礼也；是非之心，智也。仁义礼智非由外铄我也，我固有之也。"① 对于仁、义、礼、智这类德品，孟子认为都是人所固有的本性，"求则得之，舍则失之"。故而需要发掘和培养，要养"浩然之气"。而荀子则认为人性本恶，道德修养需要"化性起伪"。关于人性，荀子说："今人之性，饥而欲饱，寒而欲暖，劳而欲休，此人之情性也。"② "若夫目好色，耳好声，口好味，心好利，骨体肤理好愉佚，是皆生于人之情性者也。"③ 由于人性本恶，故而需要训练和培养，以使曲木变直。荀子说："性者。本始材朴也；伪者，文理隆盛也。" "故古人化性而起伪，伪起而生礼义。"④ 也就是说，善良和德性不是天生就有的，需要人为地培养才能形成。在儒家看来，美德需要以慎独、求己、内省、改过等方式自修，以使其成为习惯和品质，以使人们成为好人，成为"君子"、"圣人"。

当代美德伦理学则是源于对西方伦理危机的反思，美德伦理学者们对功利主义目的论和康德伦理的义务论进行了批评，认为当代道德哲学是破产的、不完善的。其中的代表是美国哲学家阿拉斯戴尔·麦金太尔。麦金太尔在他的《追求美德》一书中对正义与合理性传统进行了重述，并指出历史上的正义原本有美德和规则两种，美德是其主要含义。但是美德的含义逐渐失落，美德的人格基础在现代被剔除，而变成了纯粹的规则。在他看来，对古典美德的摒弃，使得美德变成了纯粹的规则，伦理学丧失了真正的本意，才会产生道德理论的混乱和现代社会的道德危机。麦金太尔进一步强调了对善良品质的培养，他指出，一个人应当培养自己内在的善良情感或意向，而不光是合乎道德地行动而已。

同功利主义和康德理论相比，美德伦理学的观点有其自身的长处。首先，美德伦理学关注的不光是善良的行为或规则，而是力图造就有道德习惯、持续行善的好人。这在一定程度上避免了只关注行为和规则的片面性。在现代社会，有的是规则、法律和道德体系，但如果缺乏有道德的善良人，依然不可避免出现伦理危机。法治也是如此，即便有良法，如果没有良吏，良法也不可能得到很好的实施。其次，美德伦理学注意到人们不是只会遵守规则的机器人。美德伦理学者们认为，通过反复灌输内心的美德，不仅可以使人们合乎道德地思考，而且可以使人持续地感觉到善良。他们试图把人的理性与道德情感统一起来。而前两种理论都忽视了爱情、友谊和同情这样的社会情感，完全无视了人与人之间的情感

---

① 《孟子·告子上》。

②③ 《性恶》。

④ 《礼论》。

联系。

当然，美德伦理学也是一种不完善的理论。首先，美德的内涵到底是什么？这个问题并不清楚。不同的时期不同的人对美德提出了不同的解释。在《荷马史诗》中，德性概念的意义几乎等同于勇敢；对亚里士多德来说，德性就是人在实现他的特有的活动上所表现出来优点。而儒家则认为是仁、义、礼、智。那么，在当代什么是真正的美德？何以决定美德？没有也不能有一个统一的答案。其次，谁是道德典范？现实生活中，在道德上绝对完美的人并不存在。许多人在某些方面优秀，但在很多方面并不完美。"历史已经证明，在我们的所谓英雄人物中，有许多人是泥足英雄，他们至少并没有始终如一地合乎道德地行动。"[1]最后，培养有道德的人是必要的，但并不能假定有道德的人一定会按照道德要求行事。也就是说，即便把所有的人都培养成有美德的人，也并不一定能让所有的人合乎道德地行动。不难看出，美德伦理学并没有提供正当行为的明确标准，也无法告诉人们在具体情境中如何行动。当然，尽管如此，美德伦理学强调了对道德品质的认识，不仅从外部行为而且尝试从人的内心探索道德的发展，这为分析道德问题提供了一个更为全面的路径。

4. 对价值共识和底线伦理的探讨——从罗尔斯的"重叠共识"到《走向全球伦理宣言》中的"黄金规则"

在现代社会的发展过程中出现了两个相反的趋势：一方面是社会主体多元化，政治多元化，利益诉求多样化。与之相适应，价值多样性或多重性已经被广泛认为是当代世界的普遍现象。另一方面是在经济全球化过程中，不同国家之间、民族之间以及不同宗教文化传统之间的交流和互动进一步加强，人们寻求共识和统一行为规则的需求和努力也不断强化。与之相适应，出现了一些全球性的标准和共同宣言，以宣示人们在认识领域的共识以及一致认同的某些行为规则。在多元化的发展过程中，是否存在统一的伦理标准呢？伦理学者们从价值共识和底线伦理的角度进行了探讨。

所谓的价值共识就是指不同主体对价值（主要指公共价值）达成基本或根本一致的看法，也即对价值形成基本和根本一致的观念和态度。[2] 而底线伦理则是指"维系人之所以为人的起码的伦理道德，是一种与人的本性和本质同一的

---

① ［美］雅克·蒂洛、基思·克拉斯曼著：《伦理学与生活》（第9版），程立显、刘建等译，世界图书出版公司2008年版，第77页。

② 胡敏中：《论价值共识》，载《哲学研究》2008年第7期。

基本伦理,是任何具有人性的人都认可并遵循的普遍伦理。"① 底线伦理是面向社会上的每一个成员提出最低要求的一种普遍主义的伦理,也就是"坚持一些基本的道德规范、道德义务的客观普遍性"。② 无论价值共识还是底线伦理,都有一种对普遍道德规则的认同。

(1)罗尔斯的"重叠共识"

"重叠共识"(overlapping consensus)也被译为"交叠共识",是美国哲学家约翰·罗尔斯(John Rawls)在《政治自由主义》中提出的概念。罗尔斯把"重叠共识"、"正当优先于善"和"公共理性"作为"政治自由主义"的三个主要观念,其中"重叠共识"排在首位。

罗尔斯认为民主社会的政治文化中存在多元而合理的学说。他说:"民主社会的政治文化的特征,总是存在着多样的彼此对立而无法调和的宗教学说、哲学学说和道德学说。其中有些学说是完全合理的,而政治自由主义把诸多合理学说之间的多样性,看作是在持久的自由建制背景内发挥作用的人类理性之力量的不可避免的长期结果。"③ 也就是说,不同的宗教学说、哲学学说和道德学说可能是彼此对立甚至无法调和的,在它们中并不只有一个是合理的,而是一部分。这些不同但合理的学说为人们的正义观念提供了不同的理由和前提。但是他认为,不同的前提有可能导致相同的结论,不同的政治观念有可能导致相似的政治判断。对同一事物,不同人从不同的前提和理由出发也可以形成共识,这种共识就是"重叠共识"。在罗尔斯那里,"重叠共识"是指这样的一种情况:各种学说分别以不同的理由支持同一种政治正义观。罗尔斯解释道:"所谓重叠共识是指:这种政治的正义观念是为各种理性的然而对立的宗教、哲学和道德学说所支持的,而这些学说自身都拥有众多的拥护者,并且世代相传,生生不息。"④ 不难看出,在罗尔斯看来,政治的正义观念是各种合理性的宗教、哲学和道德学说的观点交迭区域或重合点,"重叠共识"在各种合理学说与政治的正义观念之间起着桥梁作用。在罗尔斯看来,只要社会的基本结构是由一种政治的正义观念所规导,而这种政治观念又是各种合乎理性的完备性学说达到"重叠共识"的核心,而且当宪法根本和基本正义问题发生危险时,公共讨论按照政治的正义观念

---

① 王培智:《社会转型时期的信用问题浅析》,载《陕西青年管理干部学院学报》2004年第1期。

② 何怀宏著:《良心论》,北京大学出版社 2009 年版,第 338 页。

③ John Rawls, Political Liberalism, New York: Columbia University Press, 1996, pp. 3 – 4.

④ [美]约翰·罗尔斯著:《正义新论》,上海三联书店 2002 年版,第 55 页。

来进行，那么，政治自由主义就足以使价值多元的社会成为正义而稳定的合作系统。① 罗尔斯认为人们就政治的正义观念形成"重叠共识"是可能的，这一过程可以分成两个阶段："第一阶段以一种宪法共识而告终，第二阶段则以一种重叠共识而告终。"②

罗尔斯的"重叠共识"意味着不同的人们在观点上存在分歧的同时，在态度上却具有共识；在观念上存在分歧的同时，在价值目标上却具有共识。在本质上讲，"重叠共识"意味着多元交迭的利益与诉求具有某种最低限度的共同性，人们在价值观方面发生分歧的同时，也可能形成某些价值共识。推而论之，在价值观不同的情况下，人们也可以认可和遵守同样的规范。罗尔斯的"重叠共识"为社会正义的达成奠定了理论基础，同时也在某种程度上为一些跨文化社会规范的普遍有效性提供了解释和论证。

（2）哈贝马斯的商谈伦理

罗尔斯认为法律或政治制度的正当性来源于人们在多元理性的基础上达成重叠共识，并对多元合理性采取简单认同的态度。哈贝马斯则试图通过交往理性来达成理性共识。哈贝马斯认为，在人的行动中，交往行动同时体现了自我、社会和客观世界的要求，是最基本的社会行动。在交往行动中，行动者的意图与其说是对其他人施加影响，不如说是与其他人进行论证，就某事达成共识。③

哈贝马斯认为有效的交往是需要一定条件的，交往行动的前提条件之一是存在交往理性。在哈贝马斯看来，一个能够通过语言而相互交流、相互理解，会从他人的角度考虑问题，并能够自觉地接受更有说服力的理由的人就是理性的人。这种理性被他称为交往理性。④ 交往理性是一种对话式理性。交往理性不告诉人们应该如何行动，而是告诉人们如何进行交流，并通过交流而相互理解。交往理性提供虚拟的语用学规则，而不给人们提供任何社会行动规则。哈贝马斯说："它（交往理性）涉及的仅仅是洞见——仅仅是论辩性的澄清在原则上可以通达的那些可批判性表达。"⑤

哈贝马斯认为，人们的理性交往是在生活世界进行的，而生活世界存在着一

① 〔美〕约翰·罗尔斯著：《政治自由主义导论》，译林出版社 2000 年版，第 45 页。

② 〔美〕约翰·罗尔斯著：《政治自由主义导论》，译林出版社 2000 年版，第 168 页。

③ 袁正清：《交往行为理论与国际政治研究——以德国国际关系研究视角为中心的一项考察》，载《世界经济与政治》2006 年第 9 期。

④ 王晓升著：《商谈道德与商议民主——哈贝马斯政治伦理思想研究》，社会科学文献出版社 2009 年版，第 12 页。

⑤ 〔德〕哈贝马斯著：《在事实与规范之间——关于法律和民主法治国的商谈理论》，童世俊译，三联书店 2003 年版，第 6 页。

种"公共领域"（public sphere），这种"公共领域"为交往提供理想的言谈情境。哈贝马斯的这种"公共领域"是指"一个社会生活的领域，在那里人们可以讨论有关公共利益的事情，可以对这些问题进行讨论和争议而不必求助于传统、教条及强力，可以通过合理的争论来解决观点的分歧"。① 哈贝马斯认为，在公共领域进行的这种公平、公开的商谈发挥着两个层次上的社会整合功能，即避免"动机危机"和"合法性危机"。他认为，通过商谈，参与者原则上将能就道德问题达成一种理性的共识，商谈能够融合规范的有效性和现实性，因此，商谈具有"有效宣称"（validity claims）的特点。

哈贝马斯认为，道德的正当性依赖于人们之间的这种商谈。只有那些在商谈中为所有参与者一致同意的道德规范，才能够被称作是普遍有效的。也就是说，一个道德规则正当如否，取决于人们在道德商谈中所提出的理由以及这种理由是否能被所有的商谈参与者所接受。道德是通过人们对于道德规范正当性的认同来调节人们之间关系的。这就是哈贝马斯在《交往行为理论》中试图建立的"商谈伦理"（Discourse ethics）的基本原理。

哈贝马斯认为规则的正当性来源于人们在公共领域的商谈中所达成的理性共识，这从交往的角度阐释了道德和法律规则正当性的来源。但是他的商谈伦理并没有提供具体的道德标准，只是提供了正当性的来源和商谈的条件。他认为只要参与方彼此承认是交往的伙伴并有平等的话语权，彼此能够改变自己的立场，站在对方的立场上来考虑问题，原则上就能达成理性共识。但是他的观点并没有说明哪一种道德规范被看作是正当的。尽管如此，哈贝马斯的观点依然具有积极意义。他的观点说明，道德规范和法律规范要能够调节人们之间的社会关系，就必须被人们看作是普遍值得尊重的，也就是正当的。只有这样，人们才会发自内心地自觉遵循。而解决正当性危机的途径就是理性的交往和商谈。通过人与人之间的交往和理性商谈达成共识，能够确立规范的正当性和有效性。

（3）《走向全球伦理宣言》中的"黄金规则"

《走向全球伦理宣言》由德国天主教神学家孔汉斯（Hans Kung，又译汉斯·昆）起草，于1993年在美国芝加哥召开的世界宗教议会大会上正式获得通过。该宣言针对目前世界上依然存在的诸多伦理问题（如战争、生态破坏、贫富差距等）提出一些为世界不同宗教所共识的伦理原则。此后，孔汉斯等又努力发起一场全球伦理运动，争取让该宣言在联合国正式通过，以使世界人士能认同这些原则，并遵照行动。

---

① ［美］乔纳森·特纳著：《社会学理论的结构》（下），邱泽奇等译，北京华夏出版社2001年版，第242页。

这份宣言认为，在世界各宗教的学说中，已经存在一种伦理规范可以用来解决全球性的危机。这种伦理没有为世界上所有难题提供直接的解决办法，但它却为一种更好的（单独的和全球的）秩序提供了道德基础。这份宣言认为，在各种宗教之间已经存在有一种共识———一种关于有约束力的价值、不可取消的标准以及根本的道德态度的最低限度的基本共识，这种共识可以成为一种全球伦理的基础。① 《走向全球伦理宣言》指出："数千年以来，人类的许多宗教和伦理传统都具有并一直维系着这样一条基本原则：'己所不欲，勿施于人'，或者换用肯定的措辞说：'你希望别人怎样待你，你也要怎样待别人'。这一原则不光适用于某个家庭、朋友、社会或国家，而且适用于所有个人、家庭、社会、国家、整个世界和宇宙。"② 这一最高原则就是"黄金规则"。除此之外，该宣言还提出了四个较为具体的、易为人了解的附属道德原则，即"不可杀人、不可偷盗、不可说谎、不可奸淫"。该宣言认为这四条道德原则早已存在于人类各个伟大而古老的宗教与伦理传统之中。

《走向全球伦理宣言》自 1993 年世界宗教会议被正式通过以来，其影响并不限于宗教界。该宣言宣称其所提出的"黄金规则"和四条附属道德原则是人类各个伟大而古老的宗教与伦理传统的共识，这不仅赋予了这些道德原则以普遍意义，而且暗示这些道德原则是一种"最低限度的"的底线原则。也就是说，这些基本的道德原则宣示了某些最基本的社会正义和最起码的个人义务。这些伦理原则更像是人们在现代平等多元的社会中形成的共识圈，是人们关于道德问题的最小同心圆。该宣言使得全球伦理问题得到了国际社会的广泛关注。而所谓的全球伦理或普世伦理就是一种建立在底线共识基础上的具有普遍意义的伦理。不管这种全球伦理是否必要以及如何可能，但《走向全球伦理宣言》从共识的角度坚持一些基本的道德规范、道德义务的客观普遍性，这种尝试本身就具有积极的意义。

---

① 原文是："An ethic already exists within the religious teachings of the world which can counter the global distress. Of course this ethic provides no direct solution for all the immense problems of the world, but it does supply the moral foundation for a better individual and global order: a vision which can lead women and men away from despair, and society away from chaos. ""We confirm that there is already a consensus among the religions which can be the basis for a global ethic – a minimal fundamental consensus concerning binding values, irrevocable standards, and fundamental moral attitudes. " 资料来源：http://astro. temple. edu/ ~ dialogue/Center/ kung. htm，2009 年 9 月 27 日。

② 资料来源：http://astro. temple. edu/ ~ dialogue/Center/declarel. htm，2009 年 9 月 27 日。

四、研究意义

对侦查进行伦理分析,实际上是从伦理角度审视侦查中的法律制度和侦查行为,关注伦理道德对侦查制度和侦查行为的影响。这有助于加深对侦查制度和行为的认识,而且对实现侦查的法制化具有重要的意义。

第一,研究侦查中的伦理规范有助于进一步规范侦查行为。侦查行为的评价标准主要是法律规范,但法律规范本身具有抽象性,为侦查人员自由选择和裁量提供了很大的空间。在法律规定的幅度范围内,评价侦查行为的标准相对模糊。因此,有些时候我们依据法律标准可以对侦查行为是否合法作出评价,但对于侦查行为是否合理却难以评判。侦查行为是否合理需要依据伦理标准做出评价。对于侦查而言,理想的状态是侦查行为既具有合法性又具有合理性。这需要从法律和伦理两方面规范侦查行为。法律规范对侦查行为的合法性具有保障作用,对侦查行为的合理性也具有一定的促进作用,但法律规范很难为行为的合理性设定明确的评价标准。保证侦查行为的合理性需要伦理规范的作用。对侦查进行伦理分析,有助于加深对侦查行为伦理标准的认识,有助于发挥伦理规范对侦查行为的指导作用,这有助于进一步规范侦查行为,为侦查的合理性提供保障。

第二,分析侦查中的伦理因素有助于侦查制度的构建。侦查制度本身蕴含有相应的伦理因素,这些伦理因素与社会生活的伦理状况具有互动作用。当这些因素与社会生活的伦理状况相适应的时候,在一定程度上可以避免社会生活中的伦理规范与侦查制度规范之间的矛盾。这样可以协调侦查与外部社会环境之间的关系,为侦查活动提供较好的伦理氛围。而当侦查制度中的伦理因素与社会生活伦理状况不相适应的时候,社会生活中的伦理规范与侦查制度规范之间的矛盾较为突出,这样会造成行为标准的错位,从而阻碍侦查制度的实施。对侦查进行伦理分析,可以进一步认识侦查制度中的伦理因素,了解这些因素和社会生活伦理的互动关系。在构建侦查制度的时候,可以尽量协调两者之间的关系,避免侦查制度与社会生活伦理规范的冲突,减少侦查制度在实践中的阻力。

第三,对侦查进行伦理分析,有助于发挥侦查行为的伦理效应,促进和谐社会的构建。构建社会主义和谐社会,实现社会和谐,是建设中国特色社会主义的重要组成部分,也是人们为之奋斗的目标。我们所要建设的社会主义和谐社会,"应该是民主法治、公平正义、诚信友爱、充满活力、安定有序、人与自然和谐相处的社会"。① 要实现这样的和谐社会,需要经济建设、政治建设、文化建设、

---

① 胡锦涛:《在省部级主要领导干部提高构建社会主义和谐社会能力专题研讨班上的讲话》(2005 年 2 月 19 日)。

社会建设协调发展，需要人与人、人与社会、人与自然整体和谐。要构建和谐社会，不仅需要及时化解各种社会矛盾，维护和实现社会公平和正义，而且需要相应的伦理支撑，妥善处理人与人、人与社会、人与自然之间的关系，减少和避免矛盾的发生。

从实现社会和谐的角度看，司法不仅是处理和化解社会矛盾的手段，而且是公平正义的直接体现。刑事侦查作为刑事司法的重要环节，侦查过程是否公正，侦查手段是否合理，既关系到社会矛盾的化解，又关系到刑事司法功能的发挥。而要达到化解社会矛盾的目的，真正实现刑事司法的功能，仅强调侦查的合法性是不够的，还需要强调侦查的合伦理性。一方面，立法的滞后性和法律条文的抽象性使得侦查人员需要根据具体情况进行必要的裁量和选择。在这种情形下，侦查权既可以成为侦查人员传播正义的神器，也可以成为其谋取私利的工具。强调侦查的合伦理性，可以进一步规范侦查权的行使，防止侦查权的滥用。另一方面，刑事侦查乃至整个刑事司法的目的在于控制犯罪，降低犯罪对社会的危害。这一过程仅仅关注对犯罪的惩罚是不够的，还需要关注犯罪人员的人性修复和社会回归。侦查中的不公正待遇会激发犯罪人员的对抗情绪，增加其对社会的仇恨。受侦查人员不道德侦查行为的影响，有些犯罪人员在被定罪后不仅不会痛改前非，反而在出狱后变本加厉报复社会。强调侦查的合伦理性，注意发挥侦查人员的伦理教化作用和人性感化作用，会有利于犯罪人员的改造，消除社会不稳定因素。

一段时间以来，涉法上访成为影响社会和谐稳定的重要因素。涉法上访的案件中，有一部分案件处理确有问题，但有一部分案件的实体处理并没有问题，而是因为办案人员的不当办案行为诱发当事人的不满而造成的。在侦查过程中，侦查人员的道德表现会直接影响涉案人员对司法的认同感。如果侦查人员实施一些看似不违法但严重违反伦理的行为，有关当事人可能在法律上挑不出什么毛病，但并不会服判息讼。这种情况下，往往会通过上访来讨个说法。现实中，不合伦理的侦查行为往往是造成涉法上访的一个诱因。因此，从现实角度看，强调侦查行为的合伦理性，注重侦查中的伦理情常，可以进一步减少或避免涉法上访，促进社会和谐。

第二章 伦理属性

在不同法系的国家，由于刑事诉讼结构和司法体制的差异，对侦查概念的理解也不同。在实行审判中心主义的英美法系国家，侦查被视为审判的准备活动。侦查被认为是"调查或通过调查进行的跟踪程序"。[①] 侦查机关和犯罪嫌疑人一方都有权调查和收集证据，因此侦查在主体上没有限制。而在奉行职权主义的大陆法系国家，侦查权专属于国家职能机关，侦查是指警察或检察官等专门机关对犯罪进行的专门调查活动和采取的强制性措施，犯罪嫌疑人一方的防御性活动不属于侦查的范围。在我国刑事诉讼中，侦查是指依法被授予侦查权的专门机关为了查明案件事实，收集证据，查获犯罪人，依照法定程序进行的专门调查工作和采取有关强制性措施的总称。[②]

从程序意义上讲，侦查是刑事诉讼程序的重要组成部分，是公诉案件的重要程序。而侦查行为和侦查过程则是一种法律现象，是刑事法律实施的一个重要环节。作为一种法律现象，侦查过程本身也可以看作是一种可以进行伦理评价的现象。而不管是把侦查作为法律行为还是作为法律程序来看待，侦查都不可避免地带有伦理特性。

---

① Mason v. Peaslee, 173 C. A. 2d 587, 343 P. 2d 805, 808. 转引自陈永生著：《侦查程序原理论》，中国人民公安大学出版社 2003 年版，第 17 页。

② 我国学者主要是仿效大陆法系国家来理解侦查概念的，一般将侦查视为国家侦查机关进行的犯罪调查活动和采取的强制性措施，不包括公民个人收集证据的行为。如《辞海》（上），上海辞书出版社 1979 年版，第 545 页；陈光中主编：《刑事诉讼法学（新编）》，中国政法大学出版社 1996 年版，第 277 页；樊崇义主编：《刑事诉讼法学》，中国政法大学出版社 1996 年版，第 266 页；徐静村主编：《刑事诉讼法学》（上），法律出版社 1997 年版，第 182 页；陈光中、徐静村主编：《刑事诉讼法学》，中国政法大学出版社 1999 年版，第 282 页。但也有学者认为，侦查是有关人员为了查明案情和收集证据而就被控犯罪行为进行的调查活动，侦查的主体包括个人的防御性活动。如何家弘编著：《外国犯罪侦查制度》，中国人民大学出版社 1995 年版，第 4 页。笔者认为，我国刑事诉讼没有实施完全的当事人主义诉讼模式，侦查机关和犯罪嫌疑人在侦查阶段诉讼地位差别悬殊，两者属于不同性质的主体，行为的性质也不同。因此，不能将公民个人以及侦查阶段辩护人收集证据的行为视为侦查行为。

一、侦查规范的伦理性

侦查规范是指侦查机关和侦查工作人员进行侦查活动应当遵循的程序性规范。从表面上看，侦查规范是一种规范侦查步骤和行为的纯操作性的技术规范。这种技术性程序规则相对于那些调整人与人之间关系的实体性规则而言，似乎没有什么道德含义。但实际上，侦查规范追求的不仅仅是侦查工作的功效与便利，还包括公正、人道、诚信等伦理价值。这些伦理价值背后的伦理精神对侦查规范起着黏合作用，构成了侦查程序运作的目的和宗旨。换言之，侦查规范虽没有直接宣示某些伦理规范，但却曲折反映了社会的道德理念，体现了某些伦理价值。

（一）伦理蕴含

作为程序性规范，侦查规范的内容主要是关于侦查行为和侦查措施的操作性规定，但这些规定本身依然反映出某些伦理精神。如我国修订后的刑事诉讼法第五编专章规定了未成年人刑事案件诉讼程序，根据其中第270条的规定，对于未成年人刑事案件，在讯问的时候，应当通知未成年犯罪嫌疑人的法定代理人到场。无法通知、法定代理人不能到场或者法定代理人是共犯的，也可以通知未成年犯罪嫌疑人的其他成年亲属，所在学校、单位、居住地基层组织或者未成年人保护组织的代表到场，并将有关情况记录在案。到场的法定代理人可以代为行使未成年犯罪嫌疑人的诉讼权利。到场的法定代理人或者其他人员认为办案人员在讯问中侵犯未成年人合法权益的，可以提出意见。讯问笔录应当交给到场的法定代理人或者其他人员阅读或者向他宣读。讯问女性未成年犯罪嫌疑人，应当有女工作人员在场。修订后的《刑事诉讼法》第119条规定："讯问聋、哑的犯罪嫌疑人，应当有通晓聋、哑手势的人参加，并且将这种情况记明笔录。"第130条规定："检查妇女的身体，应当由女工作人员或者医师进行。"这些规定，不仅有保证侦查真实性的作用，而且体现了对特殊人员的伦理关怀。对未成年人、妇女和残障人员给予程序上的特殊关照体现了侦查权的一种善意，这种善意正是伦理学中善良原则所要求的内容。此外，在强制措施中也同样可以看到这种针对特殊人员的善意。如我国修订后的刑事诉讼法对监视居住的适用条件进行了调整，根据修订后的《刑事诉讼法》第72条的规定，犯罪嫌疑人符合逮捕的条件，有下列情形之一的，可以监视居住：（一）患有严重疾病、生活不能自理的；（二）怀孕或者正在哺乳自己婴儿的妇女；（三）系生活不能自理的人的唯一扶养人。对于这三种情形用监视居住替代逮捕并不一定有利于侦查目的的实现，但却因为体现了人道关爱而具有正当性，这种正当性的根源就在于其合伦理性。

（二）尊重伦理情常

侦查法律规范不一定是社会道德的公开表述，但肯定是社会道德的支持力量。侦查规范对伦理情常的尊重和体认便是这种支持的具体表现。如侦查中对死因不明的尸体的处理，不仅关系到案件事实的调查，而且涉及死者的尊严和死者亲属的情感。为查明案件事实，对死因不明的尸体进行勘验和解剖是必要的，但对尸体勘验的方式和解剖行为本身可能会侵害死者的尊严，伤害死者家属的情感。这里死者的尊严以及家属的情感实际上是一种伦理情常问题，似乎与查明案件事实无关。但如果处理不当则可能导致对侦查行为的道德谴责，诱发对侦查正当性的质疑。妥当的做法是既满足查明案件事实的需要，又对伦理情常予以适当照顾和尊重。如我国修订后的《刑事诉讼法》第 129 条规定："对于死因不明的尸体，公安机关有权决定解剖，并且通知死者家属到场。"通知死者家属到场对查明死因起不了什么作用，但对于死者及其家属却是一种尊重。这类规定在其他国家的侦查规范中也可以找到。如根据《日本刑事诉讼法》第 129 条规定，进行勘验时，允许解剖尸体、发掘坟墓、破坏器物等必要的处分。但日本刑事诉讼规则第 101 条则要求："解剖尸体和发掘坟墓时，要注意不能失礼，要通知其配偶和亲属。"① 又如德国刑事诉讼法规定，解剖尸体需聘请两位医生进行；下达解剖尸体的命令需询问死者家属的意见（根据《德国刑事诉讼法》第 33 条第 3 项），死者家属可以根据《刑事诉讼法》第 34 条的规定提起抗告。②

（三）禁止不道德侦查行为

侦查规范的伦理性还体现在对不道德侦查行为的禁止上。这种禁止性规定表现为两种形式：一种是概括性的规定禁止实施有伤道德风化的侦查行为。如我国修订后的《刑事诉讼法》第 133 条第 3 款规定："侦查实验，禁止一切足以造成危险、侮辱人格或者有伤风化的行为。"另一种是禁止一些相对具体的非法侦查行为，而这些行为同时也是严重违反伦理的不道德行为。如根据我国修订后的《刑事诉讼法》第 14 条的规定，诉讼参与人对于侦查人员人身侮辱的行为，有权提出控告。修订后的《刑事诉讼法》第 50 条严禁刑讯逼供和以威胁、引诱、欺骗以及其他非法方法收集证据，不得强迫任何人证实自己有罪。这里的人身侮辱、刑讯逼供、引诱和欺骗等行为，不仅是法律所禁止的行为，而且是道德上难以容忍的行为。

---

① ［日］松尾浩也著：《日本刑事诉讼法》（上卷），丁相顺译，中国人民大学出版社 2005 年版，第 83 页。

② 参见［德］克劳斯·罗科信著：《刑事诉讼法》，吴丽琪译，法律出版社 2003 年版，第 264 页。

"受过法学训练的人并非必然地得到了行为道德标准的逐渐灌输。"[①] 侦查人员受过侦查专业训练，但这并不能保证侦查人员的侦查行为总是符合伦理要求。对于一些严重不道德的侦查行为在侦查规范中明确加以禁止是十分必要的。经由侦查规范的禁止性规定，一些严重违反伦理的行为成为非法行为。这样就出现了伦理标准与道德标准的重合现象，也使得侦查规范带有伦理色彩。

从侦查实效上看，这些行为更有利于侦查人员对犯罪嫌疑人进行控制，为查明案件事实提供便利，[②] 如果撇开人权、道德以及其他因素，单从侦查便利上看，似乎没有必要对这些行为进行禁止。侦查规范直接对某些侦查行为予以禁止表明了这样一个观点：侦查不是为达目的不择手段，而是多种价值权衡后的理性行为。而价值目标的选择和权衡本身就是一个伦理问题。法律对这些行为的禁止客观上体现了对人道尊严、诚实信用等伦理原则的认可。从形式上看，法律对不道德侦查行为的禁止为道德原则提供了支持，而实质上，伦理原则为法律禁止这些行为提供了正当的基础。

二、侦查行为的伦理性

侦查行为是一种带有强制力的法律职权行为，同时也是一种伦理行为。一方面，侦查行为承载着国家权力的权威性，必须依法实施。侦查行为只有符合法律规定的要件才能实施，而且必须符合法定的程序。另一方面，侦查行为体现国家权力运行的伦理和侦查人员的职业伦理，是伦理评价的对象，客观上也会产生社会伦理效应。在刑事诉讼范围内，侦查行为是一种法律行为，但在社会层面，侦查行为则是一种特殊的社会行为，是可以进行道德评价的伦理行为。侦查行为的伦理性具体体现在以下几个方面：

（一）体现职业伦理

侦查行为是一种专业化的案件调查行为，必须由享有侦查权的专门机关工作人员（侦查人员）才能进行。侦查人员进行侦查不仅要遵守法律规范而且要遵守相应的职业道德。也就是说，侦查行为是侦查人员在侦查法律规范和职业道德

---

① ［美］雅克·蒂洛、基思·克拉斯曼著：《伦理学与生活》（第 9 版），程立显、刘建等译，世界图书出版公司 2008 年版，第 21 页。

② 当然，刑讯逼供、引诱和欺骗也可能误导侦查人员，使侦查陷入歧途，不利于案件事实的查明。但由于这些行为能够增加犯罪嫌疑人的心理焦虑，客观上可以促使犯罪嫌疑人向侦查人员据实陈述，所以多数情况下，这些行为有利于侦查讯问。在本人调研时，一些一线侦查人员说："适当采取一些手段，得到的多数是真话。"这种功利性的效果也许是刑讯逼供等非法侦查行为禁而不止的原因之一。

规范双重规制下完成的。侦查行为违反法律规定的程序要件则构成程序违法，违反职业道德规范则应受到纪律惩戒。在我国，从事职务犯罪侦查的检察官需要遵守《检察官职业道德规范》，公安人员进行普通刑事案件的侦查需要遵守《人民警察职业道德规范》。在职业道德规范的规制下，侦查行为必然体现相应的职业伦理。

（二）体现国家伦理

侦查行为是一项职权行为，承载着国家权力的权威性。职权行为代表着国家，也体现着国家伦理。这是因为侦查权的行使关系到公民权利与国家权力之间的界限，国家权力边界是否合理体现了国家的价值定位。这取决于国家与社会、国家与个人之间构建的伦理关系是否合理。在这些伦理关系中，国家也是一方主体，扮演着道德化的形象。只不过国家是作为整体性道德主体的形式出现的，一方面国家作为社会与公众的委托者，是满足公共利益的主体；另一方面国家是维护社会秩序的责任人，是担当社会责任的主体。作为公共利益的维护者和社会责任的担当者，国家实际上是道德的终极后盾和支撑力量，其自身也必须遵守相应的伦理。如果侦查行为违背国家伦理，则会动摇公众对国家的这一伦理角色的信赖和期待。因此，侦查行为不仅体现职业伦理的要求，而且会体现国家伦理的价值取向。

（三）伦理选择

侦查行为不仅存在合法性问题，而且存在合理性的问题。法律规范具有抽象性、法律规定难免存在模糊和歧义的地方，而实际发生的刑事案件则是多种多样。很多情况下，侦查法律规范并不能为侦查人员提供具体而精确的指导，而是需要侦查人员根据具体的情形选择适当的侦查行为。在法律规范难以发挥的情况下，伦理规范则对侦查行为的选择起着指导作用。这种选择实际上是在法律幅度范围内进行的伦理选择，它决定了侦查行为的合理性。也就是说，由于法律本身的局限性，侦查行为客观上需要进行伦理选择，以保证侦查行为的合理性。侦查规范的局限是客观存在的，而侦查行为的伦理选择也是不可避免的。

（四）伦理示范

一个组织良好且富有德性的社会，其社会成员应当具有不利用制度漏洞和组织缺陷为自己谋私利的正义精神。这种正义精神的养成与国家权力的运行有直接关系。这是因为国家权力具有权威的伦理示范效应。侦查行为作为国家职权行为本身也具有这样的伦理示范功能。

在社会生活中，这种示范功能是通过人们对侦查行为的道德评价来发挥的。道德评价在社会生活中是普遍存在的。人们总是自觉不自觉地按照一定的道德标准对自己或者对他人的行为进行的善恶判断和评论，表明褒贬态度。通过道德评价，人们会激起荣辱感，改变内心信念和道德责任意识。内心信念和道德意识进而会影响人们行为，使其带有特定的道德倾向。对侦查行为的道德评价也同样会产生这样的效果。只不过由于人们对公权力的敬畏甚至崇拜，这种影响力会更加明显。

当然这种伦理示范功能可能会产生正反两方面的作用。道德上正当的侦查行为，可能会产生正面的示范效应，提升社会道德情操，增进社会和谐。而不道德的侦查行为，则会动摇国家的权威和公信力。如侦查机关的欺诈行为，可能会突破个案，取得一定侦查实效，但却改变了国家机关承担责任和遵守信用的道德形象，不仅会摧毁自身的公信力，而且会从根本上动摇社会信用体系。

这种伦理示范功能说明，侦查行为不仅仅是一种法律行为，而且是一种社会伦理行为，它不只会产生法律上的效果，而且会产生社会伦理效应。这也正是侦查行为伦理性的一种外在表现。

三、侦查关系的伦理性

（一）主要关系类型

侦查关系是在侦查过程中发生和形成的社会关系。这种关系同其他社会关系一样，以人为载体，具有互动性和多样性。一方面，侦查过程受刑事诉讼法律规范的调整和制约，以此为基础，不同主体之间会形成一种程序性法律关系，即侦查法律关系。另一方面，侦查过程受伦理规范的调整，在不同主体之间也会形成具有善恶意义的伦理关系。"有人群的地方，就会有伦理关系，只要一个人的行为对他人有影响，就有是否道德的问题。"① 就侦查而言，不同主体之间通过行为而相互影响，是一种客观现象，这也必然会产生道德上的善恶问题，而这一问题需要依据伦理规范来解决。因而，在侦查关系主体之间必然普遍存在伦理关系。实际上，侦查过程受法律规范和伦理规范的双重调整，侦查关系既表现为一种法律关系，也表现为一种伦理关系。即侦查关系主要表现为两种类型，侦查法律关系和侦查伦理关系。

由于法律规范和伦理规范是两种性质不同的规范，侦查法律关系与伦理关系也不尽相同。但是这两种关系彼此之间并不是毫无关系的。就侦查规范而言，本身就具有一定的伦理性②，一些侦查法律规范本身就是道德规范法律化的结果，在这种规范的调整下，侦查法律关系也必然具有一定的伦理性。也就是说，侦查

---

① 刘祖云：《关系、伦理关系与行政伦理关系》，载《湖南社会科学》2006 年第 6 期。
② 侦查规范的伦理性在前面已有所论述，在此不再赘述。

法律关系与伦理关系虽然不是同一种类型的社会关系，但有重合的地方。伦理关系是一种更为普遍的侦查关系，侦查法律关系则因其带有伦理性而包含在伦理关系范围内。在此，还需要对侦查法律关系的伦理性进行进一步的分析。

（二）伦理性表现

除伦理关系外，侦查法律关系也具有伦理性特征。侦查法律关系是基于法律规范的调整而在侦查过程中产生和形成的一种特殊的社会关系。根据有关学者的解释，侦查法律关系是以刑事诉讼程序性规范为基础、以国家专门机关和犯罪嫌疑人为主体、以权（力）利义务为内容的一种程序性法律关系。① 很明显，这种定义是把法理学中有关法律关系的定义套用到侦查领域而形成的。这种理解照顾到了侦查法律关系主体和内容的特殊性，有助于对侦查法律关系本质的把握。

当然，对于侦查法律关系可以从不同的角度去理解。如果把侦查作为一种社会现象，把侦查法律关系与侦查的过程联系起来，便可以发现，侦查法律关系不仅表现出不同的样态，而且是一种可以进行善恶评价的社会关系。也就是说，侦查法律关系是一种带有善恶意义的伦理关系，侦查法律关系具有伦理性。

这种伦理性除了来自侦查规范的伦理性之外，还可以从以下几个方面来理解：

1. 主体的伦理性

侦查法律关系主体是在侦查中权（力）利义务的承担者，包括主动和被动参与侦查过程的所有法律关系主体。侦查法律关系主体包括侦查主体但不仅仅限于侦查主体。侦查主体是指享有侦查权并在侦查中起主导作用的国家机关及其工作人员。而侦查法律关系主体还包括侦查的相对人：犯罪嫌疑人、被害人、证人、被查询扣押财产的所有人等。侦查法律关系主体的伦理性表现在如下两方面：

第一，主体属性的伦理性。

所谓主体属性作为法律关系主体所应当具有的区别于客体的本质属性。这里的主体和客体与伦理学中价值主体与客体的属性是一致的。主体是社会关系的担当者，是人，是目的，客体则是手段。这种主体属性源于社会生活中人的道德主体地位和主体性观念，是伦理观念的产物。

关于人的主体性观念，在康德的批判哲学中有精彩的论述。康德认为，人就其本性来说，是一个理性的存在，是具有绝对目的意义的存在。人的行为，无论

_____

① 参见谢佑平、万毅：《侦查法律关系论纲》，载《中国人民公安大学学报》2003 年第1 期。

是对着自己还是对着别人，总是要把人当作目的。关于人是目的性这一原则，康德这样表述：

"你需要这样行动，做到无论是你自己或是别的什么人，你始终把人当目的，总不能把它只当作工具。"①

"你的行动，要把你自己人身中的人性，和其他人身中的人性，在任何时候都同样看作是目的，永远不能只看作是手段。"②

这两种说法，所揭示的是同一个命题：人是目的，而不是供其他人意志任意利用的工具。

依照康德的道德目的性原则，在道德上每个人本身就是独特的目的。要实现这一原则，至少应当做到两点：一是尊重人的人格，把人当人看；二是不能把人作为任意利用的工具。违背任何一点，便失去了道德的正当性。这两点归结起来就是把人作为主体来对待，尊重人的人格尊严并把人作为行为的目的而不是手段。

在侦查法律关系中，主体属性包含着"把人作为主体来对待"的基本道德要求。也就是说，侦查中要尊重人的人格尊严并把人作为行为的目的而不是手段。根据主体属性，侦查所涉及的不仅仅是侦查权的行使和当事人权利保障等法律问题，还涉及当事人主体地位等伦理问题。在侦查中要尊重犯罪嫌疑人以及其他当事人的人格尊严，而不能施以不人道对待。任何刑讯逼供、暴力取证行为，不管在法律上是否有依据，都必然会违背犯罪嫌疑人、证人作为法律关系主体的基本伦理。同样，为了查明案件事实、收集证据而罔顾当事人以及其他诉讼参与人的正当权益和基本人格，把其作为查明案件事实的手段，也会危及相关人员的主体地位。这种行为即便有法律上的依据，如果没有合理的价值依据，也会丧失伦理上的正当性。

第二，侦查人员的伦理偏向。

所谓伦理偏向，也叫作道德倾向，它是指一个人在道德认识和道德情感的指导与影响之下，行为常常表现出来的某些经常而稳固的倾向性。这种倾向性通常是在学校教育和社会环境的影响下形成的，其外在表现是一个人常常依据一定的行为准则采取某些有关道德方面的态度、言论和行动。这种倾向性同时也是个人道德品质的一种表现。

在侦查中，侦查法律关系主体也同样会存在这样或那样的伦理偏向，进而会影响其对侦查的态度和行为方式。当然，由于不同的主体在侦查中的地位不同，这种伦理偏向所能发挥的作用也不同。相对而言，侦查人员代表国家行使侦查

---

① ［德］康德著：《道德形而上学原理》，上海人民出版社1980年版，第43页。
② ［德］康德著：《道德形而上学原理》，上海人民出版社1980年版，第81页。

权,在侦查中发挥主导作用,其道德倾向的影响作用也更大。

在侦查中,法律规定可以从外部对执法者的行为进行某些模式化要求,但却不能规定执法者的道德态度和道德情感的倾向。而在另一方面,"受过法学训练的人并非必然地得到了行为道德标准的逐渐灌输",① 侦查人员受过侦查专业技术训练,但侦查主体道德认识的差异性和道德情感的多样性是客观存在的。换言之,侦查人员同其他社会关系主体一样,客观存在伦理偏向。

在法律规范规定了侦查行为模式的情况下,侦查人员需要依照法律规定行事,这时侦查人员的伦理偏向对侦查行为的影响不大。但在法律没有规定或在法定幅度内需要进行选择和裁量的情况下,侦查人员的伦理偏向会对其行为产生影响,使侦查行为产生一定的倾向性。这种倾向性可能并不违法,但有可能违反相应的道德准则,并产生相应的伦理效应。可见,侦查人员的伦理偏向是法律难以规定和调整的,但却对侦查行为发挥着影响作用。这需要建立和完善与侦查相应的伦理准则,加强伦理观念的灌输,以调整侦查人员的伦理偏向。即便如此,侦查人员存在伦理偏向这一现象本身表明了侦查主体的伦理性。

2. 内容的伦理性

侦查法律关系内容是指侦查主体之间形成的权力义务和权利义务。在侦查程序中,侦查机关的权力与诉讼参与人的配合义务、诉讼参与人的权利与侦查机关的保障义务具有对应关系,所以分析侦查机关的权力与诉讼参与人的权利基本上可以把握侦查法律关系的主要内容。无论侦查机关的权力还是诉讼参与人的权利,都具有相应的伦理性。

第一,侦查权力的伦理性。

所有的国家权力都存在着正当性评价问题,而强制性权力的正当性问题更是突出。"强制性的权力,总是存在正当性危机,只有符合伦理规则的权力,才是正当的权力。"② 正当性的评价其实就是道德评价,权力的正当性危机其实就是权力的伦理失衡。在国家权力中,越是具有侵越性的权力,越需要伦理上的正当性。伦理失衡的权力必然会影响到其公信力和执行力。

侦查权是一种强制性的国家权力,侦查权的行使具有不对称性,侦查权也同其他国家权力一样,存在正当行使的问题。由于法律规定的原则性和灵活性,侦查权行使过程中不可避免地会出现自由裁量的地方。这也使得侦查人员可以在不违法的前提下将某些偏见负载于侦查权之上,犯罪嫌疑人可能因此蒙受不合理的

---

① [美]雅克·蒂洛、基思·克拉斯曼著:《伦理学与生活》(第9版),程立显、刘建等译,世界图书出版公司2008年版,第21页。

② 张步文:《权力的性质、伦理与和缓》,载《社会主义研究》2004年第3期。

待遇却无法申诉。也就是说，在法律规定的间隙，侦查权的运行会出现伦理失衡的现象。发生这种现象虽不至于违法，但却影响侦查权的正当性。此外，影响侦查权伦理正当性的因素还包括：侦查权的行使是否恪守法制、侦查手段是否正当、侦查权行使的透明度、侦查权行使中的善意与宽容等。

进言之，即便侦查权的行使始终合法，其自身的来源、制约侦查权的法律规范也面临着正当性的问题。这些问题其实就是侦查权伦理性的体现。

第二，权利的伦理性。

权利存在于法律关系主体之间，是法律关系的核心要素。就其本质而言，权利是实现利益的手段，利益是权利的构成要素。而但凡涉及利益问题，必然有人我之分。人我之间的利益关系，本身就是一种伦理关系。这是因为"道德的基本问题，就是人与人之间，即个人与他人、个人与阶级、民族、社会的关系问题，说到底，即个人利益和社会利益的关系问题"①。凡是通过人的自觉意识而发生的人与人的关系，都是伦理性的关系。关于伦理关系，费尔巴哈也曾说："只有把人对人的关系即一个人对另一个人的关系，我对你的关系加以考察时，才能谈得上道德。"② 不难看出，作为权利核心要素的利益，本身就是伦理关系的一种体现，这使得权利不可避免的带有伦理意蕴。

权利本身存在伦理价值取向。德沃金（Ronald Dworkin）在解释权利的含义时说："权利这个词在不同的背景中有不同的含义。这是哲学家们所熟知的，但是在政治讨论中常常被忽视。在大多数情况下，当我们说某人有权利做某件事的时候，我们的含义是，如果别人干涉他做这件事，那么这种干预是错误的，或者至少表明，如果为了证明干涉的合理性，你必须提出一些特别的理由。"③ 根据德沃金的理解，权利是一种排斥不合理干涉的自由状态，因其本身存在合理的价值取向，所以如果干涉权利，必须提出特别的理由以证明干涉的合理性。这种合理的价值取向表现为以下方面：首先，权利确认了利益主体的地位和自主性。"权利是每个人出自本我，希望或已经处于某种有利状态。"④ 权利确认的利益只有具有相应的主体资格，才能享有。法律设定权利，必须首先赋予权利享有者以主体地位和资格，以使其能切实行使权利。主体地位是自主性的基础和前提，主体地位的确立实际上确证了自主性价值。其次，权利可以行使也可以放弃，赋予权利主体以自为性和选择性。自为性和选择性是自由价值的体现。权利的这种价

① 姜法曾著：《中国伦理学史略》，中华书局1991年版，第1页。
② 《费尔巴哈哲学著作选集》（上卷），商务印书馆1984年版，第527页。
③ 德沃金著：《认真对待权利》，中国大百科全书出版社1998年版，第249页。
④ 张永和著：《权利的由来》，中国检察出版社2001年版，第334页。

值取向为其正当性提供了基础。

从起源上讲，法律权利源自于道德权利。所谓道德权利是指主体在道德生活中所享有的特殊权利和利益，它是由道德体系所赋予的，由相应的义务所保障的主体应得的正当权利。道德权利独立于法律权利而存在，形成批判或确证法律权利的基础。道德权利形成于道德生活，是人们基于价值共识而对一些应然行为的认同。这些获得价值认同的行为，经过伦理机制的筛选和确认，形成了道德权利。道德权利根植于人的本性和目的，其价值观念和善恶标准直接影响立法和司法，一些道德权利经法律机制的筛选和确认，从而形成法律权利。从这个意义上讲，"法律是以道德为基础的，法律中的权利是在道德权利基础上的进一步提炼。"①

四、侦查的伦理效应

（一）效果的多样性

侦查效果是侦查产生的效应和结果。侦查效果受侦查目的的影响，与侦查行为紧密相关，产生于侦查的过程。

对于侦查效果，有学者指出："侦查收益的计量不能仅仅注目于因特定案件的侦破而获得的直接结果，而是要注重因特定案件的侦查而在社会秩序维持、社会安全程度的提高、公民安全感的提升等社会效益方面予以考虑和定位。"② 这种观点的正当性基础在于这样一个判断：侦查效果是多元的，评价标准也具有多样性。

对侦查效果的评价确实存在一个相当复杂的标准体系。人们可以从结果上对侦查进行评价，也可以从程序上进行评价；可以通过侦查成本和收益的比较进行经济评价，也可以分析侦查行为的善恶进行伦理评价。从结果上看，侦查的直接结果是具体案件是否得以侦破，而侦查带来的公众的安全感和对维系社会秩序产生的作用则是间接结果，间接结果也是侦查效果的体现和评价标准。从程序上看，侦查行为是否符合法律规定，会产生相应的法律效果，而侦查工作是否及时、侦查行为是否合理则会产生相应的社会效果。法律效果和社会效果都是侦查目的和实效的组成部分。

评价标准的复杂性说明侦查的影响是多方面的，侦查效果具有多重性质。在侦查中，不能只重视侦查的直接结果而忽视侦查的间接效果，更不能只关注侦查是否破案而忽视侦查程序的合法性。实际上，由于对侦查效果本质特征认识不

---

① 强昌文：《权利的伦理解析》，载《法律科学》2005 年第 3 期。
② 韩德明著：《侦查原理论》，中国人民公安大学出版社 2005 年版，第 178 页。

足，导致侦查效果评价出现偏差和局限。侦查效果既有有形的，也有无形的，既包括可衡量的经济效益，也包括无法量化的伦理效应。而实践中对侦查的评价，往往注重有形的、可衡量的效果而忽视无形的、不可量化的效果。

侦查的伦理效应是侦查效果的组成部分，是一种无形的不可量化的效果。侦查的伦理效应是指侦查行为所引发的道德影响，它是指通过侦查行为的道德示范、感召和教化作用所产生的结果状态。由于侦查是一种行使国家职权的活动，它不仅会受到法律评价，而且受到诉讼参与人以及社会公众的伦理评价。对侦查的伦理评价会对犯罪嫌疑人以及社会公众产生相应的影响，引发不同的效应。因而，侦查的伦理效应可以分为两方面：对犯罪嫌疑人的伦理效应和对社会公众的伦理效应。

（二）对犯罪嫌疑人的效应

侦查是侦查人员与犯罪行为人进行活力对抗的过程，同时也是一个互动的过程。"人的行为是社会互动行为，即引起他人行为的行为。不管行为表现主观意思如何，他行使权利，履行义务或违反义务的行为，必然伴随着他人相应的行为"。① 行为的互动并不是单独进行的，还伴随着思想和意识的互动。这是因为，"在社会领域内进行活动，全是有意识的，经过思虑和激情的行为的，追求某种目的的人；任何事情的发生都不是没有自觉意图，没有预期目的的。"②从这个角度看，侦查是侦查人员与犯罪嫌疑人相互影响的过程。这其中，侦查人员及其行为会对犯罪嫌疑人产生相应的影响，这种影响既包括行为方面，也包括思想道德方面。尽管犯罪嫌疑人与侦查人员相比，其道德修养和水平存在差异，但对行为进行道德判断却是任何心智正常的人都会有的。犯罪嫌疑人也同样会对侦查行为进行道德审视和评判，而且这种审视可能会从正反两方面影响其思想和行为。进言之，侦查会对犯罪嫌疑人产生相应的伦理效应。

侦查行为是一种面临多元价值冲突的行为。侦查手段是控制犯罪的工具，但也会侵犯相对人乃至无辜者的合法权益。如果侦查行为超过必要性限度，造成对合法权益的损害，则会失去其正义性。毕竟，通过侵犯一部分人合法权益以达到控制犯罪的做法与法治文明的价值追求是背道而驰的。犯罪嫌疑人与公众一样，对于侦查程序有一种公正的期待。如果其合法权益遭到侵害，则会导致犯罪嫌疑人对诉讼程序的否定评价，法律的权威在其心中也就不复存在。此外，法治需要一种正义的精神。一个组织良好的社会中，社会成员应当具有不利用社会缺陷、

---

① 张文显著：《法哲学范畴研究》，中国政法大学出版社2001年版，第70页。
② 《马克思恩格斯选集》（第4卷），人民出版社1978年版，第243页。

制度漏洞为自己谋私利的正义精神。这种正义精神的养成首先需要国家工作人员尤其是司法工作人员依照这种正义精神行事,不利用制度的漏洞。如果侦查员违背司法正义的原则要求,利用制度的漏洞实施侦查行为,则会向犯罪嫌疑人传递不公正的信息,产生负面的伦理示范。利用制度的漏洞实施侦查,虽然可能更好地发现和控制犯罪,虽然可能会取得一时的功效,但却不利于犯罪人员的教育和改造。因为即便后来的审判程序是公正的,侦查人员的恶行也会让刑事被追诉人感到整个刑事诉讼程序是在作秀。即便诉讼程序在法律上无可挑剔,伦理上的瑕疵也足以让被追诉人颠倒对司法程序的善恶评价,甚至为其犯罪行为提供某种合理化的托词。对违法行为的矫正和预防未必是更多的强力和制裁,而毋宁是行为人所秉承的正确的道德思考。只有真正唤起有罪者的道德良知,才有可能让其认罪服法,诚心改过。不当侦查行为不仅会降低犯罪嫌疑人对执法的公正性的认同和信服,而且会阻碍其道德反思,增加教育和改造的难度。不当侦查行为的负面示范效应还可能诱发犯罪嫌疑人与侦查机关的对抗心理,导致其对国家的仇视,也可能成为犯罪者重新危害社会的诱因。

(三) 对公众的效应

侦查是公众伦理评价的对象,侦查的伦理效应主要是通过伦理评价而产生的。对侦查的伦理评价,进而会引发社会舆论反应并激发受众的道德情感。伦理评价的标准是善恶,而评价的范围则不仅仅限于侦查行为本身,往往会经由行为而评价行为背后的动机,由动机而致行为主体的品性,进而形成对侦查人员以及整体性道德主体——侦查机关和国家——的道德评价。对侦查行为进行道德评价的结果进而会影响人们对法律和侦查人员、侦查机关乃至国家的态度。对侦查行为的正面评价则会强化人们内心对侦查法律规范的认同,增加法律的权威。相反,负面的评价则会使人们内心拒斥法律,降低法律的权威。对于侦查行为主体而言也是如此。对于侦查行为的正面评价,会提升侦查人员的道德形象和人格魅力,增加人们的敬意,也会树立侦查机关乃至国家的威信。相反,负面的评价则会使人感到侦查人员是道德败坏的人,即便其有地位有特权也不会受人尊敬。同时,严重违背伦理的侦查行为,"使人对作为整体性道德主体的社会和国家道德化形象感到失望。对社会和国家作为道德的终极后盾和终极性支撑力量的角色信赖感、期望感产生动摇,最终崩塌。"①

尼尔·麦考密克指出:"法律的生命在于永远力求执行在法律制度和法律规

---

① 肖士英:《道德冷漠感与制度性道德关怀》,载《陕西师范大学学报》(哲学社会科学版) 2000 年第 1 期。

则中默示的实用的道德命令"。① 这些默示的道德命令首先应当在司法中得到彻底执行。侦查人员自身的道德素质和水平以及在侦查中展现的道德自觉性，不仅对于树立良好的道德风尚，提高社会成员的道德素质至关重要，而且对于树立司法权威意义重大。如果侦查人员在侦查中不能遵循相应的道德原则，社会成员便不可能对执法产生尊崇和敬畏心理，也不可能对社会正义树立信心。野蛮、粗暴的侦查行为，不仅使侦查程序的道德感召力丧失殆尽，而且会降低法律的权威，使法制建设走上绝路。

---

① 麦考密克、魏因贝格尔著：《制度法论》，中国政法大学出版社 1994 年版，第 210 页。

第三章　伦理原则

在社会生活中，伦理和法律都是调节人们行为的规范体系，而且两种规范体系都有其内在的层次和逻辑结构。在具体规范层面上，道德规范和法律规范虽然存在某些联系和相似的地方，但差异明显。① 然而在基本原则层面上，道德和法律则是内在相通的。许多法律原则本身就是道德原则或者是由道德原则推导演绎出来的。有伦理学者指出："法的原则、法律原则，如所周知，是正义、平等、自由等这些原则，真正来讲并不属于法或法律范畴，而属于道德范畴，属于道德原则范畴。"② 虽然实际上法律原则并不全都是道德原则，但某些道德原则确实为法律所认可和确认并在法律体系中发挥指导作用。这说明，法律和道德在人性依据、价值目标等更高层面上是一致或相通的。正因为如此，有学者甚至认为法律乃是以道德原则为依据的。"如果抛开规范所依靠的力量而仅就规范本身来讲，法就是最低的、具体的道德，法是以道德原则为原则，因而实际上法乃是道德原则的一种具体化，是道德原则的一种实现：法是道德的实现。"③ 这种观点虽然有忽视法律自身独立性之嫌，但确实指出了道德原则和法律规范之间的内在联系。某些道德原则在一定程度上为法律规范提供正当性依据和概括性指导。

刑事侦查实践既受法律规范的制约也受道德规范的调节。其中一些体现基本价值追求的道德原则虽然未为法律所直接确认，但对侦查规范和侦查行为具有价值引领和指导作用。因此，我们有必要对刑事侦查中的伦理原则进行系统分析。

一、人道

（一）人道内涵

在现代汉语里，人道首先是一个道德概念，它是指"爱护人的生命、关怀人的幸福、尊重人的人格和权利的道德。"④ 根据这一定义，确切地说，人道是指一种道德原则。与之相关的概念是人道主义。人道主义是一个比较复杂的概

---

① 如双方在强制力、调节行为的方式等方面的差异。
② 王海明著：《伦理学导论》，复旦大学出版社 2009 年版，第 6 页。
③ 王海明著：《伦理学导论》，复旦大学出版社 2009 年版，第 6—7 页。
④ 《现代汉语词典》（第 5 版），商务印书馆 2005 年版，第 1144 页。

念，它泛指一切强调人的价值，维护人的尊严及权利的思潮和理论。但在伦理学上，人道主义是指一种价值观和原则。它提倡人的价值和尊严，维护人的需要和利益，强调人的地位和作用。① 作为伦理原则，"人道"和"人道主义"的表义是基本一致的，通常也称为"人道原则"或"人道主义原则"。

在伦理学上，人道或人道原则既是应该如何对待他人的道德原则，也是社会应该如何治理的伦理原则。就前者而言，人道是指把人当人看待，善待他人，尊重他人人格的待人原则。就后者而言，人道是指社会以人为目的和本位的伦理原则，它强调社会以人为本，社会是为每个人的利益和幸福而服务的手段，人是评价社会价值的标准。

总体上讲，人道原则体现了对人的生命、人自身的价值和尊严的关切，是最基本、最必要的伦理原则。

首先，人道原则要求把人当人，强调爱护人的生命，确认了每个人乃至整个社会的首要价值。生命是人的首要价值。从经验上说，没有活着的人，也就不可能有善与恶、公正与不公正之分，更谈不上什么自由不自由。因此没有生命，也就谈不上任何道德。对此，国外有学者指出："任何道德体系，如果没有肯定的或否定的或二者兼而有之的陈述，表达对保护和保存人的生命的关切，那么，它就不起作用或不能存在。"② 对生命的关切源于生命对人的重要性。生命是每个人最宝贵的东西，也是无法与别人共同占有和分享的。从个人的欲望和需要来看，求生的欲望和需要是最基本的。对于求生的欲望，费尔巴哈曾言："人的愿望，至少那些不以自然必然性来限制其愿望的人的愿望，首先就是那个希冀长生不死的愿望；是的，这个愿望乃是人的最后的和最高的愿望，乃是一切愿望的愿望。"③根据人道主义伦理原则，"没有十分强有力的理由，不应当结束任何人的生命。"④ 这实际上表达了对人的生命的关切，也反映了人们求生的愿望。由于确认了人的首要价值——生命价值，人道原则在逻辑上和经验上优先于道德规则体系中的其他原则，处于最基础的地位。

其次，人道原则要求善待一切人，强调人自身的价值，体现了人的基本特性。对人的价值的关注体现了对人自身应有的关怀，这种关怀是人性的重要组成

① 宋希仁、陈劳志等主编：《伦理学大辞典》，吉林人民出版社 1989 年版。
② ［美］雅克·蒂洛、基思·克拉斯曼著：《伦理学与生活》（第 9 版），程立显、刘建等译，世界图书出版公司 2008 年版，第 148 页。
③ 《费尔巴哈哲学著作选集》（下卷），三联书店 1962 年版，第 775 页。
④ ［美］雅克·蒂洛、基思·克拉斯曼著：《伦理学与生活》（第 9 版），程立显、刘建等译，世界图书出版公司 2008 年版，第 148 页。

部分。对个体的人来说，没有自身的存在就不可能发生人际的交往，而没有对自身应有的关怀，人际交往也失去意义。在一定程度上讲，为了更好地满足对自身关怀的需要，人与人之间交往才会发生，社会的存在才更有意义。如果没有对人自身应有的关怀，也就不可能出现调节人际关系的道德规范。卢梭指出："人性的首要法则，是要维护自身的存在，人性的首要关怀，是对于其自身应有的关怀。"① 维护自身的存在并给予自身以应有的关怀，这是一切人所固有的、基本的特性。如果把人性理解为人的共性特征，那么，卢梭的观点表明，人道原则体现了最基本的人性。这在一定程度上表明，人道原则直接起源于人的基本特性，是人性的一种原始体现，因而是其他道德原则的依据。相对于其他道德原则，人道原则具有逻辑上的优先性。

最后，人道原则要求使人成为人，强调人的尊严和主体性，明确了社会的目的。人的尊严对于每个人来说都是不可替代的。康德说："一个有价值的东西能被其他东西所替代，这是等价；与此相反，超越于一切价值之上，没有等价物可以替代，才是尊严。"② 按照康德的理解，尊严对于人来说，是没有等价的最高价值，无法交换也不可替代。这是因为尊严是人的主体性的体现。在康德看来，主体性意味着每一个人都是独一无二的、独特的目的，每个人都不应被仅仅当作手段。康德的主体性理论不仅为人的尊严提供了伦理注解，而且构筑了现代人格尊严的基本含义。把人作为目的，意味着人应当是社会的主体，社会应当使人发挥潜能，为人的自我实现创造条件。如果社会偏离这一目的，便会发生异化。马克思在讨论人的异化的时候曾尖锐地指出："只要人不承认人自己是人，因而不按照人的样子来组织世界，这种社会联系就以异化的形式出现。"③ 人道原则强调把人作为目的，使人成为人，不仅确认了人的社会主体地位，而且为社会的发展明确了价值目标，为社会管理提供了判断标准。

（二）传统流变

1. 人道主义思想变迁

人道原则源于人道主义思想，人道主义思想则源于人类对自身的认识和人本思想。在人类进入文明的初期，即已萌发对自身的思考和认识。公元前 5 世纪，古希腊智者学派的代表人物普洛道格拉斯（Protagras，约公元前 485—前 410 年）就提出："人是衡量万物的尺度，是存在的事物存在的尺度，也是不存在的事物

---

① ［法］卢梭著：《社会契约论》，何兆武译，商务印书馆 1980 年版，第 9 页。

② ［德］康德著：《道德形而上学原理》，苗力田译，上海人民出版社 1986 年版，第 87 页。

③ 《马克思恩格斯全集》（第 42 卷），人民出版社 1979 年版，第 24 页。

不存在的尺度。"这一命题把人看作万物的核心和衡量万物的标准，把人从自然界、动物界分离出来，后被称为"普洛道格拉斯命题"。而在中国古代《周易》中也包含有对人自身的认识和对人自身力量的肯定。其后，儒家提出的仁爱之道和民本思想也包含有人道的因素。如孔子在谈论"仁"的时候指出："夫仁者，己欲立而立人，己欲达而达人。"① 此处谈论的就是儒家忠恕之道，实际指出了对待别人的基本原则。而对于君民关系，荀子说："君者舟也，庶人者水也。水则载舟，水则覆舟。"② 这种君轻民重的民本思想，强调了民心对于治理天下的重要性，同时也含有人本思想的因素。

近代人道主义思想是不断发展变化的。在 15 世纪以后，在西方文学艺术方面形成的"人文主义"精神逐渐渗透到其他领域而形成了人道主义思潮和思想理论。这种思潮针对中世纪神学所提倡的神道主义提出了人道主义，以人本思想反对神学思想。这一时期的人道主义思想主要是被用来反对神学和经院哲学，它使人们由关注神转向关注人和自然本身，实现了世界观的变革。

在 17 世纪到 18 世纪，人道思想和自然法、社会契约理论相结合，从反神学、反经院哲学走向反封建、追求自由和平等的资产阶级人道主义。启蒙哲学家们用自由、平等、博爱等口号来鼓舞人们去反对封建制度，求得自己的尊严和价值。这个时期的人道主义思想以超阶级、超时代的抽象人性论为理论基础，以个人主义为核心，主张每一个人都是独立的实体，要求承认每一个人的价值和尊严，强调尊重个人的平等和自由权利，要求把人当人看待。这种人道主义思想体系在西方被资产阶级的思想家们用来反对封建主义，并从中发挥了巨大的推动作用。在法国大革命胜利以后，1789 年的《人权和公民权宣言》确认了基本人权原则和人民主权原则，确切表达了大革命的宗旨，实际上记录了资产阶级人道主义的胜利。

18 世纪末期，康德对人的自主性和尊严进行了系统而深刻的哲学解释。康德认为，人具有先天的认知能力，这种认知能力是包含感性、理智和理性在内的综合能力。人的特殊之处就在于他认知能力中包含的理性。康德说："人的特殊之处既不在于不朽的灵魂，也不在于人在神所安排的世俗世界里的角色；人之独特性仍在于他们的理性。"③ 在他看来，人是根据自己的理性来行动的，人应当服从于自己的理性。他认为只有当人依据理性行事时，个人才是具有自由意志的

① 《论语·雍也》。
② 《荀子·王制》。
③ ［美］阿兰·S. 罗森鲍姆编：《宪政的哲学之维》，郑戈、刘茂林译，三联书店 2001年版，第 325 页。

独立人。因此，"理性使人独特并具有道德上的特殊性；它是使人真正自由和自治（以不同于其他动物的方式）并赋予他们以康德称之为'尊严'的特殊道德地位的属性"。① 在康德那里，理性是人获得主体地位的依据，理性使人自己成为目的。他指出："每个有理性的东西都必须服从这样的规律，不论是谁在任何时候都不应把自己和他人仅仅当作工具，而应该永远看作自身就是目的。"② 按照康德的逻辑，由于个人只服从于自己的理性，所以只有自己才是目的。由于人自己是目的，所以人具有道德上不可替代的人格尊严和主体地位。康德从人的自身认知理性来推导出"人是目的"这一哲学命题，从而把人的尊严和主体性建立在世俗的世界观基础上，彻底否认了上帝对权威和尊严的创造。

自文艺复兴直到 19 世纪，人道主义始终是资产阶级建立和巩固资本主义制度的重要思想武器。19 世纪后半期和 20 世纪前半期，随着资本主义发展到帝国主义阶段，相应出现了公开抛弃人道主义旗帜的理论。两次世界大战的爆发，引起了人们对先前人道主义思想的反思。自启蒙运动以来的人道主义思想，把人当作孤立的、自我封闭的个人，认为人性是抽象的、不受历史和时间限制的。而实际上人们发现，社会中的人都是相互交往中的人，是一种关系的主体；人的本质、人的尊严和价值都是与具体的社会环境和特定的历史条件相联系的。以往的人道主义强调一种抽象的人的理性，坚信人自己的理性能力，认为由人创造的一切都能够为人们的生活带来好的影响。然而，两次世界大战和社会现实中的不人道现象却让人们对理性的期待落空。人们发现先前所强调的人的理性实际上是一种科技理性和工具理性，而价值理性却被遮蔽其中，造成了人的异化。于是西方的人道主义思想开始关注普遍意义上的人道主义观念，寻求实现一种人的普遍性价值、自由和尊严。以法国哲学为例，在第二次世界大战结束及战后的近二十年里，以萨特、西蒙娜·德·波伏娃、梅洛-庞蒂、加缪等人为代表的存在主义哲学家认为"人的存在先于其本质"。存在主义代表萨特反对将理性置于至高无上的地位，而将希望寄托在"自为"的个人所选择的自由上。③ 他认为："人是以其出现而造就一个世界的存在。"④ 在存在主义哲学家看来，人是一种生存性的存在者、是历史关系中的具体的存在者，个人存在的自由一方面取决于个人的

---

① ［美］阿兰·S. 罗森鲍姆编：《宪政的哲学之维》，郑戈、刘茂林译，三联书店 2001 年版，第 325 页。

② ［德］康德著：《道德形而上学原理》，上海人民出版社 2002 年版，第 52 页。

③ 高宣扬：《当代法国哲学关于人性的四次论战》，载《学术月刊》2006 年第 38 卷第 11 期。

④ Jean – Paul Sartre, L' Existentialisme est un humanisme, Paris, 1947：66 – 78.

选择，另一方面又受制于时代和环境。在20世纪40年代后期至80年代，以列维－斯特劳斯为代表的结构主义以及由德里达和福柯为代表的解构主义，提出了"无主体的人"和"人的消亡"的新论题，试图从根本上颠覆传统人性论的"主体中心主义"原则。到20世纪80年代后，随着西方社会迅速转向"消费社会"和全球化阶段，后现代主义提出"非人"概念，试图彻底颠覆传统的人性论基础。哲学家们进一步批判启蒙思想家"单相思式"的理性主义，并对人性在现实和可能双重条件下的演变形式有了更深刻的认识。[①] 总体上看，西方人道主义思想在逐渐的走向具有普遍意义上的作为伦理哲学和价值原则的人道主义。

实际上，人道原则以及人道主义思想与人们对人的本质的认识紧密联系在一起的。马克思主义从现实性、阶级性和历史性来把握人的本质，从人们的社会实践和感性的交往关系中建构了真正属于人的自由发展的新型人道主义。马克思、恩格斯认为人都是具体的、现实的，而不是抽象的。他们的理论前提就是"现实的个人"。"这是一些现实的个人，是他们的活动和他们的物质生活条件，包括他们已有的和他们自己的活动创造出来的物质生活条件。因此，这些前提可以用纯粹经验的方法来确认。"[②] 人的性格、情感和本质特征都是在他所处的特定的社会环境和社会关系中产生并逐渐形成的。根据辩证唯物主义观点，人不是上帝的创造物，而是自然界长期发展的产物。人的本质属性决定于人的自然属性，更是决定于人的社会属性。"人的本质不是单个人所固有的抽象物，在其现实性上，它是一切社会关系的总和。"[③] 在阶级社会中，"个人隶属于一定阶级这一现象，在那个除了反对统治阶级以外不需要维护任何特殊的阶级利益的阶级形成之前，是不可能消灭的。"[④] 因而在阶级社会中，人并不是作为纯粹的个人而存在的，人的属性表现为他们的阶级属性。马克思的人道主义思想不是建立在抽象人性基础上的构建，而是对现实的人的发展历程的伦理关怀和价值诉求。

2. 人道原则的变化

人道主义思想在道德层面上体现为人道原则，而在实践中，人道原则也是在不断变化和发展的。如法国在"二战"之后于1945年10月21日经全民投票产生了战后第一届制宪会议。第一届制宪会议于1946年4月6日通过的《新人权

---

① 高宣扬：《当代法国哲学关于人性的四次论战》，载《学术月刊》2006年第38卷第11期。

② 《马克思恩格斯选集》（第1卷），人民出版社1995年版，第67页。

③ 《马克思恩格斯选集》（第1卷），人民出版社1995年版，第56页。

④ 《马克思恩格斯选集》（第1卷），人民出版社1995年版，第118页。

宣言》草案，1946 年 4 月 19 日通过宪法草案。但在 1946 年 5 月 5 日进行的全民公决中，连同《新人权宣言》草案在内的整个宪法草案被全民投票否决了。《新人权宣言》草案虽然未能被正式批准生效，但它继承和扩展了 1789 年的《人权和公民权宣言》中的人道主义原则和精神，对《世界人权宣言》也产生了影响。与 1789 年的《人权和公民权宣言》比起来，1946 年的《新人权宣言》并不限于简单地宣布几条抽象的人权原则或诉诸道义的力量，而是更加注重为脆弱的人权寻求切实的保障条件，在一定程度上反映出人们对西方人权历程的反思与总结。

在"二战"之前，人道原则只是被作为超越法律的伦理要求，并没有上升为具体的法律规范。"二战"中纳粹政权残害人类的教训以及战后出现的科学危机和严重的异化现象，给西方传统人性论及人权理论带来前所未有的挑战，同时也让人们感受到无法掌握自己的命运，人的自由本身受到了威胁。人们在对人类生存状况进行反思过程中，越来越顾虑现代国家对个人可能造成的伤害，开始在制定法中加入与人道原则相关的条款。"人性尊严"开始逐步在法律文件中出现。人道原则开始由伦理上的价值原则逐步转变成一个法律原则。

"二战"以后，对人的尊严与价值的尊重、对基本人权的保护等内容开始出现在国际性文件中和一些国家的宪法中。① 国际人权文件对人道原则的尊崇影响到一些国家的国内立法。一些国家开始在宪法或具体法律中确认这一原则并做出具体规定。如 1946 年的日本宪法第 13 条前段规定："所有国民，均作为个人而受到尊重。"1947 年意大利宪法第 32 条第 2 款规定："除非依据法律规定，不得强迫任何人接受医疗措施。同时，法律不能突破人的尊严所要求的界限。"1949 年制定并实施的《德国基本法》第 1 条第 1 款规定："人的尊严不可侵犯，尊重和保护它是国家的义务。"随着《经济、社会及文化权利国际公约》和《公民权利和政治权利国际公约》的缔约国不断增加，越来越多的国家确认了人道尊严

---

① 1945 年的《联合国宪章》在序言中宣布："我们联合国人民决心，使今后世世代代的人们不再遭受我们这一代两度经历、给人类造成无穷痛苦的战争灾难，重申基本人权、人的尊严与价值、男女及大小各国平等权利的信念。"1948 年的《世界人权宣言》序言中指出"对人类家庭所有成员的固有尊严及其平等的和不可剥夺的权利的承认，乃是世界自由、正义与和平的基础。"该宣言第 1 条规定："人人生而自由，在尊严和权利上一律平等。"1966 年《经济、社会及文化权利国际公约》和《公民权利和政治权利国际公约》在序言中也都进一步强调："依据联合国宪章所宣布的原则，对人类家庭所有成员的固有尊严及其平等的和不可剥夺的权利的承认，乃是世界自由、正义与和平的基础"，"确认这些权利源于人的固有尊严"。1993 年世界人权大会通过的《维也纳宣言和行动纲领》也在序言中强调："承认并肯定一切人权都源于人与生俱来的尊严和价值。"

原则，并在国内法中予以确认或直接作为国内法来适用。

（三）人道标准

人道原则作为一项相对抽象的道德原则在不同层面上发挥着作用。一方面，人道原则体现了对人的价值、尊严和主体性地位的认同和尊重，具有价值引导作用。价值引导是一种在较高层面发挥作用的机制。根据人道原则，但凡能够体现爱护人的生命、关怀人的幸福、尊重人的人格和权利的行为、制度在道德上都是人道的、善的，在这方面是没有上限的，做得越好、体现得越多就会越被认为是值得称道和赞扬的。另一方面，人道原则反对无视人的生命价值的做法，反对对人施加不人道或有辱人格尊严的行为，具有道德评价作用。根据人道原则，凡是任意剥夺人的生命、对人施加酷刑或有辱人格的行为或允许如此行为的制度在道德上都是不人道的，是一种恶的表现。然而在现实社会中，人道问题上善与恶之间的界限并不是那么清晰明了。由于民族、文化传统的差异，人道与不人道的标准存在差异。

"二战"以后，人道主义思想逐步和人权观念联系起来，人道原则开始体现在国际人权法中。从国际人权保护的情况看，1948 年 12 月 10 日通过的《世界人权宣言》赋予"人权"以实质性的内容并确立了一种普遍性的最低标准。此后 1966年 12 月 16 日通过的联合国《经济、社会及文化权利国际公约》和《公民权利和政治权利国际公约》则以条约的形式更精确的确定了《世界人权宣言》所概括的权利。《世界人权宣言》、两权公约及其两个任择议定书构成了国际社会人权保护的核心，被称为"国际人权宪章"。如今已有四分之三以上的国家是两权公约的缔约国。[①] 缔约国的不断增加说明两个问题：第一，人权观念得到了普遍的认可，人道原则体现的价值正逐步得到普遍的认同；第二，人权和人道原则的最低标准得以确立并正在被普遍接受，这一标准以国际人权法的形式成为指导各国的准则。我们可以通过分析国际人权法的相关规定来审视人道原则的相关标准。

1. 生命安全

生命安全对于人来说具有最高意义，如果生命安全得不到确实保障，那么其他一切都会失去意义。在伦理领域，保障人的生命安全是人道原则的首要内容。在国际人权法中，生命权也被定性为最高人权。《世界人权宣言》第 3 条规定："人人有权享有生命、自由和人身安全。"而在《公民权利和政治权利国际公约》（以下简称《公约》）中，生命权被规定在第三部分实体性权利的最前面。该公

---

① 截至 2008 年 3 月 5 日，《公民权利和政治权利国际公约》已经有 161 个缔约国和 7 个签署国。载 http://www2.ohchr.org/english/bodies/ratification/4.htm.

约第6条规定："人人有固有的生命权。这个权利应受法律保护。不得任意剥夺任何人的生命。"而且,第6条规定的生命权属于第4条第2款规定的不可克减的权利之一,具有强行性质。从表述上看,此公约把生命权安排在第6条第一句话,并强调其为"固有的"的权利。通过这样的表述方式,"联合国大会第三代委员会的大多数代表们寻求表达生命权的自然法基础"。[①] 代表们所要表达的"生命权的自然法基础"实际上就是生命权的伦理基础,它源于人的生命所固有的不可替代的价值。第二句话明确要求缔约国通过法律保护生命权,这一规定不仅要求国家承担不任意剥夺生命的克制义务,而且要求缔约国承担以法律保护生命权的积极义务。类似的规定还可见于《欧洲人权公约》第2条、《美洲人权公约》第4条。第三句话则要求国家通过不干预的方式尊重生命权,约束和限制国家工作人员的杀人行为。关于第三句中"任意"的含义,解释这一术语的专家委员会认为"对生命的任意剥夺包含着非法和非正义的因素以及反复无常和不合理因素。"[②] 这种解释其中包含有一定的伦理因素。联合国人权事务委员会第十六届会议(1982年)第6号一般性意见指出:"第6条第1款第3句明确规定,不得任意剥夺生命,这是极其重要的规定。委员会认为,各缔约国应当采取措施,不仅防止和惩罚剥夺生命的犯罪行为,而且防止本国保安部队任意杀人。国家当局剥夺人民生命是极其严重的问题。因此,法律必须对这种国家当局剥夺人民生命的各种可能情况加以约束和限制。"《世界人权宣言》和《公约》把生命权视为公民的最高权利,禁止任意剥夺人的生命,并要求国家承担采取积极措施保障生命权的义务。这实际上是在国家层面上把生命安全作为一种最低限度的标准予以确立下来。

2. 人格尊严

国际人权法把人格权作为公民的一项基本的权利加以确认。《世界人权宣言》第6条和《公约》第16条均规定:"人人在任何地方有权被承认在法律前的人格。"根据《世界人权宣言》和《公约》的整体语境结构可以推断,这里所说的人格是指人作为人而成为法律上权利义务主体的资格,它体现着人作为人和作为法律上权利义务主体而享有的身份、地位和尊严。关于人格尊严的保护,还可见于联合国其他文件的规定中,如联合国大会1990年12月14日第45/111号决议通过的《囚犯待遇基本原则》第1条规定:"对于所有囚犯,均应尊重其作

---

① [奥] 曼弗雷德·诺瓦克著:《联合国公民权利和政治权利国际公约评注》,孙世彦、毕小青译,生活·读书·新知三联书店2008年版,第127页。

② [奥] 曼弗雷德·诺瓦克著:《联合国公民权利和政治权利国际公约评注》,孙世彦、毕小青译,生活·读书·新知三联书店2008年版,第133页。

为人而固有的尊严和价值。"从语义上看，国际人权法中所说的人格权是指作为一个人应当享有的在法律上的主体地位和尊严的权利，也可以称为人格尊严权。这种人格权明显不同于民法意义上的人格权。民法意义上的人格权包括姓名权、名誉权、肖像权等，而人权法里的人格权则是指法律上的主体资格权。

在人权学者看来，人格权是人的生存权之一。"在一个法治国家中，一个人除了肉体和精神上的存在之外，还需要使其存在得到法律的承认，即其法律上的主体性得到承认。如果没有这一权利，那么个人就会被降格为仅仅是一个法律客体，由此他或她就不再是一个法律意义上的人，因此也会被剥夺一切其他权利，包括生命权。"① 按照这种理解，对法律人格的承认是所有其他个人权利的必要前提条件。显然，这种理解是有其合理根据的。在《公约》中，人格权是一项不可剥夺、不受限制的权利。《公约》第10条第1款明确规定："所有被剥夺自由的人应给予人道及尊重其固有尊严的待遇"，而且这一权利被列为第4条第2款所规定的不可克减的权利。因此，按照《公约》的规定，人格权是公民的一项独立的基本权利，而不是姓名权、肖像权、名誉权、荣誉权和隐私权等具体的人格权也不是它们的统称。

《公约》对人格权的确认意味着每个个人都被赋予了在法律面前被承认为一个人的能力，意味着个人是权利的享有者和义务的承担者，是人而不是物体。任何人只要具有在法律面前被作为人对待的资格，就应该享有《公约》中的所有其他权利。这种规定实质上就是要求把人当作人，尊重人的主体性和人格尊严。

对人格尊严的侵犯表现为有辱人格的待遇和处罚。《公约》第7条规定："任何人均不得加以酷刑或施以残忍的、不人道的或侮辱性的待遇或刑罚。特别是任何人均不得未经其自由同意而施以医药或科学实验。"这一规定中包含着"任何人均不得加以有辱人格的待遇或处罚"内容。《公约》禁止的情形包含有两种情况，即"有辱人格的待遇"和"有辱人格的处罚"。前者禁止在制裁之前或制裁过程中对人施加侮辱性的处置方法，后者则禁止依照法律或者机构的规章作出侮辱性的制裁。

到底什么行为构成"有辱人格的待遇或处罚"？有关国际文件并没有作出定义或解释。联合国人权事务委员会认为《公约》第7条规定的宗旨是保护个人的尊严和身心健全。"不必逐一列出违禁行为，亦不必明确区分不同种类的待遇或处罚；这些区域视实际待遇的性质、目的和严厉程度而定。"② 曼弗雷德·诺

---

① ［奥］曼弗雷德·诺瓦克著：《联合国公民权利和政治权利国际公约评注》，孙世彦、毕小青译，生活·读书·新知三联书店2008年版，第386页。

② 参见联合国人权事务委员会第四十四届会议（1992年）第20号一般性意见。

瓦克教授认为，有辱人格的待遇或处罚是对第 7 条最低限度的违反。"此种情况中所施加的痛苦的剧烈程度的重要性不如受害者受到的侮辱，而不论该侮辱是其他人认为如此还是受害者自己这样看。"① 依此观点，在最低限度上，受害者受到的侮辱是判断是否遭受有辱人格的待遇或处罚的主要标准，只要被害者的人格受到羞辱和贬损，就有可能构成有辱人格的待遇和处罚。按照这一逻辑，随着受害者被施加的痛苦的增加，则构成不人道待遇或处罚以及酷刑。这一理解与欧洲人权委员会和欧洲人权法院的解释相似。欧洲人权委员会在解释"有辱人格的待遇"时，认为有辱人格的待遇是指使一个人的阶层、地位、名誉或性格在其自己或他人的心目中极度贬低或损害的待遇。② 欧洲人权委员会和欧洲人权法院在相关个人申诉中认为，有辱人格的待遇或处罚、不人道的待遇或处罚、酷刑存在着严重程度上的区别，同时三者之间存在包容关系和严重程度上的递增关系。他们认为，所有的酷刑都是不人道的，"酷刑"是严重形式的不人道待遇；不人道的待遇或处罚必然是有辱人格的。但是，有辱人格的待遇或处罚并不一定都是不人道的。③ 从欧洲人权法院处理的个人申诉来看，其判断的标准具有相对性。鞭笞、种族歧视、忽视基本卫生措施，通常被认定为有辱人格的待遇，而搜身、戴手铐、强制囚犯穿囚衣等则不构成有辱人格的待遇。评价标准通常根据案件的具体情形、处罚的性质和执行方式来确定。客观上要求存在一定程度的羞辱和贬损，而对屈辱和贬损应当达到的最低限度如何评估则是相对的。

3. 人道待遇

不人道待遇或处罚是《公约》第 7 条禁止实施的内容之一。对于这一禁止性规定，《公约》第 10 条第 1 款以积极的形式进行了进一步充实。该款规定："所有被剥夺自由的人应给予人道及尊重其固有尊严的待遇。"对于这一规定，联合国人权事务委员会第四十四届会议通过的第 20 号一般性意见指出："以人道和尊重人格的方式对待丧失自由者是一项基本和普遍适用的通则。因此，这项规则的应用丝毫不取决于缔约国现有的物质资源水平。必须不加任何区别地应用这项规则，不论种族、肤色、性别、语言、宗教、政治或其他见解、民族或社会本源、财产、出生或其他状况。"但是，人道待遇包括哪些标准？什么是不人道待遇？联合国《公约》和《禁止酷刑公约》中并没有解释。联合国人权事务委员会第 20 号一般性意见认为，不必逐一列出违禁行为，亦不必明确区分不同种

---

① ［奥］曼弗雷德·诺瓦克著：《联合国公民权利和政治权利国际公约评注》，孙世彦、毕小青译，生活·读书·新知三联书店 2008 年版，第 172 页。

②③ 王光贤：《残忍、不人道和有辱人格的待遇或处罚：几组概念的辨明》，载《中国刑事法杂志》2006 年第 4 期。

类的待遇或处罚；这些区域视实际待遇的性质、目的和严厉程度而定。① 该意见同时指出，第 7 条不仅禁止造成身体痛苦的行为，而且也禁止使受害者遭受精神痛苦的行为，此外，长时间单独监禁遭拘留者或囚禁者可能构成第 7 条所禁止的行为。

有关人道待遇的具体标准在联合国有关刑事司法和人权保护的最低标准中有所体现。联合国《囚犯待遇最低限度标准规则》② 规定了囚犯按类隔离、住宿、个人卫生、衣服和被褥、饮食、体操和运动、医疗、戒具、同外界的接触、书籍、宗教、囚犯财产的保管、囚犯的迁移以及死亡、疾病、移送的通知等待遇标准。违反这些标准可能构成不人道待遇。该标准规则的主要内容包括：（1）不同种类的囚犯应按照性别、年龄、犯罪记录、被拘留的法定原因和必须施以的待遇，分别送入不同的狱所或监所的不同部分。男犯和女犯、未经审讯的囚犯和已经判罪的囚犯、民事囚犯和刑事犯罪的囚犯、青少年囚犯和成年囚犯应当隔离关押。（2）囚犯的住宿、衣服和被褥必须符合卫生规定和生理需求。如卫生设备应当充足，使能随时满足每一囚犯大小便的需要，并应维持清洁和体面；发给囚犯的衣服应适合气候和足以维持良好健康，不应有辱人格或有失体面。（3）饮食应烹调可口和及时供应，饮食的营养价值应当足以维持健康和体力。（4）有室外作体操和运动的时间以及场地、设施和设备。（5）有合格的医疗工作人员，医疗设备、陈设、药品供应应当符合患病囚犯的医药照顾和治疗的需要。（6）禁止体罚和暗室禁闭，纪律和惩处不得超过安全看守和集体生活的需要。（7）戒具如手镣、铁链、脚铐、拘束衣等，永远不得作为惩罚用具。（8）囚犯应准在必要监视之下，以通信或接见方式，经常同亲属和有信誉的朋友联络。（9）监所应设置图书室，购置充足的娱乐和教学书籍，以供各类囚犯使用，并应鼓励囚犯充分利用图书馆。（10）在可行范围之内，囚犯应准参加监所举行的仪式并准持有所属教派宗教、戒律和教义的书籍，以满足其宗教生活的需要。（11）囚犯私有的金钱、贵重物品、衣服和其他物件按监所规定不得自行保管时，应于入狱时由监所妥为保管。囚犯出狱时，照数归还。（12）囚犯死亡、病重、重伤或移送一个机构接受精神治疗时，应立即通知其配偶或其最近亲属；囚犯近亲死亡或病重时，应立即通知囚犯。（13）囚犯的迁移，应尽量避免公众耳目，并应采取保安措施，使他们不受任何形式的侮辱、好奇的注视或宣传；禁止

---

① 联合国人权事务委员会第 20 号一般性意见第 4 段。

② 1955 年在日内瓦举行的第一届联合国防止犯罪和罪犯待遇大会通过，由经济及社会理事会以 1957 年 7 月 31 日第 633c（xxiv）号决议和 1977 年 5 月 13 日第 2076（lxii）号决议予以核准。

用通风不良或光线不足的车辆，或使囚犯忍受不必要的肉体痛苦的其他方式，运送囚犯等。

此外，《保护所有遭受任何形式拘留或监禁的人的原则》（1988年）、《执法人员行为守则》（1978年）、《关于医务人员、特别是医生在保护被监禁和拘留的人不受酷刑和其他残忍、不人道或有辱人格的待遇或处罚方面的任务的医疗道德守则》（1982年）和《联合国少年司法最低限度标准规则》（1985年）等文件的规定也涉及人道待遇的最低标准，违反这些标准，则可能构成《公民权利和政治权利国际公约》第7条所禁止的不人道待遇。

（四）侦查中的人道

1. 侦查中的人道要求

人道原则是处理人与人之间关系中最基本的道德原则，具有普遍的适用性，侦查中也不例外。虽然侦查中的对抗相对于其他诉讼阶段而言最为激烈，但侦查机关并不能因为侦查中的特殊对抗性而违反人道原则。即便把侦查看作是一场对抗，这种对抗也是人与人之间的活力对抗。侦查机关乃至侦查人员在侦查活动中也应当遵守人道原则，尊重包括犯罪嫌疑人在内的所有人的人格，对相关人员给予人道待遇。具体表现如下：

（1）尊重人格尊严

尊重他人的人格尊严是人道原则的基本要求之一。在国际司法准则中，人格权是一项不可剥夺、不受限制的权利，即便对于被剥夺自由的囚犯也是如此。联合国大会通过的《囚犯待遇基本原则》第1条规定："对于所有囚犯，均应尊重其作为人而固有的尊严和价值。"而《公民权利和政治权利国际公约》第10条第1款的规定则要求尊重"所有被剥夺自由的人"的固有尊严，这样的规定也同样适用于刑事侦查过程中。不言而喻的是，对于那些没有被剥夺自由的人，更应当尊重其固有的尊严和价值。概言之，侦查活动应当尊重所有人的人格尊严和价值，尤其是犯罪嫌疑人的人格尊严和价值。不能因为犯罪嫌疑人具有犯罪嫌疑而侮辱其人格，也不能仰仗侦查职权的优势而侵犯其他人的人格。

（2）给予人道待遇

以人道的方式对待他人是人道原则的本来含义。但"人道的方式"本身是一个相对抽象而宽泛的概念。一般而言，给予人道待遇是人道方式的一种，但人道方式并不等于就是人道待遇，还包括尊重人的生命和人格尊严。强调刑事侦查中的人道待遇，主要是要求侦查机关及侦查人员在侦查过程中给予犯罪嫌疑人以人道待遇，禁止对犯罪嫌疑人的身体造成实际伤害和施加肉体或精神上的剧烈痛苦。

在刑事侦查中，基于控制犯罪和收集犯罪证据的需要，通常要对犯罪嫌疑人采取必要的强制措施和其他强制性措施。由于这些措施带有强制性，会给犯罪嫌疑人带来肉体或精神上的疼痛或痛苦。由此而产生的疼痛或痛苦属于这些强制性措施本身所固有或附随的，如果这些措施本身具有合法性并且是必要的，一般不认为是不人道待遇。

但是侦查中采用的强制性侦查措施会使得犯罪嫌疑人受控于侦查机关或侦查人员，这为侦查人员对犯罪嫌疑人实施折磨和虐待提供了某种程度上的便利。因此，侦查阶段往往是犯罪嫌疑人遭受不人道待遇的高发环节。就强制性侦查措施而言，不应当对犯罪嫌疑人的身体造成实际的伤害，即便有时对犯罪嫌疑人的身体或精神造成痛苦是必要的，但也不能超过必要的限度。如果对犯罪嫌疑人造成实际的伤害或造成的痛苦相当剧烈，则是一种不人道的做法。

2. 侦查中的不人道

由于侦查的特殊对抗性和侦查权本身的强制性，侦查权有时会逾越法律界限而侵犯公民合法权利，有时也会背离人道原则而丧失道德上的正当性。侦查中实施的背离人道原则的做法可能违法也可能不构成违法，但都是侦查权被滥用的表现。

（1）人格侮辱

在日常生活中领域，侦查中的犯罪嫌疑人往往与被定罪的罪犯一起在道德上被视为的"坏人"，成为人们谴责和防范的对象。在这种情势下，贬损或侵犯犯罪嫌疑人的人格尊严也因此常成为人们施加道德谴责、宣泄道德情感的途径。通常情况下，人们会在意识和情感上将犯罪嫌疑人与常人区别开来，形成人格上的区别对待。犯罪嫌疑人的人格尊严时常被漠视或被有意无意的忽视了。而在特殊情况下，则会由贬损转到侮辱，甚至直接对犯罪嫌疑人的人格和尊严施加侵害。表现在实践中，一方面是犯罪嫌疑人的人格尊严得不到应有的尊重，这是一种普遍的、轻度的表现；另一方面则是以公开的形式对犯罪嫌疑人进行人格侮辱。后者是一种较为严重的方式，主要表现为侦查阶段的"公捕大会"以及押解犯罪嫌疑人游街示众。

所谓的"公捕大会"也被简称为"公捕"，是指以群众大会的形式公开逮捕犯罪嫌疑人。通常的做法是在广场、礼堂、体育馆以及其他一些公共场所，对犯罪嫌疑人公开宣布并执行逮捕。实践中各地操作方法不一，通常是先将多名犯罪嫌疑人押车巡游，然后到预定地点面对上千群众宣读犯罪嫌疑人的罪行并公开宣布对其执行逮捕。参会者一般有地方公安、检察院、法院、政法委、纪委、人大、政协等部门领导，除此之外还包括干部职工、学生代表、群众代表等，人数成百上千不等。①

图 3 - 1 2016 年 12 月 26 日陕西兴平市公捕公判大会照片

游街示众则是直接押解犯罪嫌疑人游街，宣告案件告破。如《西安晚报》2008 年 11 月 26 日报道称："5·29"特大持枪抢劫案三名主要犯罪嫌疑人被押解回府谷县城时，"当地为破案民警组织了盛大的欢迎仪式，整个府谷县城万人空巷，街头人山人海。"三名犯罪嫌疑人被押解游街时，约五万名居民上街目睹其真容。②

在执行部门看来，对犯罪嫌疑人公捕或押解游街，可以起到如下作用：第一，宣示侦查部门打击犯罪的成果；第二，威慑犯罪分子，遏制刑事犯罪上升的势头；第三，营造舆论氛围，发动群众揭发犯罪；第四，通过宣传效应，对公众进行法制教育；第五，表明打击犯罪的决心和态度，提升公众满意度；第六，营

---

① 具体可见相关的报道和公告文件：如刘军伟：《陕西兴平公捕公判大会引争议 官方：今后不再召开》，载华商网 2016 年 12 月 13 日；孟子发：《陕西榆林逮捕百名嫌犯示众，上万市民围观》，载《华商报》2009 年 11 月 7 日；又如《中共民乐县委办公室民乐县人民政府办公室关于召开公捕大会的通知》要求参会的人员包括：县级四套班子分管领导；各乡镇党委书记、乡镇长，分管政法综治工作的领导及 10 名干部；县直各部门、单位全体干部职工；各中学校长及学区校长及学生代表 2600 人；镇村组干部及群众代表 250 人。具体内容见民乐县政府信息网：http：//www. gsml. gov. cn/Article/zwgk/dzwj/xwbwj/200711/16354. html/2007 - 11 - 08。

② 杨永存：《陕西府谷押解 3 杀人嫌犯游街引数万人围观》，载《西安晚报》2008 年 11 月 26 日。

造安全稳定的社会氛围，增加公众的安全感。① 将犯罪嫌疑人游街示众的目的也主要在于这些。然而不管目的多么正当，其手段却是不人道的。它是以犯罪嫌疑人的肉体为道具，以牺牲犯罪嫌疑人的人格和尊严来追求犯罪控制等目的的。这实质上是把犯罪嫌疑人作为展示成果、进行群众教育和控制犯罪的手段，把犯罪嫌疑人作为客体来对待。

应该说将犯罪嫌疑人游街示众是一种官方集体违法行为。最高人民法院、最高人民检察院、公安部在 1988 年发布的《关于坚决制止将已决犯、未决犯游街示众的通知》规定："近来有少数地方将已决犯、未决犯游街示众，这种做法是违法的，在国内外造成很坏的影响，必须坚决制止。现再次重申：各地公安机关、检察院和审判机关务必严格执行刑事诉讼法和有关规定，不但对死刑罪犯不准游街示众，对其他已决犯、未决犯以及一切违法的人也一律不准游街示众。"将犯罪嫌疑人游街示众显然违反了这一规定。禁止性规定言之切切，然而公捕大会、押解嫌疑人游街示众的做法却禁而不止，尤其近年以来更有愈演愈烈之势。② 究其原因，一方面是对侦查功能的误读，另一方面则是对犯罪嫌疑人人格尊严的普遍漠视。

就功能而言，侦查在客观上确实具有犯罪控制功能，对维护政治稳定和社会安定具有一定的积极作用。但侦查的犯罪控制功能是通过正确追求犯罪者的刑事责任来实现的，而不是通过侦查手段本身的宣示和威慑来发挥作用。也就是说，刑事侦查乃至整个刑事诉讼的犯罪控制功能只有在查明犯罪事实、正确适用法律的前提下才能真正发挥出来。把未经定罪的犯罪嫌疑人押解示众，以求控制犯罪显然是对侦查功能的误读。

对犯罪嫌疑人人格尊严的普遍漠视则使得游街示众这种集体违法行为变得容易被容忍，甚至获得某种民意的外衣。有关"公捕大会"的报道中时常会出现围观人数众多的描写和"百姓拍手称快"的字样，写此的目的在于展示公捕大

---

① 在笔者收集的三十多个与公捕公判相关的新闻报道中，内容和模式大致相同。官方报道往往会提及近期公安机关查办犯罪案件的数量、涉及人数等具体打击犯罪的成果；举办公捕大会的地方政府打击犯罪的决心和态度；群众拍手称快的反应以及其他良好的社会效应等。

② 从笔者收集的相关报道来看，自 2007 年以来公捕、公判大会越来越多，仅在 2009 年"五一"、国庆等节假日前后就有近二十起。在相关报道引起争议以后，公捕、公判大会相应有所减少，但依然时有发生。如 2016 年 12 月 26 日，在陕西省发生的在兴平市影剧院广场上又举行了公捕公判大会。刘军伟：《陕西兴平公捕公判大会引争议 官方：今后不再召开》，载华商网，http://news.qq.com/a/20161213/022138.htm，最后访问时间：2017 年 2 月 22 日。

会顺应了民意。即便这样做真地顺应了"民意",这也是多数人对少数人的暴政。犯罪嫌疑人即便真的犯了罪,其所有承担的也只是相应的刑事责任,而没有也不应当拿自己充当反面教材来的义务。在众目睽睽之下,将犯罪嫌疑人以一种低头弯腰的姿势"展示",这不仅使得犯罪嫌疑人的人格和尊严丧失殆尽,而且使得犯罪嫌疑人成为公众"嬉笑怒骂"的对象。这种方式实际上是多数人对少数人的欺凌。

联合国《囚犯待遇最低限度标准规则》第 45 条第 1 款明确规定:"囚犯被送入或移出监所时,应尽量避免公众耳目,并应采取保安措施,使他们不受任何形式的侮辱、好奇的注视或宣传。"这一规定不仅体现了对囚犯人格尊严的保障,更体现了一种把人当人的伦理价值导向。这种导向指向于一种人道的司法和相对文明的道德意识和道德水准。将犯罪嫌疑人游街示众不仅体现了执法者人道观念的淡薄,而且反映出公众道德水准的低下,因此其羞辱的不仅仅是犯罪嫌疑人,在一定意义上它是对公众和相关部门的羞辱。

(2) 不人道和残忍的待遇

从字面上看,"不人道和残忍的待遇"包括"不人道的待遇"和"残忍的待遇"两种。但"不人道的"和"残忍的"本身的含义都相对模糊,很难加以细致区分。一般而言,不人道和残忍的待遇统指"对身体的实际伤害"或者造成"剧烈的(intense)身体或精神疼痛或痛苦"的待遇。虽然也带有侮辱色彩,属于有辱人格的行为,在程度上要比人格侮辱更为严重,更强造成肉体或精神上造成实际的痛苦。在色彩上,两者具有道德蕴含,是具有道德情感色彩的词汇。

不人道和残忍的待遇本身就是一种违背人道原则的。不管是否发生在刑事诉讼过程中还是发生在诉讼之外,都是如此。只不过在刑事诉讼过程中发生得更多一些,尤其是在刑事侦查阶段更为突出。在侦查阶段,可以对犯罪嫌疑人合法的采取强制措施,在一段时间内限制甚至剥夺犯罪嫌疑人的人身自由。被采取强制措施的犯罪嫌疑人处于国家强制力的控制之下,其间的待遇可能被故意降低。如犯罪嫌疑人关押的场所、住宿、卫生状况、饮食、医疗、戒具等相关待遇如果低于某些最低限度的标准,则可能构成不人道和残忍的待遇。而不人道和残忍待遇在现实中的表现则远不止这些。犯罪嫌疑人所受待遇的具体标准是相对的,可能会因为经济发展水平、宗教传统、意识形态等出现差异。什么样的待遇构成"不人道的待遇"或"残忍的待遇"需要根据个案的具体情况而综合判断,但决不是没有标准。如卫生状况、饮食应当满足最基本的生理健康和营养需求等,此外还有一些道德因素的考量,如男女分类关押等。

（3）酷刑

根据联合国《禁止酷刑和其他残忍、不人道或有辱人格的待遇或处罚公约》① 第 1 条的规定，酷刑是指"为了向某人或第三者取得情报或供状，为了他或第三者所作或被怀疑所作的行为对他加以处罚，或为了恐吓或威胁他或第三者，或为了基于任何一种歧视的任何理由，蓄意使某人在肉体或精神上遭受剧烈疼痛或痛苦的任何行为，而这种疼痛或痛苦又是在公职人员或以官方身份行使职权的其他人所造成或在其唆使、同意或默许下造成的。"但是，"纯因法律制裁而引起或法律制裁所固有或随附的疼痛或痛苦则不包括在内"。

从该公约对酷刑的定义看，一项行为必须同时具备三方面条件才能构成酷刑：第一，该行为是在公职人员或以官方身份行使职权的人所造成的，不管是其自己直接造成的还是在其唆使、同意或默许下造成的。第二，该行为有蓄意造成的某人在肉体或精神上剧烈疼痛或痛苦的意图。第三，该行为是为了达到诸如逼取情报或供认，或是惩罚、恐吓或歧视等目的。"如果一个人蓄意严酷地虐待另一个人而并不由此追求任何目的（即纯粹出于虐待癖），则并非酷刑而属于残忍待遇。然而，仅仅基于歧视的原因而强加于人剧烈的疼痛，则属于酷刑。"②此外，酷刑所造成的疼痛和痛苦还必须达到"剧烈"的强度，否则构成不人道和残忍的待遇或处罚。然而对酷刑"剧烈程度"的认定具有很大的主观性。"肉体的或精神的痛苦是否能被定为'剧烈的'还取决于受害者的主观感受。这一定性只能在每一特定的案件中，通过仔细的平衡考虑各种情况，包括受害者自身对疼痛的忍受能力，才能得到确认。"③从《公民权利和政治权利国际公约》第 7 条、《美洲人权公约》第 5 条第 2 款以及《欧洲人权公约》第 3 条所列的顺序看，酷刑、不人道和残忍的待遇和惩罚、有辱人格的待遇或惩罚之间存在某种分类，几种待遇所施加痛苦的剧烈程度存在差异。而酷刑则是处在最顶端，其所造成的痛苦是非常严重和惨烈的。

刑事侦查中施加的酷刑可能是出于惩罚、恐吓或歧视等目的，但实践中最主要的目的是逼取犯罪嫌疑人的口供或证人证言，其中又以刑讯最为严重。在侦查中对犯罪嫌疑人施加酷刑，在违背无罪推定原则的同时也严重违背了人道原则。

---

① 联合国大会于 1984 年 12 月 10 日通过，中华人民共和国政府于 1986 年 12 月 12 日签署本公约，同时申明对第 20 条和第 30 条第 1 款予以保留，该公约于 1988 年 11 月 3 日对我国生效。

②③ ［奥］曼弗雷德·诺瓦克著：《联合国公民权利和政治权利国际公约评注》，N.P. 恩格尔出版公司，克尔/斯特拉斯堡/阿林顿，1993 年版，第 126—141 页。转引自国际人权法教程项目编写组：《国际人权法教程》（第 1 卷），中国政法大学出版社 2002 年版，第 116 页。

以残忍的手段向犯罪嫌疑人施加剧烈的痛苦，不管施加肉体上的痛苦还是精神上的痛苦，都是违背人性的。酷刑不仅可能给犯罪嫌疑人的身体和心理造成永久的伤害，而且可能危及犯罪嫌疑人的生命。故而可以把酷刑看作是一种极端的不把人当人的作为，这种极端行为在道德上是一种极恶，因而也是让人憎厌的。对人道原则的严重背离，使得酷刑完全丧失正当性基础。不管对犯罪嫌疑人施加酷刑是出于多么高尚的目的，都会因为其手段严重违背人道原则而丧失正当性。正因为如此，无论是国际人权法则还是国内立法，都明确禁止酷刑。为保证这一禁令的有效实施，联合国《禁止酷刑和其他残忍、不人道或有辱人格的待遇或处罚公约》第 15 条禁止在任何诉讼程序中援引任何确属酷刑逼供作出的陈述为证据，除非这类陈述可引作对被控施用酷刑逼供者起诉的证据。禁止在侦查中施加酷刑，其背后体现的是对人的尊严和本性的尊重以及人的整体要素不可减损的信念。

二、诚信

（一）含义与渊源

诚实信用简称诚信，是基本的道德原则。作为道德规范，诚实要求人们对他人以诚相待，不欺诈；信用则要求人们讲究信誉，恪守承诺，严格履行自己许诺的义务。从字面上解释，诚，为真实、诚实之意，指人的言行与内心的思想一致，不虚假。信，则为确实、信用之意，指人能够履行跟人约定的事情而取得信任。古汉语中，"诚"与"信"能够互训，《说文解字》中关于诚信的解释是："诚，信也"，"信，诚也"。在中国，诚信是一种非常重要的传统道德，源远流长。历史上，"信"一直被视为基本的道德准则。古人视"信"为"行之基"。在儒家思想中，"信"是"仁、义、礼、智"的基础。孔子把"言必信，行必果"[1] 视为对君子言行的基本要求，曾言"人而无信，不知其可也"。[2] 孟子则把诚信看作是人之本道，他认为"诚者，天之道也。思诚者，人之道也"。[3]

在西方，诚信原则起源于罗马法中的诚信契约和诚信诉讼。在诚信契约中，债务人不仅要承担契约规定的义务，而且必须承担诚实、善意的补充义务。在处理有关诚信契约纠纷的诉讼中，承审员可以根据当事人的真实意思对契约进行解释，不受契约文字含义的约束。由此而萌发了现代民法中诚信原则的两个方

---

[1] 《论语·学而》。
[2] 《论语·为政》。
[3] 《孟子·离娄》。

面——诚信要求和自由裁量权。①

诚实信用原则随着商品经济的发展得到进一步的强化,并由道德原则转化为法律原则。恩格斯在 1844 年的《政治经济学批判大纲》一书中指出:"私有制产生的最初的结果就是商业","商业所产生的第一个后果就是互不信任,以及为这种互不信任辩护,采取不道德的手段达到不道德的目的。"② 随着生产社会化程度不断提高,商业竞争加剧,商业上的投机、欺诈所造成的后果也越来越重。人们需要公平、诚实、信用等交易活动中的美德,以维持交易秩序,促进商品经济的发展。于是诚实、信用等社会伦理观念得到进一步强化,成为商品社会普遍的价值追求。随着商品经济的发展,诚实信用开始由道德向法律渗透,由交易习惯转变为法律规范。恩格斯指出:"在社会发展的某个很早的阶段,产生了这样一种需要,把每天重复着的生产、分配和交换产品的行为用一个共同规则概括出来,设法使个人服从生产和交换的一般条件。这个规则首先表现为习惯,后来便成了法律。"③ 诚实信用也正是这样由伦理观念上升为法律原则的。

随着现代市场经济的发展,诚实信用原则在道德领域和法律领域得到前所未有的强化。在道德领域,诚实信用被视为社会存在的基础和支柱。关于诚实信用的作用,亚当·斯密曾指出:"与其说效用、仁慈是社会存在的基础,还不如说信用、诚信、正义是这种基础……而信用、诚信、正义则犹如支撑整个大厦的主要支柱,如果这根支柱松动的话,那么人类社会这个大厦就会顷刻间土崩瓦解。"④ 显然,诚实信用在维系社会正常有效运转方面的作用是无可替代的。在法律领域,诚实信用原则由契约原则上升为债法基本原则,又由债法基本原则上升为民法基本原则,被学者誉为"帝王条款"。在市场经济条件下,诚实信用原则的作用在于要求人们在市场活动中讲究信用,不欺不诈,引导社会成员在不损害他人利益和社会利益的前提下追求自己的利益。这样可以更好地平衡当事人之间的利益以及当事人与社会之间的利益。以法律的形式确认诚实信用原则,进一步增强了该原则的强制力和对市场主体的调控作用,强化了其对市场规则和秩序的维系功能。

---

① 参见江平、米健著:《罗马法基础》,中国政法大学出版社 1982 年版,第 121—122 页。

② 《马克思恩格斯全集》(第 1 卷),人民出版社 1960 年版,第 460 页。

③ 《马克思恩格斯全集》(第 1 卷),人民出版社 1972 年版,第 538—539 页。

④ [英] 亚当·斯密著:《道德情操论》,商务印书馆 1998 年版,第 106 页。

（二）诚信的扩张

诚实信用原则不仅能够增进信任，为普遍信任提供道德和法律支撑，而且蕴含着公平、民主、正义的理念。这些理念不仅是道德价值理念，而且也是法治追求的目标。诚实信用原则的法律化体现了道德对法律的影响，也体现了法律对这些价值理念的确认，这在一定程度上反映了法律发展的一般规律。

在法律领域，诚实信用原则的适用范围不断扩展，由债法扩展到整个民法领域，又由私法领域向公法领域扩张。

1. 私法领域的扩张

在罗马法阶段，诚实信用还只是适用于特定范围内的契约，主要体现在对契约内容的要求。它要求签订契约的当事人承担善意、诚实的补充义务。而在近代民法阶段，诚实信用原则在成文法中得以确认，并转变为债法基本原则。如《法国民法典》第 1134 条规定："契约应以善意履行之"，第 1135 条规定："契约不仅其明示发生义务，并按照契约的性质，发生公平原则，习惯或法律所赋予的义务。"《德国民法典》第 242 条也规定："债务人须依诚实信用，并照顾交易惯例，履行其给付。"但在这些规定中，诚实信用原则被定位为债务履行原则，主要要求债务人遵守，并没有赋予法官对契约进行衡平裁量的权力。

以 1907 年制定的《瑞士民法典》为标志，诚实信用原则上升为民法基本原则。该法典第 2 条规定："（1）任何人都必须诚实、信用地行使其权利，履行其义务。（2）明显地滥用权利，不受法律保护。"在瑞士民法典中，诚实信用原则不再仅仅是债务人应当遵守的原则，而是债务人和债权人都必须共同遵守的原则。其适用范围不仅仅适用于债法，而且适用于一切民事法律关系，这使得诚实信用原则上升为民法的基本原则。瑞士民法典的规定赋予诚实信用原则以现代意义，被大陆法系各国效仿。法国和德国的原有诚信条款也在司法活动中上升为基本原则。日本于 1947 年也把诚实信用原则作为民法基本原则确认下来。《日本民法典》第 1 条第 2 款规定："行使权利及履行义务时，应恪守信义，诚实实行。"此外，1942 年《意大利民法典》第 1175 条、第 1337 条、第 1338 条、第 1366 条、第 1375 条，1967 年《葡萄牙民法典》第 726 条，1984 年《秘鲁民法典》第 1362 条都对诚实信用原则进行了规定。

随着经济发展，个人权利绝对化与社会秩序之间的矛盾得以凸显。人们开始意识到，要维护公共秩序和社会稳定，就需要在一定程度上强化社会本位意识并对私权予以适当限制。在此背景下，诚实信用原则作为对私权利的限制原则而得到重视，其适用范围进一步扩张，由民法拓展到整个私法领域。在商法领域，商事主体的内部行为和外部行为都离不开善意、诚实、守信、公平合理等理念的规范，而仅凭道德上的诚实信用又不足以阻止交易中的失信行为，因此需要一条强制性的法律原则来规范交易主体和交易行为。这种需求推动了诚实信用原则在商法中的确立，使诚实信用原则由补充性规范发展为强制性规范。同样，在合同法、保险法乃至整个私法领域中，诚实信用也由补充性规范发展成为强制性原则。

诚实信用原则在私法领域得以扩张，一方面是因为它体现了公平正义的要求，另一方面则是因为它对当事人之间的利益具有均衡和调节作用。

2. 公法领域的渗透

随着自由市场经济向垄断市场经济过渡，政府的定位也在发生转变。在原来市场经济的国家，政府广泛参与社会经济生活的方方面面。在社会主义国家，政府对社会的控制职能更为突出。公权力职能和作用的转变在法律和社会层面引发了相应的变化。一方面，公权力介入传统的私法领域，使得公法和私法的界限不再那么绝对清晰和严格，公法私法化和私法公法化带动了一些法律原则在公法和私法领域相互渗透。另一方面，随着公权力在社会中扮演的角色越来越重要，公权力的信用已成为社会信用的重要组成部分。这进一步推动了诚实信用原则由私法领域向公法领域延伸和渗透。

在理论上，一些公法学者主张将诚实信用原则引入公法领域。如德国学者拉邦德（Paul Laband）认为："诚实信用原则，一如其在私法之领域，可以支配公法之领域。苟无诚实与善意，立宪制度似难实行。诚实与善意，为行使一切行政权（司法权、立法权亦同）之准则，同时亦为其界限。"[①] 在实践中，诚实信用原则也逐步在公法中得以确认。1931 年德国帝国法院在一项判决中明确宣称："诚实信用的原则，对于一切法律界，且包含公法在内，皆得适用之。"

在立法上，诚实信用原则在民事诉讼法、行政法甚至宪法中逐步得以体现或确认。如 1895 年颁布的《奥地利民事诉讼法》第 178 条规定："当事人据以声明所必需的一切情事，必须完全真实且正确地陈述之。"1933 年修改的《德国民事诉讼法》规定了当事人的真实义务，1996 年《日本民事诉讼法》第 2 条规定："法院应为民事诉讼法公正并迅速地进行而努力；当事人进行民事诉讼，应以诚信原则为之。"这一规定使得诚实信用原则上升为民事诉讼的基本原则。我国学者也在相关分析的基础上认为："诚实信用原则在民事诉讼法中的适用，是社会发展之必然。"[②]

在行政法中，诚实信用原则也逐步得以确认。在欧洲大陆，德国行政法院在第一次世界大战以后的一些裁判中就已经采用了诚实信用原则。第二次世界大战

---

① 何孝元著：《诚实信用原则与衡平法》，三民书局 1977 年版，第 8 页。
② 刘荣军：《诚实信用原则在民事诉讼中的适用》，载《法学研究》1998 年第 4 期。

以后，诚实信用原则在《德国行政程序法》、《租税通则》、《联邦建设计划书》等法律中均有所体现。① 在英美法系国家，依照自然正义原则，只要当事人出于自然正义对政府有"合理期待"，政府对这种合理期待的利益就不能随意变更或剥夺。这种"合理期待原则"在一定程度上保护公民对政府的信任，发挥着类似诚实信用原则的作用。

诚实信用原则在公法领域的延伸体现了这样的一种趋势，即诚实守信不仅仅是民事主体的义务，而且是国家机构及其工作人员的义务。它意味着国家与其公民之间不仅仅是行政上的管理与被管理关系，还带有某种契约的意味，隐含着平等和民主的意蕴。国家对诚实信用原则遵守和诚信示范作用可以提高自身的公信力，维持公众对国家的信赖。

（三）刑事程序中的诚信

刑事诉讼程序中存在多元的法律关系。在多元的法律关系中，也存在信任需求，需要诚实信用在一定范围内发挥调节作用。具体分析如下：

1. 证人的诚信

在一定意义上讲，侦查和审判中对案件事实的认定都可以看作是对过去发生的犯罪行为的认识。认识的途径主要是通过证据调查获取相关信息。其中，证人证言是获取案件信息的重要来源。但是，证人证言的真实性存在一定的风险。由于证人证言的产生需要经过证人的感知、记忆、表达等过程，证言真实性的风险表现为多方面。进行简单列举，一般包括证人感知风险、记忆风险、证人诚信风险、表达风险和理解歧义风险。其中，证人的诚信风险是重要的一环，它表明即便证人全面感知了案件的事实真相，准确地记忆了感知的内容，如果证人不如实陈述感知的内容，那么证言的真实性依然是值得怀疑的。也就是说，证言的真实性在很大的程度上取决于证人的诚信。为了降低证人的诚信风险，使证人如实陈述所了解的案件事实，各国都设定了相应的保障措施。具体表现为：

第一，法律明确规定证人如实陈述的义务。证人如果违反该义务，故意作伪证，将要承担相应的法律责任。如《意大利刑事诉讼法典》第 198 条规定证人"有义务如实回答法官的发问"。在询问之前，庭长还要进一步告诫证人有义务说实话。"除涉及不满 14 岁的未成年人外，庭长还告诫证人承担哪些刑事法律为虚假证明或沉默行为规定的责任"。② 法国也规定证人应当遵守如实陈述等各

---

① 刘丹：《论行政法上的诚实信用原则》，载《中国法学》2004 年第 1 期。
② 《意大利刑事诉讼法典》第 497 条第 2 款。

项义务。如果证人作伪证，将受到伪证罪刑罚的惩处。① 我国刑事诉讼法也明确了证人如实作证的义务和作伪证的责任。如我国修订后的《刑事诉讼法》第123条规定："询问证人，应当告知他应当如实地提供证据、证言和有意作伪证或者隐匿罪证要负的法律责任。"第59条规定："法庭查明证人有意作伪证或者隐匿罪证的时候，应当依法处理。"我国《刑法》第305条还规定了伪证罪。根据该条的规定，证人在刑事诉讼中对与案件有重要关系的情节，故意作虚假证明，意图陷害他人或者隐匿罪证的，处三年以下有期徒刑或者拘役；情节严重的，处三年以上七年以下有期徒刑。

第二，设定证人宣誓制度。为了保证证人证言的真实性，大多数国家规定了证人作证时的宣誓制度。如《法国刑事诉讼法典》第103条规定由预审法官听取证人证言时，证人应当宣誓"说出全部真实情况并且只说真实情况"。在重罪法庭上，证人还应宣誓："不怀仇恨，无所畏惧，说出全部真相，绝无虚伪不实之词。"② 即便涉及当事人直系血亲或姻亲时，或涉及当事人服务的人时，也应如此宣誓。③ 又如《意大利刑事诉讼法典》第497条第2款规定，证人作证前要发表如下声明："我意识到作证的道德责任和法律责任，保证全部讲实话并且不隐瞒任何我所知晓的情况。"同条第3款进一步强调第2款的规定必须遵守，否则将导致行为无效。我国虽没有相应的证人宣誓程序，但在审判程序中要求证人作证前在如实作证的保证书上签名。④

在侦查阶段，证人向侦查机关作证一般不需要宣誓，在有的国家（如法国）证人在侦查过程中向预审法官作证时需要宣誓。为保证证言的真实性，采取的一般措施包括：明确告知证人如实作证的法律义务；在询问证人时个别进行；必要时要求陈述有矛盾的证人或者证人与犯罪嫌疑人进行对质。无论是设定证人如实作证的法律义务还是采取包括证人宣誓在内的其他措施，其目的无非在于使证人按照道德上的诚信要求，如实陈述所知道的案情。外在的制度设置无非满足对证人的内在信任需求。只不过道德上的诚实信用原则对证人的强制力不足，规范作用有限，需要通过法律义务的强制作用和宣誓来强化证人的作证心理，以此来保证证言的真实性。但这并不能因此而否认诚实信用原则的调节作用，实际上这些

---

① ［法］卡斯东·斯特法尼等著：《法国刑事诉讼法精义》（下），罗结珍译，中国政法大学出版社1999年版，第751页。

② 《法国刑事诉讼法典》第331条第3款。

③ ［法］卡斯东·斯特法尼等著：《法国刑事诉讼法精义》（下），罗结珍译，中国政法大学出版社1999年版，第564页。

④ 参见《最高人民法院关于适用〈中华人民共和国刑事诉讼法〉的解释》第210条。

措施正当性的原始依据还是诚实信用原则。

2. 鉴定人的诚信

为了查明案情，侦查和审判中需要指派或聘请鉴定人解决某些专门性的问题。接受指派或聘请的鉴定人应当运用自己所具有的专门知识对相关问题进行鉴定，并作出鉴定意见。鉴定意见正确如否，取决于检材、技术设备以及鉴定人等多方面因素。对于鉴定人而言，鉴定意见的准确性一方面取决于鉴定人的专业知识，另一方面也受制于鉴定人的道德诚信。

为了使鉴定人按照事实真相出具鉴定意见，刑事诉讼法要求鉴定人应当在鉴定意见上签名，刑法规定了鉴定人故意作虚假鉴定的刑事责任。在刑事诉讼中，鉴定人对与案件有重要关系的情节故意作虚假鉴定，意图陷害他人或者隐匿罪证的，和证人故意提供虚假证言一样构成伪证罪。[①] 在其他一些国家，鉴定人被要求作为专家证人出庭作证，出庭作证时需要执行同证人一样的宣誓程序。在我国庭审程序中，要求鉴定人原则上出庭宣读鉴定意见。审判人员在法庭上要告知鉴定人应当如实地提供鉴定意见和有意作虚假鉴定要负的法律责任。鉴定人在说明鉴定意见前，应当在如实说明鉴定意见的保证书上签名。[②]

在鉴定意见上签名、出庭接受质询、在保证书上签名或者宣誓乃至设立伪证罪名，都是为了保证鉴定意见的真实可靠性。这实质上是将对鉴定人诚信鉴定的道德要求上升为法律要求，试图通过外在的规制措施满足对鉴定人内在的诚信需求。

3. 律师的诚信

根据我国修订后的《刑事诉讼法》第33条规定，犯罪嫌疑人自被侦查机关第一次讯问或者采取强制措施之日起，有权委托辩护人；在侦查期间，只能委托律师作为辩护人。被告人有权随时委托辩护人。侦查机关在第一次讯问犯罪嫌疑人或者对犯罪嫌疑人采取强制措施的时候，应当告知犯罪嫌疑人有权委托辩护人。尽管律师介入侦查程序的范围有限，但律师的介入对于犯罪嫌疑人来说还是非常必要的。律师在侦查阶段提供法律帮助和代理服务对于维护犯罪嫌疑人的合法权益至关重要。但是这需要律师诚实守信，勤勉尽责，方能有效地维护犯罪嫌疑人的合法权益。如果律师不能忠于当事人的利益，不能本着真诚守信的原则为犯罪嫌疑人提供法律服务，即便法律赋予律师再多的权利也不能使嫌疑人真正得益。

进言之，侦查阶段律师作用的发挥乃至整个刑事辩护制度功能的发挥都离不开犯罪嫌疑人（被告人）与律师之间的信任关系。这种信任关系是保护犯罪嫌

---

① 《刑法》第305条。

② 参见《最高人民法院关于适用〈中华人民共和国刑事诉讼法〉的解释》第210条。

疑人合法利益的基础。维系这种信任关系对于犯罪嫌疑人来说是一种内在的利益需求，而对于律师来说则是一种职业要求。可以说，包括犯罪嫌疑人在内的委托人对律师的诚信需求是律师诚信的内在动因之一。

在制度层面上，诚实守信被作为律师职业道德的基本原则确定下来。如我国律师协会公布的《律师职业道德和执业纪律规范》第5条规定："律师应当诚实守信，勤勉尽责，尽职尽责地维护委托人的合法利益。"律师诚信在律师法中也有多体现。如我国《律师法》第31条规定，律师担任辩护人的，应当根据事实和法律，提出犯罪嫌疑人、被告人无罪、罪轻或者减轻、免除其刑事责任的材料和意见，维护犯罪嫌疑人、被告人的合法权益。第38条规定了律师的保密义务，要求律师保守在执业活动中知悉的国家秘密、商业秘密，不得泄露当事人的隐私。对于在执业活动中知悉的委托人和其他人不愿泄露的情况和信息，律师也应当予以保密。第39条禁止律师代理与委托人或其近亲属有利益冲突的法律事务。作为职业道德的基本原则，诚实信用它要求律师本着真诚守信的精神为当事人提供法律服务，在刑事侦查中依照事实和法律维护犯罪嫌疑人的合法权益。这在一定程度上也是对当事人诚信需求的满足。

4. 司法工作人员的诚信①

司法工作人员代表国家行使职权，对刑事诉讼的进程起着决定性的作用。司法工作人员的诚信不仅影响案件处理的结果，而且影响整个司法程序的公正性。这是因为刑事诉讼的公正性离不开事实真相，而事实真相的查明离不开客观的侦查、起诉和审判。如果侦查人员、检察人员、审判人员在证据的收集、审查和判断中有隐瞒或欺诈行为，则会扭曲案件的事实真相，葬送刑事程序的公正性。这就要求司法工作人员的工作必须忠于事实真相，围绕事实的真相去调查取证，根据事实真相去审查起诉，并把判决建立在事实真相的基础上。而忠于事实真相就是求真，是诚实信用原则的内在要求。

为了使刑事判决建立在事实真相基础之上，我国刑事诉讼法和刑法都作了相应的保障性规定。如我国修订后的《刑事诉讼法》第50条规定："审判人员、检察人员、侦查人员必须依照法定程序，收集能够证实犯罪嫌疑人、被告人有罪或者无罪、犯罪情节轻重的各种证据。"第51条规定："公安机关提请批准逮捕书、人民检察院起诉书、人民法院判决书，必须忠实于事实真相。故意隐瞒事实真相的，应当追究责任。"这些规定在程序上设定了司法工作人员的客观义务，

---

① 由于对司法的理解不同，司法工作人员的范围也不同。本书此处是从广义上来使用司法工作人员的概念的，也就是我国《刑法》第94条所规定的司法工作人员的范围，即指有侦查、检察、审判、监管职责的工作人员。

同时也以法律的形式对司法工作人员提出了诚信要求。而我国《刑法》第399条则规定了司法工作人员徇私枉法的刑事责任。该条规定："司法工作人员徇私枉法、徇情枉法，对明知是无罪的人而使他受追诉，对明知是有罪的人而故意包庇不使他受追诉，或者在刑事审判活动中故意违背事实和法律作枉法裁判的，处五年以下有期徒刑或者拘役；情节严重的，处五年以上十年以下有期徒刑；情节特别严重的，处十年以上有期徒刑。"这些规定使得诚信由道德义务转变成司法工作人员的法律义务。如果换个角度理解，这些规定也可以看作是诚实信用原则的法律保障，是在以法律手段强制司法工作人员遵守诚信原则，以满足刑事程序对司法工作人员的诚信需求。

（四）侦查中的对抗与诚信

在刑事侦查中，侦查机关和侦查部门代表国家行使侦查权，其任务是查明犯罪事实，查获犯罪嫌疑人。而犯罪嫌疑人则是因有犯罪嫌疑而可能受到刑事追诉的人，是侦查机关调查的对象。侦查机关与犯罪嫌疑人之间是一种调查与被调查的关系。犯罪嫌疑人规避侦查机关的调查和追诉是一种正常的反应，而侦查机关和人员的职责就是调查犯罪事实真相。因此，两者之间存在一种天然的对抗关系。然而在这种对抗关系中，侦查机关对犯罪嫌疑人是否要遵循相应的道德准则？侦查机关对犯罪嫌疑人是否需要讲究诚信？问题的答案与我们对两者之间对抗关系的认识紧密相关。

1. 侦查中的对抗

毫无疑问，在刑事侦查中，侦查机关与犯罪嫌疑人之间存在对抗关系。但这种对抗关系是一种什么性质的对抗关系，两者之间是否仅存在对抗关系却是值得思考的问题。

在一些侦查工具书和侦查实务教材中，笔者将一些战争谋略用于侦查中，并结合侦查实际总结出诸如"诱敌深入"、"引蛇出洞"、"调虎离山"、"背水一战"等计谋，[①] 以求克"敌"制胜之功效。应当说，在侦查中尤其是与犯罪嫌疑人对抗过程中适当使用侦查谋略是可行的也是必要的。因为谋略是对抗思维的产物，从一定角度看侦查本身也是一种活力对抗活动。但是我们也应当看到，尽管谋略源于军事对抗，侦查中的对抗与战争中的军事对抗是不同的。而刑事侦查并不是侦查机关与犯罪嫌疑人之间发生的一场敌我战争。侦查人员和犯罪嫌疑人之间存在活力对抗，但这种对抗关系并不是军事上的敌对关系。

① 参见刘汝宽著：《侦查计谋实务》，中国人民公安大学出版社2005年版。该书分为上下两篇，上篇为侦查计谋的理论，下篇为侦查计谋的实践。在下篇中，作者结合侦查实务归纳出了侦查计谋共41计。

第一，侦查的目的在于控制犯罪，而不是消灭犯罪嫌疑人。犯罪既是对合法利益的侵害和威胁，又是对社会法律秩序和规范的违反。刑事侦查的目的与整个刑事诉讼的目的一样，在于通过追究犯罪者的刑事责任以控制和减少犯罪的发生。这一目的的实现，既需要发挥刑罚的预防作用，又需要对犯罪者进行改造和教育。侦查的作用在于准确及时地查明犯罪事实，查获犯罪嫌疑人，全面收集案件证据。侦查的目的不是惩罚犯罪嫌疑人，更不是将犯罪嫌疑人消灭。因此，侦查的手段不能带有惩罚性，不能对犯罪嫌疑人的身体造成伤害，更不能剥夺嫌疑人的生命。

第二，侦查中的对抗发生在国家机关与其公民之间，两者不是敌对关系。侦查中的对抗主要是侦查人员与犯罪嫌疑人之间的对抗。侦查人员的行为是职权行为，代表国家行使侦查权，而犯罪嫌疑人的行为则代表着公民个人行为。从主体上看，这种对抗发生在国家或国家机关与其公民之间。无论是被推定为无罪的犯罪嫌疑人还是被正式定罪的罪犯，其公民身份并没有改变，其作为公民依法享有的权利并不能任意剥夺。而国家机关作为国家的代表，对其公民有尊重、帮助的义务，对公民的合法权益有保护义务。对于侦查人员来说，查获犯罪嫌疑人，查明案件事实是其职责，而保护犯罪嫌疑人乃至其他公民的合法权益也是其职责之所在。因此，侦查人员与犯罪嫌疑人之间的关系并不是完全的对抗关系。两者之间既有对抗的一面，又有保护的另一面。由于要查明案件事实，所以要采用必要的侦查手段。但侦查人员同时也有保护公民权益的义务，所以侦查手段不能侵犯包括犯罪嫌疑人在内的所有公民的合法权利。侦查手段不能任意实施，尤其不能侵犯公民的合法权利。

第三，侦查中对抗的双方力量对比悬殊。侦查人员是国家工作人员，有国家力量作为后盾，既有组织优势又有武力支撑，而犯罪嫌疑人通常是孤立的个人，即便是有组织的犯罪集团，其组织性也难以与侦查机关相匹敌。在法律和道义上，侦查人员的侦查活动是执行法律的正当行为，而犯罪嫌疑人的对抗则是抗拒法律的非正当行为。因此在对抗中，侦查机关有更为充足的信息收集渠道，决策中可以发挥集体智慧。侦查机关及侦查人员在组织结构、法律地位、社会道义、决策信息、可控资源等方面处于明显的优势地位，而犯罪嫌疑人则处于劣势。这种对抗是集体对个体、合法对非法、正当对不正当的对抗，一方是攻势而另一方是守势。当然，虽然侦查机关相对于犯罪嫌疑人而言处于明显的优势地位，但这并不意味着犯罪者就会自动放弃对抗束手就擒。因此，侦查手段只限于满足侦查的需要，不能任意使用。也就是说，侦查措施以及强制性措施只有在确有必要的时候才能使用。

第四，侦查中的对抗不仅要看结果如何，而且还要看过程的正当性。战争的胜负要看最后的结果，谁取得最终的胜利谁就赢得战争。而侦查则不然，评价侦查工作的优劣不仅要看犯罪嫌疑人是否到案，证据收集是否全面，而且要看侦查过程是否合法，采用的侦查手段是否得当。因此采用侦查手段不能只看法律效果，而且要看程序自身的作用。

由于侦查的目的、对抗双方关系的性质、双方所处地位和力量的对比等方面存在特殊性，侦查中的对抗明显不同于战争中的对抗，同时也不同于商业竞争和体育竞技。侦查机关尽管处于优势地位，但由于侦查的职权性质，侦查的手段是受限的。侦查的手段不仅存在法律界限，而且存在伦理界限。侦查的手段不仅要合法而且要合理。

2. 不同主体的诚信标准

在刑事侦查中，侦查机关和犯罪嫌疑人是两类不同的主体。两者之间不仅法律地位不同，而且在社会道德要求上也不同。作为国家机关，侦查机关承载着公众对公权力的期待，因此其行为必须遵守社会生活的普遍原则，包括道德原则。而犯罪嫌疑人作为个人，道德规范对其只有引导作用和内在的强制作用，没有外在的强制作用。因此，在现实世界中存在没有道德的个人，却不存在完全没有道德的社会。也就是说，在微观层面个人可以不讲道德，但在宏观层面，社会却不能没有道德准则。社会道德准则是靠社会大多数成员来遵守的，很难要求全体人员绝对遵守，道德准则的存在和发展也是靠社会多数力量推动的，而不是全体成员。这其中，国家机关及其工作人员是重要的推动力量，承担着相对重要的道德责任。而犯罪嫌疑人作为个人只承担最低的道德义务。因此，在道德标准上，国家机关要高于个人，侦查机关要高于犯罪嫌疑人。

（1）侦查机关的诚信标准

诚实信用在政治生活中具有重要作用。统治者必须取信于民，才能维系自己的统治。取信于民在儒家思想中也受到特别强调。在《论语》颜渊第十二中有这样的记载："子贡问政。子曰：足食，足兵，民信之矣。子贡曰：必不得已而去，于斯三者何先？曰：去兵。子贡曰：必不得已而去，于斯二者何先？曰：去食。自古皆有死，民无信不立。"[1] 在孔子看来，国家如果不能得到老百姓的信任就要垮掉，取信于民是最重要的。荀子也认为，诚信直接影响着国家的强弱，他认为"政令信者强，政令不信者弱"。[2] 在中国传统思想中，非常重视诚信对于国家的作用。"信，国之宝也。"[3]

---

[1] 《论语·颜渊》。

[2] 《荀子·议兵》。

[3] 《左传·僖公二十五年》。

国家的诚信主要体现为国家机关及其工作人员的行为中。它要求国家工作人员的职务行为必须恪守诚实信用原则，不得失信于民。

侦查机关作为国家机关，同样承担着更高的道德义务，同样需要恪守诚实信用原则。侦查机关是否守信不仅影响整个国家的威信，而且会直接影响侦查的效果。如侦查机关常用悬赏公告或悬赏通缉令的形式，悬赏征集破案线索或悬赏缉拿在逃的犯罪嫌疑人。悬赏对于一些案件的侦破功不可没，而且效果良好。① 在没有正式法律规范予以规定的情况下，如果侦查机关在悬赏公告发布之后，并不能按照公告所说的那样兑现奖金并遵守保密义务，那么公众对侦查机关的信赖就会大打折扣，举报的积极性也会降低。这其中，侦查机关的诚信起着至关重要的作用。

在我国，侦查人员不能以欺骗的方法收集证据。侦查人员不仅要对举报人信守承诺，而且要对犯罪嫌疑人信守承诺。根据我国修订后的《刑事诉讼法》第50条的规定，侦查人员必须依照法定程序收集证据，严禁以威胁、引诱、欺骗以及其他非法的方法收集证据。这就要求侦查人员在侦查中遵守诚实信用原则，信守承诺，无论是对证人还是对犯罪嫌疑人都不能威胁、引诱或欺骗。因此，法律对侦查人员有着较高的诚信要求。

（2）犯罪嫌疑人的诚信标准

犯罪嫌疑人是侦查行为所指向的对象，对于被追诉的犯罪嫌疑人而言，是否需要遵循诚实信用原则呢？从我国现行的刑事诉讼规定看，答案是肯定的。我国修订后的《刑事诉讼法》第118条规定："侦查人员在讯问犯罪嫌疑人的时候，应当首先讯问犯罪嫌疑人是否有犯罪行为，让他陈述有罪的情节或者无罪的辩解，然后向他提出问题。犯罪嫌疑人对侦查人员的提问，应当如实回答。但是对与本案无关的问题，有拒绝回答的权利。侦查人员在讯问犯罪嫌疑人的时候，应当告知犯罪嫌疑人如实供述自己罪行可以从宽处理的法律规定。"根据此规定，犯罪嫌疑人对侦查人员的提问，除与本案无关的问题外，应当如实回答。这在一定程度上规定了犯罪嫌疑人的诚信义务。

---

① 早在1983年的"二王"持枪杀人案件中，公安部就曾向全国发出通缉令并悬赏知情者。1998年5月14日施行的《公安机关办理刑事案件程序规定》第257条第1款规定："为发现重大犯罪线索，追缴涉案财物、证据，查获犯罪嫌疑人，必要时，经县以上公安机关负责人批准，可以发布悬赏通告。"这个规定，使得悬赏在刑事侦查中的运用有了具体的法规依据。2000年公安部实行"追逃奖励"机制，此后国内侦查中开始广泛适用悬赏金。在2004年云南"2·23"特大杀人案中，公安部发出A级通缉令，悬赏20万元在全国范围公开通缉犯罪嫌疑人马加爵。据不完全统计，公安机关先后接到有价值的举报线索1500多条，马加爵的快速落网与悬赏有很大的关系。

但是，这一规定是否合理却存在疑问。从理论上看，要求犯罪嫌疑人如实回答侦查人员的提问，无异于强迫犯罪嫌疑人自证其罪，有悖于无罪推定原则。因此对犯罪嫌疑人的诚信要求在一定程度上讲有悖于刑事诉讼的法理。

而从伦理上讲，犯罪嫌疑人的撒谎也有一定的容许性。一方面，道德源于人性，而犯罪嫌疑人撒谎有一定的人性根据。这是因为个人撒谎有时是出于自我保护的需要，是人的一种本能反应。必要时说假话可以避免外来的侵害，有利于保护说谎者。另一方面，撒谎有时是利益权衡的结果。谎言有时并不是出于偏好，而是在理性的利弊权衡基础上所作的选择。对于有罪的犯罪嫌疑人来讲，如实供述就意味着下一步要承担刑事责任，接受惩罚。如实交代犯罪事实必然受罚，而撒谎拒不交代反而有逃避刑事追诉的可能。从这一点上看，有罪者否认犯罪事实才是合乎日常情理的表现。即便法律要求犯罪嫌疑人如实供述，犯罪嫌疑人在利弊权衡之后也未必就会如实供述。换个角度看，犯罪本身就是一种严重违规的行为，期待实施犯罪行为的人再去严守诚信显然是不现实的。因此，社会对犯罪嫌疑人的诚信期待并不高。

综上可以看出，对犯罪嫌疑人的诚信要求应当是引导性的而不能是强制性的。犯罪嫌疑人如果权衡利弊后选择如实供述或出于悔罪而如实供述，那么就应当予以鼓励。而犯罪嫌疑人如果拒不交代，也不能强迫。强制犯罪嫌疑人如实交代涉嫌的犯罪不仅有悖于常理，而且影响供述的真实性。同样，在侦查中要求犯罪嫌疑人诚实守信，要求其在对抗中"按规则发牌"显然是不切实际的。犯罪嫌疑人自然会根据利弊权衡去选择，道德规范的约束作用对犯罪嫌疑人来说是非常有限的。故而侦查中对犯罪嫌疑人的诚信要求要明显低于对侦查人员的要求。

3. 诚信与侦查谋略

侦查中为了尽快查获犯罪嫌疑人和发现证据而经常使用侦查谋略。所谓侦查谋略，也称为侦查策略或侦查计谋，"是指侦查对抗中，侦查人员为了强化自己，削弱对手，以巧制胜所设计的计策方略"。① 也有人认为侦查计谋"是侦查主体在侦查活动中，为了揭露犯罪和证实犯罪、证明犯罪，根据案件的客观情况，针对某一具体的斗争对象预见、设计、谋划的一种以智慧制胜的计策和策略。"② 不管如何定义，其中必然涉及计谋的使用。何为计谋？鬼谷子认为"乱而惑之，是谓计谋。"③ 也有人认为"计谋是建立在心理学理论基础上的诡诈手

---

① 王传道编著：《侦查谋略学》，中国政法大学出版社 2004 年版，第 2 页。
② 刘汝宽著：《侦查计谋实务》，中国人民公安大学出版社 2005 年版，第 3—4 页。
③ 普颖华著：《白话鬼谷子》，时事出版社 1995 年版，第 161 页。

段，是设置的心理圈套和陷阱。"①无论是"乱而惑之"还是"心理学理论基础上的诡诈手段"，都包含欺诈的成分。

那么，侦查中使用带有欺诈成分的侦查谋略是否违背诚信原则？

从道理上看，欺诈当然是违背诚信原则的。撒谎与实话实说、欺诈与诚实本身就是相互对立的概念。但是我们也应当看到，在侦查活动中使用带有欺诈成分的侦查谋略虽然违背了诚实信用原则，但却在一定范围内是可以容许的，或者说是可以原谅的。同时这种容许性或原谅是非常有限的，并不是毫无限制的。概言之，侦查谋略在侦查中具有有限的道德容许性。

（1）侦查谋略的道德容许性

关于侦查谋略的道德容许性，可以从以下方面加以分析。

首先，任何道德原则都不是绝对的，而是准绝对的，只要有正当的理由是可以违反的。不同的道德原则并不是完全等同的，有的道德原则具有逻辑的和经验的优先性，因而在道德原则中存在主次之分。当不同的道德原则同时作用于同一个社会主体时，就会赋予他不同的道德义务。当一个义务凌驾于另一个义务的时候，另一个义务就可能被缓解或取消。当别的基本义务更为迫切地摆在眼前时，诚信义务是允许被勾销的。也就是说，在特定的处境中违背诚实信用原则是可以原谅的。当然，这取决于欺诈理由的正当性。

其次，侦查谋略具有相应的正当性理由。一方面，侦查谋略的目的是正当的。使用侦查谋略是为了更好地揭露和证实犯罪，而犯罪本身是对社会的侵害，在道德上是一种恶。侦查谋略是针对犯罪以及涉嫌犯罪者而使用的，目的在于增强对抗犯罪的能力，因而从目的论角度看是正当的。另一方面，侦查谋略可能产生正当的结果。使用侦查谋略可以使侦查人员在对抗中占据主动，更快地查获犯罪嫌疑人，更好地控制犯罪。这不仅可以提高刑事追诉的效率，而且可以避免犯罪实施者继续危害社会。换言之，侦查谋略的实施可以产生更好的社会效果。因而从结果论角度看，侦查谋略也是正当的。

（2）侦查谋略的道德限度

关于侦查谋略的道德限度，可以从以下几方面去理解：

首先，在道德上，义务只受义务的限制。"只有一个义务才能凌驾于另一个义务，才能缓解或取消另一个义务。"② 侦查人员必须基于一种更为迫切、更为重要的义务才能违背诚实信用原则。也就是说，侦查中如果没有更为正当的理由是不能违反诚信原则的。在侦查中只有侦查谋略可能成为一种选择的时候，才能

① 庞兴华编著：《侦查谋略》，警官教育出版社1992年版，第71页。
② 何怀宏著：《良心论》，北京大学出版社2009年版，第140页。

根据侦查的处境予以选择。

其次，在诚信与侦查谋略之间，诚信具有优先的选择权。即便侦查谋略成为选项的境况中，侦查谋略也是最后的选项。这是因为欺诈是恶，使用欺诈的手段必须提出另外的理由，而诚信是善，诚实守信不必提出任何另外的理由。因此，侦查谋略的使用并不是只看侦查后果就可以简单决定取舍的，还要注意手段的正当性。在结果相同或差异不大的情况下，优先选择的还是按照诚信原则去实施侦查行为，欺诈性的侦查谋略只是最后的选择手段。即使侦查人员通过欺诈手段使得案件的侦破取得成功，值得赞赏的依然是谋略的目的和取得的效果，而不是欺诈行为本身。撇开了目的和手段，侦查中的欺诈行为并不值得骄傲也不值得炫耀。故而欺诈手段的使用必须停留在一定限度内，也就是仅限于以实现正当的侦查目的或达到预定的侦查结果为必要，绝不应该进一步扩大。

最后，在使用侦查谋略时，不仅要看到其对侦查的积极效果，还需要注意侦查谋略对被欺骗人的影响和对整个社会的长远影响。侦查中使用欺诈手段应当是一种万不得已的选择，是诚实信用原则的例外。这种例外不仅需要在正当性上予以仔细的证明，而且需要权衡其可能产生的负面影响。如果侦查谋略使得犯罪嫌疑人或其他人员受到欺骗，而且事后感到这种欺骗是不可容忍或难以原谅的，那么司法的公正性便会受到质疑，定罪后对犯罪者的改造也将会更加困难。对社会而言，包括侦查人员在内的国家机关工作人员如果热衷于欺诈和谎言，即便目的是正当的，这些谎言也会影响人与人、公民与政府之间的信任和交往，腐蚀人们交往的基础。因此欺诈性侦查手段的使用，不管其是否可以称得上是谋略，均须仔细甄别其可能产生的社会效果，把负面的影响降低到最低的限度。

雅克·蒂洛（Jacques P. Thiroux）曾说："认为人们不会彼此撒谎的看法是不正确的。甚至认为撒谎或不诚实不会有正当理由的看法也是不正确的。然而，因为道德归根结底决定于人们的所言所行，所以在人类关系中必须尽量做到真诚诚实，这种观点是正确的。"① 同理，侦查谋略的使用有时是必要的，也是正当的，但也仅限于必要且正当的范围之内，绝不是没有限度的。侦查人员的所言所行，也就是侦查行为也必须尽量做到真诚诚实，而不是尽可能用欺诈手段。

三、隐私

（一）内涵

1. 隐私概念

社会为其成员提供了生活的公共空间，而社会成员并不总是生活在公共空间

---

① ［美］雅克·蒂洛、基思·克拉斯曼著：《伦理学与生活》（第9版），程立显、刘建等译，世界图书出版公司2008年版，第153页。

中。为了生活的安宁和幸福，个人还需要相对私密的个人空间。对个人生活空间的需求使得个人空间与公共空间相对分离成为必要，这也使得个人隐私观念得以产生。如果没有将个人空间与公众空间相分离的愿望，大概也不会产生隐私观念。而个人空间与公共空间的界限也决定了个人隐私的概念。然而随着科技（尤其是信息技术）和社会的发展，个人空间与公共空间的界限总是不断变化，人们的隐私观念也不断变化，由此决定了隐私的概念也是一个相对开放的概念。

学者们关于隐私的观点也不尽相同。有人认为个人隐私是指"与公共利益、群体利益无关的当事人不愿他人干涉或他人不便干涉的个人私事和当事人不愿他人侵入或他人不便侵入的个人领域。"① 也有人认为个人隐私是指私人信息，即"不愿被窃取和披露的私人信息"。② 还有人认为，个人隐私是一种私人生活，是"不愿告人或不愿为他人所知晓和干涉的私人生活"。③ 尽管表述不同，这些概念都强调了两方面的因素，一是与私人利益相关的私人领域，包括私人信息和私人生活；二是不被干涉、侵入或干扰的状态。

关于个人隐私可以从如下方面来理解：首先，个人隐私与私人利益紧密相关。隐私是个人利益的外在表现，侵犯一个人隐私必然会侵害或威胁到他的个人利益。而保护隐私在一定程度上也是为了满足保护个人利益的需求。其次，个人隐私的内容包括个人信息和个人生活。个人信息包括个人身份信息（如姓名、籍贯、住址、居民身份证编号、工作单位等）、生理信息（如身高、体重、血型、肤色、长相、性别以及基因等）、心理信息（如性格、智力、兴趣、爱好、嗜好等）。个人生活则涉及个人的婚姻家庭、物质财富、人际交往等个人空间和活动，如家庭隐私、个人财产、通信秘密等。最后，个人隐私牵涉到个人与他人之间的关系。隐私主体既不希望个人信息被他人知晓或泄露出去，也不希望私人生活被干涉或侵入。这里既涉及隐私主体自己对个人信息和生活的积极控制，也涉及其他主体的不作为。

基于上面的理解，笔者认为，隐私是指与个人的利益相联系且当事人不愿为他人所知晓和干涉的私人信息和私人生活。由于个人隐私与个人利益相联系，而社会生活需要平衡公共利益与个人利益的关系，因此个人隐私可能受到公共利益的限制。同时个人隐私与当事人本人的意愿相关，本人可以选择维持自我独处的状态也可以选择放弃，所以隐私也受到本人同意的限制。因此，个人隐私并不是

---

① 杨立新：《民商法判解研究》（第5辑），吉林人民出版社1999年版，第168页。

② 冯菊萍：《隐私权探讨》，载《法学》1998年第11期。

③ 王利明、杨立新主编：《人格权与新闻侵权》，中国方正出版社1995年版，第415页。

绝对的，应受到公共利益及本人的限制。

个人隐私的范围取决于社会生活。由于生活习惯和民族文化的差异，个人隐私范围也可能因之而表现出差异。另外，信息技术的发展和社会生活的变化也会导致个人隐私范围出现新的变化。如互联网技术的广泛使用，使有关个人信息的个人数据资料进入个人隐私的范围。

2. 隐私价值

对隐私的保护源于主体的需要。在现代社会，无论对于个体还是社会成员，隐私具有不同的功能。对于社会成员来说，隐私具有不可替代的工具性价值。

（1）维护尊严。隐私领域的存在为个人提供了不受他人操控和支配的空间。这一空间既包括物理上的空间也包括个人内心空间。对个人空间的侵犯将会产生自我存在的危机感。侵犯隐私空间，将使个人身心裸露，这将使个人生活和心理情感暴露于外，使个人受制于知悉其隐私的人。在被干涉和监视之下，个人将无法对自己的事务作出决断，从而丧失主宰自己的权利。从现代人性观念来看，这样的人难以称得上是独立的个体，也失去了做人的尊严。因此，隐私是维护个人尊严的必要条件，没有隐私也就不可能有真正的尊严。

（2）实现自由。在道德领域，个人自由既是一种价值取向又是基本的道德原则。自由之所以重要，一方面是因为人是多样的，人与人之间存在差异；另一方面是因为道德体系也需要灵活性，个人自由原则为道德体系注入了灵活性。"人们处于不同的发展阶段，有不同的天资才赋、不同的情感、欲望和需求。倘若我们不完全抹杀这些区别，那就必须承认它们并加以考虑。而考虑到这些的唯一方式，就是让个人以其自选的各种独特方式度过自己一生。"① 让个人选择自己独特的生活方式，就是赋予个人以自由。而实现自由的基本条件就是留给个人以余地和空间。"人与人不可能完全相同，境遇与境遇也不可能完全相同。所以，必须给人留有余地，使之能以最适合于自己的方式对待这些差异。"② 而隐私恰恰就是个人空间的必要条件，没有隐私也就不可能有自主选择的余地。由此观之，隐私乃是自由价值的组成部分，也是个人自由的必要条件。

（3）自我修复。隐私提供自我修复的空间。个人有独处的需要。在社会生活中，个人扮演着不同的社会角色，角色的冲突和压力会使人精神紧张。要获得精神上的松弛和解脱，就需要相应的空间和时间脱离公众的视线以释放个人情

---

① ［美］雅克·蒂洛、基思·克拉斯曼著：《伦理学与生活》（第9版），程立显、刘建等译，世界图书出版公司2008年版，第154页。

② ［美］雅克·蒂洛、基思·克拉斯曼著：《伦理学与生活》（第9版），程立显、刘建等译，世界图书出版公司2008年版，第153页。

感。独处可以提供个人情感宣泄的空间，也可以提供自我审视和评价的空间。情感宣泄、自我审视和评价，本身就是一个自我修复的过程，可以使人重获自己。然而这些需要远离公众关注的私密空间和环境，没有隐私也就不可能有私密的空间。这种私密空间本身就是一种需要保护的隐私。

（4）有效沟通。隐私可以促进有效的沟通。人与人之间有进行情感沟通和信息沟通的需要。但有效的沟通除了需要彼此信赖之外，还需要相应的外部保障。有些沟通因不便公开而需要限定在特定人员之间，如夫妻之间、医生与病人之间甚至律师与委托人之间等。如果不能确保所说的内容将来不会被公开，那么交流一方可能会心存余悸，不能进行有效的情感交流和信息交流。因此，有效地沟通有时需要相对私密的环境并需要事后保密。虽然不是所有的沟通都需要保密，但有些沟通是需要限定在特定范围内的。也就是说，有些人际沟通需要相应的隐私空间和隐私保障才能有效进行。因此，在一定意义上讲，保护隐私可以促进有效地沟通。

（二）保护

隐私对于社会成员具有重要的价值，而社会的发展使得保护隐私十分必要。随着人类社会的发展，科技为侵犯隐私提供了越来越多的手段，商业炒作和便捷的信息流通使得隐私具有一定的商业价值。于是在现代信息社会出现了这样的情况，即"人人得为隐私的被害人，人人亦得为加害人"。[①] 这种情形加重了隐私保护的需求，使隐私保护成为重要的社会问题。

1. 道德保护与法律保护

对隐私的保护可以从道德和法律两个层面上展开。隐私的道德保护主要体现为在价值取向上倡导尊重他人隐私，通过人们的自律来实现对隐私的保护。隐私的道德保护与社会文化传统以及道德习俗紧密相关，且不具有强制性。但凡在道德保护能够满足人们隐私需求的情况下，就不需要其他手段的保护。而随着信息社会的到来，仅凭着道德并不足以满足保护隐私的需求，这就需要通过法律的强制手段来保护隐私。于是出现了隐私的法律保护。从历史渊源上看，对个人隐私的重视自古有之，然而把隐私视作一种权利并作为法律上的概念来对待则是近代才有的事。

隐私的法律保护是通过把隐私上升为法律权利，通过保护隐私权来保护个人隐私。隐私的法律保护不仅更具有强制性，而且更具有可操作性。隐私保护的法

---

① 王泽鉴：《人格权的具体化及其保护范围·隐私权篇》（上），载《比较法研究》2008 年第 6 期。

律化在一定程度上又推动了隐私权利观念的发展。隐私权概念的产生实际上是与隐私的法律保护需求和实践紧密相关的。

2. 私法保护与宪法保护

隐私权起源于隐私的法律保护。隐私权概念源自西方。1890 年沃伦（Warren）和布兰蒂斯（Brandeis）在《哈佛法律评论》（Harvard Law Review）第 4 期所发表了一篇题为《隐私权》（"The Right to Privacy"）的论文并在该论文中使用了"隐私权"概念。一般认为这是隐私权概念的首次出现。隐私权概念的出现，标志着社会对隐私的保护上升到法律层面。但隐私权并不能等同于隐私，对隐私权的保护也不能等同于对隐私的保护。法律所保护的只是隐私的一部分，并不是全部。也就是说，有一部分隐私并不为法律所保护。

就隐私权的法律保护而言，又可以分为私法保护和宪法保护。隐私权的私法保护旨在保护个人隐私不受第三人的侵害，而隐私权的宪法保护则旨在保护个人私生活不受国家公权力的侵害。前者需要平衡个人隐私保护与言论自由的关系，后者则需要平衡个人隐私保护与公共利益的关系。

（1）隐私权的私法保护。从历史上看，美国的隐私权起源于侵权行为。在沃伦和布兰蒂斯发表有关隐私权的论文之后，隐私权逐渐受到肯定。1905 年乔治亚州（Georgia）最高法院在 Pavesich v. New England Life Inn. Co. 案（122 Ga 190，1905 年）中认为擅自使用他人照片做保险广告应构成对他人隐私权的侵害。其后著名的侵权行为法学者 William L. Prosser 对实务上的案例进行了整理分析，认为隐私权的侵害涉及四种不同的利益，构成四个侵权行为。具体包括：①侵害他人的幽居独处或私人事务；②公开揭露使人困扰的私人事实；③公开揭露致使他人遭受公众误解；④为自己利益而使用他人的姓名或特征。Prosser 对隐私权的体系化和分类，为法院实务和学说所接受，构成美国侵权行为隐私权的基本体系。[①] 在英美法国家，对隐私权的私法保护主要是侵权行为法上的保护。

德国民法上并没有隐私的概念，实践中隐私被归为一般人格权而加以保护。德国联邦法院以基本法第 1 条及第 2 条为依据，创设了一般人格权，认为一般人格权是德国民法第 823 条第 1 项所称的其他权利。隐私被视为一般人格权的具体化，侵害隐私被视为对个人生活领域的侵犯，因而也是对一般人格权的侵犯。在判例中，人格权受到严重侵害的，被害人可以请求相当金额的赔偿。

隐私权的私法保护主要是避免其他民事主体对个人隐私的侵犯。侵犯个人隐私通常被作为民事侵权行为来对待，加害方需要承担相应的民事责任。当然，在

---

① 参见王泽鉴：《人格权的具体化及其保护范围·隐私权篇》（上），载《比较法研究》2008 年第 6 期。

私法上对隐私权的保护并不是绝对的，隐私权受到公民言论自由的限制。当隐私权与言论自由矛盾的时候，往往需要比较权衡以确定优先保护的对象。

（2）隐私权的宪法保护。隐私权不仅会受到社会成员的侵害，也可能受到公权力主体的侵害。为了保障个人隐私不被国家权力侵害，美国法院将隐私权提升为受宪法保护的基本权利，由此创设了宪法上的隐私权。美国联邦最高法院首次在 1965 年的 Griswold v. Connecticut（381，U. S. 489，1965 年）案中正式肯定隐私权是受宪法所保障的权利。此后，宪法上的隐私权被用作对个州及联邦法令的违宪审查，并产生了诸多案例。

在德国，联邦法院和联邦宪法法院共同担负起人格权及隐私的保护任务。联邦法院以侵权行为法为机制，保护人格权和隐私不受其他私人的侵害，而联邦宪法法院则保障包括人格权在内的公民基本权利不受来自国家权力的侵害。这种分工和协作实际上为隐私权提供了私法和宪法两套保护机制。

随着人权保护观念的强化，隐私权在国际人权法中也被作为基本权利加以保护。如《世界人权宣言》第 12 条规定："任何人的私生活、家庭、住宅通信不得任意干涉，其荣誉和名誉加以攻击。人人有权享受法律保护，以免受这种干涉或攻击。"1950 年的《欧洲人权公约》第 8 条规定："人人有权要求尊重其私人的私生活，家庭及通信自由。公务机关不得干预上述权利的行使，除非系依照法律及民主社会中为国家安定、公共安全或国家的经济福利，为防止混乱或犯罪，为保护健康或道德、为保护他人权利的必要。"1966 年的《公民权利和政治权利国际公约》第 17 条规定："1. 任何人的私生活、家庭、住宅或通信不得加以任意或非法干涉，他的荣誉和名誉不得加以非法攻击。2. 人人有权享受法律保护，以免受这种干涉或攻击。"这些规定不仅禁止私人侵害个人隐私，同时也禁止国家公权力（包括立法、行政、司法）侵害个人隐私。这进一步推动了隐私权的宪法保护。受此影响，一些国家将隐私权上升为宪法权利加以保护。

此外，除了私法保护和宪法保护机制外，一些国家还构筑了隐私权的特别法保护机制。如美国联邦法律中，隐私还受到个别立法的保护。如 1974 年的《联邦隐私权法》（The Federal Privacy Act of 1974）、1980 年的《隐私权保护法》（The Right to Privacy Protection Act of 1980）、1986 年的《电子通信隐私权法》（The Electronic Communications Privacy Act of 1986）、1996 年的《电信传播法》（The Telecommunications Act of 1996）等。

由于隐私权的概念出现较晚，又难以准确定义，大部分宪法和国际人权公约都没有明确提及隐私权的概念。联合国《世界人权宣言》第 12 条采用的是"私生活"（Private life）的概念。隐私权的范围，有广义与狭义之分。广义的隐私权包括所有与个人私生活相关的权利，具体包括住宅、通信自由和秘密在内。而狭义的隐私权则不包括住宅、通信自由和秘密在内。① 相关文件对于狭义的隐私权也没有明确具体的界定。联合国人权事务委员会认为它包括：个人的身份；个人的外表；性的选择权和身体权；身体完整权；决定是否进行医疗权以及个人资料的保护等。② 在我国民法界，学者们认为隐私权包括：个人生活安宁权、个人生活信息保密权、个人通信秘密权和个人隐私使用权四个方面。③

需要指出的是，隐私权的宪法保护也不是绝对的。个人隐私权还受到公共利益的限制。出于维护公共利益的需要，一般都允许国家权力机关而对个人隐私权进行合法的侵犯。

（三）侵害

侦查既是侦查人员调查案件事实的认识过程，又是国家侦查权与公民权利发生交互作用的司法过程。为了保证侦查的顺利进行，需要赋予侦查机关相应的侦查措施，但这些侦查措施会对公民的隐私造成侵害。

1. 主要侵害措施

侦查中对个人隐私的侵害涉及通信秘密、隐私空间、个人信息等诸多方面，这些侵害与侦查措施紧密相关。侦查中侵害个人隐私的措施主要包括通信监控、搜查、扣押、人身检查、强制取样等。

（1）通信监控

犯罪对通信的依赖为犯罪控制和侦查提供了某种依托，而通信技术的发展本身也为犯罪侦查提供了技术支持。随着信息技术的发展和犯罪的变化，通信监控在侦查中越来越发挥着重要的作用。但同时，通信监控措施对公民权利尤其是隐私权具有侵犯性。

通信监控是指侦查机关未经通信者同意的情况下，对通信内容进行监控，以获取与案件有关的证据和信息的一项侦查措施。

在我国立法上并没有通信监控这一概念，学者们在探讨这一问题时常使用的是"监听"、"窃听"、"电话监听"、"通信监听"、"监控通信"、"电子监控"等词语。英美法上类似概念为"intercept"，学者们往往翻译为"窃听"、"截取"、"截听"。

由于通信监控的实施通常采用技术性设备和手段，而且是在未经通信人本人

---

① 林建中：《隐私权概念初探——从美国法之观点切入》，载《宪政时代》第 23 卷第 1 期，第 55 页。

② 国际人权法教程项目编写组：《国际人权法教程》（第 1 卷），中国政法大学出版社 2002 年版，第 200 页。

③ 王利明主编：《民法》，中国人民大学出版社 2000 年版，第 514—516 页。

知情和同意的情况下实施的，因此通信监控具有技术性、秘密性和强制性等特征。这些特征对于通信监控制度的构建起到一定的制约作用。

通信监控在为侦查提供便利的同时，也提供了侵犯公民个人隐私的利器。对于明显可知的侵害，人们可以及时警觉，采取自救措施。而由于通信监控的秘密性，被侵害者对于被侵害事实缺少认知，也无力自救。因此通信监控往往更容易激发人们的紧张心理。通信监控对公民隐私的侵害主要表现为以下方面：

第一，对通信秘密的侵犯。通信秘密与通信自由是紧密联系的概念。通信自由是指公民享有的不受干扰地利用各种通信方式与他人进行交流的权利。通信秘密则是指通信对象不为第三方所探知，通信的内容不会被审阅、监听、录音或截留。通信自由和秘密是公民与他人沟通和交流的基础，也是人们意见得以充分发挥的前提。保护个人通信自由和秘密是对个人表现自由的尊重，是民主政治的表现和社会进步标志。通信监控以秘密的方式介入私人通信当中，不仅探知通信的对象，而且获取有关通信内容和信息，当事人所期待的通信秘密在一定程度上被公开化了，这必然会影响到人们之间自由通信。公开通信秘密不仅会给当事人带来经济损失，同时也会带来精神恐慌。如果生活在一个在密室中的低语和在屋顶大声宣告毫无差别的社会环境中，只会让人性扭曲。

第二，对私人空间的侵犯。通信监控会侵犯公民的私人空间，这些私人空间包括住宅、汽车、办公室等。如通信监控实施过程中可能会伴随着住宅入侵行为。由于住宅是人的最低生活需求，也是"私生活的核心领域"，因此，公民住宅应当受到更为严格的保护。诚如我国台湾学者所言，"拒绝电话受监听的人，还可以放弃电谈，虽然代价庞大，但毕竟尚属可能；然而住宅是人的最低的生活需求，总不可能为了不受监听而流浪街头。"[1]

第三，对私人信息的侵犯。通信监控方便了侦查人员对犯罪嫌疑人和案件事实的调查，但也使得被监控人的私人信息被彻底揭露出来。通过通信监控可以获得个人身份资料信息以及个人行动和生活的规律、个人社会交往关系等方面的信息。这些信息中，有些是不便公开的信息或当事人不愿意为他人所知晓的私人信息。而通信监控是在当事人未知晓的情况下获取这些信息的，私人信息的暴露违背了当事人的意愿，是对个人隐私权的侵犯。

对个人隐私的侵害使得通信监控的正当性面临挑战。首先，信息技术的高速发展，使得人们的隐私受到的威胁越来越大，对公权力的保护需求也越来越迫切，在这种背景下，通信监控却扮演着威胁个人隐私的角色，这种角色的悖反，违背了人们对侦查权的正常期待。其次，通信监控的秘密性使得被监控人成为侦

---

① 林钰雄著：《刑事法理论与实践》，新学林文化事业有限公司 2001 年版，第 428 页。

查人员的操控对象，尤其是现代通信技术的运用，使得被监控人成为监控仪器中的一个移动影像，从而导致被监控人的客体化和物化。这与人的主体性相违背。最后，通信监控在秘密状态下进行，侦查人员的道德约束力减弱，侦查人员是否会规范行事，完全取决于自律。这一方面会产生通信监控在运作中的异化，另一方面会引发道德评价上的怀疑。

（2）搜查、扣押

在侦查程序中，搜查和扣押都是带有强制性的侦查措施。搜查是指侦查机关为了收集犯罪证据，查获犯罪嫌疑人而依法对犯罪嫌疑人的人身以及可能隐藏罪犯或者犯罪证据的人身、物品、住处和其他相关场所进行搜索、检查的侦查措施。扣押在侦查中则是指以保全为目的，对与案件有关的物品予以提取、留置的措施。搜查的目的在于发现犯罪嫌疑人和犯罪证据，而扣押目的则在于保全证据或与案件有关的财产。搜查往往伴随着扣押行为，所以这两种措施紧密联系。搜查和扣押具有强制性和侵害性。搜查和扣押不仅可能对犯罪嫌疑人、被告人造成侵害，而且可能侵害到案外人。同时，搜查和扣押不仅会对人身、财产造成侵害，而且可能对隐私造成侵害。搜查和扣押对隐私的侵犯主要表现为如下几个方面：

第一，搜查通常包括人身搜查、物品搜查和场所搜查，这些都伴随着对私人空间的侵犯。侦查中的人身搜查是对犯罪嫌疑人以及案外人的身体进行的搜查。相对于其他形式的搜查，人身搜查对个人的侵犯最为严重。一方面，为了安全和搜查的方便，人身搜查时会让被搜查人举起双手或做出站、跪、卧等不同姿态，这对被搜查人的自由和人格尊严造成侵害。另一方面，人身搜查直接触及人的衣物和身体，是对隐私空间最深入的入侵，引起的被侵犯感也最为严重。场所搜查是对相关场所进行的搜查，包括公共场所的搜查以及入室搜查、庭院搜查、汽车搜查等。其中，入室搜查、庭院搜查、汽车搜查等都是伴随着对个人隐私空间的物理入侵。这些入侵会使得个人私生活状态因为搜查而暴露于外。对私人空间的入侵会扰乱个人生活的安宁，会让被搜查者产生被侵犯感和不安全感。

第二，搜查和扣押不仅会伴随着对私人空间的侵犯，也会产生对隐私信息的侵犯。搜查中常会伴随着物品的扣押，而扣押的物品一部分可能会涉及私人使用的物品。扣押这些物品会让私人信息外泄。而扣押的电子证据，直接是信息的载体，有可能直接记载有私密信息。对这些物证的扣押会让私密信息暴露，造成对隐私的侵害。

搜查和扣押对个人隐私的侵犯程度会因为方式、时间、场所不同而有所差异。如公开搜查和秘密搜查、夜间搜查和白天搜查、入室搜查和庭院搜查等，对个人的隐私造成的侵害程度有所差异。因此，法律在对侦查权进行限制的时候，会因为时间、方式等因素的不同而有所差异。此外，对犯罪嫌疑人搜查和对案外人的搜查也有所区别，如对案外人的人身搜查要比对犯罪嫌疑人的人身搜查限制更为严格。

（3）人身检查、强制取样

在刑事诉讼中，人身检查是为了确定被害人、犯罪嫌疑人的某些特征、伤害情况或生理状态，依法对其身体进行检查的侦查活动。人身检查的目的在于确定被害人、犯罪嫌疑人的相貌、肤色、特殊痕迹、伤害部位和程度、智力发展和生理机能等情况。查明这些状况，有助于查明犯罪手段、情节和犯罪工具，为鉴别案件的真伪和性质提供帮助。

强制取样在侦查中是指侦查人员未经被采样人的允许和同意而强制从其体内或者体外收集样本或标本的行为。强制取样的目的是提供司法鉴定样本材料。采集样本的范围包括人体血液、分泌物（唾液、精液等）、排泄物（尿液、粪便等）、人体组织物（毛发、指甲等）以及指纹、掌纹以及其他类似部位的印记等。

人身检查和强制取样都是基于查明案件事实的需要而采取的强制性侦查措施。但这两种措施直接侵犯了被检查人和被取样人的隐私。

首先，人身检查和强制取样违背被检查人和被取样人的意愿，强制其暴露身体的某些部位、器官，并且拍照或强制提取鉴定样本。这不仅扰乱了个人生活的安宁，而且侵犯了个人隐私的核心内容。这会让被检查人和被采样的人产生屈辱和羞耻感，不仅侵犯了其人格尊严，而且损害了个人保持身体完整和支配身体的权利。

其次，固定被检查人的肤色、特殊痕迹以及身体状态特征，提取被取样人的鉴定样本会泄露其不愿意公开的私人信息和秘密。如血型、DNA、指纹、健康状况、既往病史、身体特征等，这会侵犯被检查人和被取样人隐私信息的使用权和支配权。这些信息如果被滥用，将会对个人造成严重侵害。而这些信息即便不被公开，被提取和固定后也会让个人惴惴不安。尤其是强制取样和样品分析，对个人隐私的侵犯更为严重，这一过程中"国家实际上已经侵入了公民隐私的最核心内容"。[①]

2. 侵害的正当性

上面的分析表明，侦查中采用的许多措施对个人隐私具有天然的侵犯性。当这些措施获得法律的许可，并符合法律规定的程序要件和实体要件时，便构成了

---

① 参见陈光中、陈学权：《强制采样与人权保障之冲突与平衡》，载孙长永主编：《现代侦查取证程序》，中国检察出版社 2005 年版，第 5 页。

对个人隐私的正当侵犯。其实，法律对隐私权的保护是相对的。联合国人权事务委员会 1988 年在"关于尊重私生活、家庭、住宅和通信的权利，及保护荣誉和名誉的第 16 号一般性意见"中曾经指出："既然所有人都在社会中生活，对隐私的保护就必然是相对的。"[①] 侦查中侵犯个人隐私的正当性表现为如下方面：

（1）保护公共利益的需要。如同道德原则的相对性，个人隐私也不是绝对不受限制的。个人隐私一方面受到个人同意的限制，另一方面也受到其他人合法权利的限制（如言论自由）。更为常见的是，个人隐私受到公共利益的限制。关于公共利益对个人隐私的限制，恩格斯曾有过论述。他说："个人隐私一般应受到保护，但当个人私事甚至阴私与最重要的公共利益——政治生活发生联系的时候，个人私事就已经不是一般意义的私事，而属于政治的一部分，它不受隐私权的保护，而成为历史记载和新闻报道不可回避的内容。"[②] 这说明与公共利益相比，个人隐私具有有限性。

侦查中对个人隐私的限制和适当侵犯在一定意义上可以看作是维护公共利益的需要。这是因为刑事犯罪本身既是对被害人的侵害，也是对公共利益的侵害。对犯罪进行国家追诉本身就有维护公共利益的因素在其中。允许侦查权对个人隐私的适度侵犯可以看作是个人利益与公共利益权衡和选择的结果。

（2）控制犯罪的必要代价。犯罪是一定社会发展阶段的必然现象，只要诱发犯罪的因素没有彻底消除，犯罪现象就会存在。对待犯罪的现实做法是将其控制在适当的范围内，而彻底消除犯罪则是一时难以实现的梦想。然而控制犯罪是需要社会付出代价的。无论是对犯罪的惩治还是对犯罪者的教育改造，都需要付出相应的人力、财力和时间。这是社会所应承担的必要代价。然而，控制犯罪的代价不仅仅表现为公共支出，还表现为对与案件有关的私人利益的限制。如果说供养一群惩治和预防犯罪的工作人员是社会所应负担的代价的话，必要时放弃一部分个人隐私和其他利益，为侦查权提供必要的便利，则是个人应当承担的必要代价。当然这种代价必须是合理、有限的，否则是对公民合法权益的剥夺。

（3）强制性侦查措施的自然要求。侦查措施可分为强制性侦查措施和非强制性侦查措施。在侦查中适当采用强制性侦查措施是必要的，但强制性侦查措施具有天然的侵犯性。这种侵犯性既表现为对人身自由的限制和剥夺，也可能表现为对财产权的限制，同时还可能表现为对个人隐私的侵害。这些都是强制性侦查措施内在特征的表现。对权利的合法侵越是强制性侦查措施的自然表现，也是有

---

① 参见人权事务委员会：关于尊重私生活、家庭、住宅和通信的权利，即保护荣誉和名誉的第 16 号一般性意见（第 32 届会议，1988 年），第 7 条。

② 《马克思恩格斯全集》（第 18 卷），人民教育出版社 1972 年版，第 591 页。

效侦查和控制犯罪所伴生的结果。这种结果虽然不是人们所欲求的，但却是必须要面对的。

（四）界限

侦查中对个人隐私进行适当的限制和侵犯有时是必要的而且是正当的，但其正当性是有限的。这是因为隐私具有不可替代的工具性价值，对个人隐私进行保护同样具有积极意义。侦查对隐私的侵犯超过必要的限度，则会丧失其正当性。一方面，基于侦查犯罪的便利和利益的权衡需要对个人隐私进行适当的限制，另一方面，基于人们的隐私需求，又要防止公民的个人隐私受到侦查机关及侦查人员的不当侵害，把侦查措施的负面作用降到最低。这就需要在侦查中把握侵害隐私的限度和界限。这一界限可以从法律和伦理两个角度来理解。法律界限取决于侦查法律制度的规定，伦理界限则取决于伦理原则和侦查主体的道德义务。两者之间有一定的联系。一方面，法律规定往往会受到伦理因素的影响，伦理界限也会体现在法律规定中而与法律界限重合；另一方面，在法律制度没有明确规定的情况下，伦理界限则可以为侦查实践提供必要的参照。就我国而言，侦查中隐私权保护的法律界限并不十分明确，从伦理角度探讨隐私保护的界限对于完善侦查制度有一定的指导意义。基于隐私的价值和侦查主体的道德义务，侵犯隐私的侦查措施应当遵循如下界限：

1. 目的

侦查措施对公民隐私的侵犯必须出于正当的侦查目的。基于隐私的工具性价值和人们的隐私需求，侦查机关应当保护而不是侵犯个人隐私。从一般意义上讲，保护隐私是正当的，而侵犯隐私是不正当的。除非出于更为崇高的目的或有更为重要的价值追求，侵犯个人隐私的行为是应受谴责的。因此，侦查机关侵犯个人隐私的正当性不在于行为本身，而在于行为目的的正当性或行为之外的其他价值。也就是说，侦查目的的正当性可以为侦查措施侵害隐私提供道义上的支撑。侦查人员如果不是出于正当的目的采用侦查措施，那么他就违背了侦查职责，这进而会侵蚀侦查措施本身的正当性。就侵犯隐私的侦查措施而言，没有正当目的的支撑，其自身的正当性是明显不足的。

根据刑事诉讼的基本原理和侦查机关的职责义务，在侦查中侵犯隐私必须出于调查犯罪、收集证据的需要。对正当目的的强调也可见于一些国家的刑事诉讼法中。如《日本刑事诉讼法典》第 197 条第 1 款规定："为了达到侦查目的，可以进行必要的侦查。"也有的国家对侵犯隐私的侦查措施设定了具体的目的，如《德国刑事诉讼法典》第 81 条 e 规定："为确定现场遗留之物证是否源自被告、犯罪嫌疑人或被害人，对于依第 81 条 a 所得之资料，在此目的范围内，得实施分子遗传学之检查（DNA 鉴定）"。① 该规定设定了 DNA 鉴定的具体目的范围。然而，目的的正当性既是一种法律要求也是一种道德要求，在没有法律明确规定的情况下，采用侦查措施也应当具有道德上的正当性目的。因此，通信监控、搜查、扣押、人身检查、强制取样这类措施都必须在调查犯罪、收集证据的目的范围内适用。除此范围采用侵犯隐私的侦查措施，则是对公民个人隐私的不当侵犯。

2. 必要性

侦查中对隐私的侵害不是任意的，必须是在必要性的情况下才可以实施。这是因为对隐私的侵害虽然有一定的正当性，但其正当性是相对的。侦查机关是代表国家行使职权，保护公民个人隐私，是国家应当承担的道德义务和法律义务。也就是说，由于职权因素，一般情况下侦查机关以及侦查人员首先负有保护公民隐私的义务，要解除这一义务，必须要具备相应的条件。而侵害隐私则是在不得已的特殊条件下才能做出的选择。

这样选择的背后体现了一种国家伦理。所谓国家伦理是指作为一个实体而现实存在的国家整体及其组成机构应当遵循的伦理准则。国家伦理的主体是包括立法机构、行政机构、司法机构在内的整个国家机器。② 作为主权国家，其职能包括对外和对内两个方面，国家伦理也包括对外和对内两个方面。对外体现于主权国家与其他国家的关系中，对内则体现在国家机构与社会组织和公民的关系中。对内而言，国家伦理体现为国家机构（包括行政机构、立法机构和司法机构等）及其工作人员在行使公权力时应当遵循的伦理准则。从历史发展来看，在农业社会、工业社会和后工业社会，由于社会关系和国家功能的转变，国家伦理呈现不同的特点。在后工业社会，国家的对内功能主要在于服务和保护，而不是统治和压迫。也就是说，国家与社会及个人的关系主要是服务与被服务、保护与被保护的关系，而不是统治与被统治的关系。这种关系决定了国家对社会和公民负有保护的道德义务和责任。

显然，保护隐私才是侦查人员首先应当承担的道德责任，而侵害隐私则是最后的不得已选择。因此，侦查中侵害隐私就必须满足必要性条件。所谓必要性是指采取其他侦查措施无法达到目的的情况下才能最后选择适用侵犯隐私的侦查措施。要求侵害隐私具有必要性条件实际上表明了国家保护隐私的道德立场，这种立场也体现在国际司法准则的文件中。联合国人权事务委员会 1988 年在"关于尊重私生活、家庭、住宅和通信的权利，以及保护荣誉和名誉的第 16 号一般性

---

① 德国联邦参议院于 1997 年 1 月通过了刑事诉讼法修正案，该修正案增加第 81 条 e 规定。

② 这里"国家"是与社会、个人相对应的范畴，是指包括政府在内的广义的国家。

意见"中曾经指出："既然所有人都在社会中生活，对隐私的保护就必然是相对的。但是有关的公共当局只有在知道有关以个人私生活的这种资料为依据《公约》所了解的社会利益所必不可少时才可要求提供这种资料。"①

当然，必要性条件已为一些国家立法或司法判例所确认。这使隐私保护的伦理界限与法律界限相重合。在一些国家，侦查中采用可能严重侵犯公民隐私权的侦查措施都必须具备相应的必要性条件。如美国有关监听的两个实质性条件之一就是"普通的侦查手段已经尝试过并失败了，或者即使采用也不可能成功或太危险"。② 这意味着对犯罪嫌疑人实行通信监控需要在采用其他侦查措施无法达到侦查目的的情况下，才能最后使用。根据《德国刑事诉讼法典》第100a条的规定，只有在对特定的严重犯罪的侦查中才允许进行电话监听。这些犯罪包括叛国罪、侵害国家利益罪、刑事和各种恐怖组织犯罪、杀人、绑架、抢劫、敲诈、纵火、严重盗窃和收受盗赃、严重毒品犯罪以及违反保护外贸特定条款的犯罪。如果对《刑事诉讼法典》第100a条列举的犯罪进行侦查，而且其他侦查手段"明显"没有效果，则可以依据司法令状对私下的"现场"谈话进行监控和记录。③ 另根据《德国刑事诉讼法典》第81c条的规定，对于单纯的证人，在对他们身体健康无害并且措施对于侦查事实真相是必不可少的条件下，可以进行验血和血统确定检查，但是其他"侵犯性"措施则不被允许。④

3. 比例

比例适当是指侦查中对隐私的侵犯应当与侦查的犯罪保持比例上的均衡关系。这种均衡性也称为相应性，即只有在侦查那些对社会造成严重危害的犯罪中，才允许适当侵害隐私，侦查有轻微危害的犯罪则不能适用侵犯隐私权的措施。重罪对社会的危害性大，必要时在侦查中采用侵犯隐私的措施可以避免或降低严重犯罪的危害。两害相权取其轻，这种利弊比较可以赋予侵害性侦查措施以一定的正当性。而轻罪对社会的危害相对较小，侦查中采用侵害隐私的措施虽有利于调查犯罪，但调查犯罪的收益并不足以弥补侦查手段自身的侵害性，因此在轻微犯罪中采用严重侵害隐私的措施并不具有正当性。比例适当实际上是必要性的具体体现，其背后的伦理蕴涵是一样的。所不同的是，比例适当更多地体现了利弊的权衡和选择。

① 参见人权事务委员会：关于尊重私生活、家庭、住宅和通信的权利，即保护荣誉和名誉的第16号一般性意见（第32届会议，1988），第7条。
② 孙长永著：《侦查程序与人权》，中国方正出版社2000年版，第136页。
③ 《德国刑事诉讼法典》第100d条第1款。
④ 《德国刑事诉讼法典》第81c条第2款。

当然，比例适当也在一些国家的立法中和司法活动中有所体现。如在意大利，只有对于下列严重的犯罪才允许对谈话、电话和其他形式的通信联系进行窃听：依法应判处无期徒刑或 5 年以上有期徒刑的非过失犯罪和妨害公共管理的犯罪；涉及麻醉品和精神刺激药物的犯罪；涉及武器和爆炸物的犯罪；走私犯罪；利用电话实施侵辱、威胁、骚扰或干扰他人的犯罪，等等。① 在法国，通信监控只适用于较为严重犯罪的侦查中。《法国刑事诉讼法典》第 100 条规定："在重罪或轻罪案件中，如果可能判处的刑罚为两年或两年以上监禁，预审法官为了侦查的必需，可以决定截留、登记和抄录邮电通讯。"②《日本监听法》第 13 条规定："检察官或者司法警察员，对于在实施监听中已进行的通信是否属于监听令状记载的应予监听的通信不明确的，为判断该通信是否属于应予监听的通信，以必要的最小限度的范围为限，可以监听该通信。"又如欧洲人权法院曾针对侦查程序中的电话窃听指出："在侦查中窃听电话仅仅有法官的批准是不够的，这种手段必须由法律明确规定并且必须是与所侦查的犯罪成比例的。"③

4. 时间和场所

侦查中对公民隐私权的侵害与侦查措施的实施时间和空间有一定的关系。同样是侵犯隐私的侦查措施，在不同的时间和场所执行，其对隐私造成的侵害程度也有所区别。这是因为在生活中，个人隐私与特定的时间和场所相联系。相对于其他场所，住宅与个人隐私的关系更为密切。同样的侦查措施，夜间实施比白天实施对隐私的侵害更严重。因此，侦查中对隐私的保护也体现在侦查措施实施的时间和场所上。必要时，侦查措施应当避开特殊的时间和场所。

这一界限也体现在法律制度中，一些国家和地区对侦查措施的时间和场所进行了限制。如德国刑事诉讼法对夜间搜查住宅进行了限制。侦查人员在夜间只能在追捕现行犯，或者在延误就有危险时或者在捉拿潜逃凶犯的时候，才允许对住房、办公房间和有圈围的产业进行搜查。从 4 月 1 日至 9 月 30 日，夜间是指从晚上 9 时至凌晨 4 时，从 10 月 1 日至 3 月 31 日，夜间是指从晚上 9 时至凌晨 6 时。④《法国刑事诉讼法典》第 59 条则规定，6 时以前 21 时以后不得进入住所进行搜查与查看，但是从房屋内发出要求之情形以及法律规定的例外，不在此限。在意大利，对住宅或者靠近住宅的封闭地点的搜查不得在 7 时之前和 20 时

---

① 《意大利刑事诉讼法典》，黄风译，中国政法大学出版社 1994 年版，第 89—90 页。

② 余叔通、谢朝华译：《法国刑事诉讼法典》，中国政法大学出版社 1995 年版，第 51 页。

③ 转引自孙长永著：《侦查程序与人权》，中国方正出版社 2000 年版，第 31 页。

④ 参见《德国刑事诉讼法典》第 104 条。

之后开始。只有在紧急情况下，司法机关才可以采用书面方式决定不按照上述时间限制进行搜查。① 日本也禁止夜间执行搜查和扣押，《日本刑事诉讼法典》第116条规定："在令状没有记载夜间也可以执行的意旨时，不得为执行查封证或者搜查证而在日出前、日落后进入有人住居或者有人看守的宅邸、建筑物或船舶。"在夜间可以执行查封证或搜查证的，限于两种情形：一是被认为是常用于赌博、彩票或者妨害风化行为的场所；二是旅馆、饮食店或其他在夜间公众也可以出入的场所，但以在公开的时间为限。② 在英美国家也是如此。在美国，除非有特别必要并且经搜查证明确授权外，搜查不得在夜间进行。一些国家和地区的法律在有关隐私的空间内禁止采用侵犯隐私的侦查措施。如我国台湾地区的"通讯保障及监察法"则禁止住宅监听。其第13条第1项规定：不得于私人住宅装置窃听器、录影设备或其他监察器材。③

5. 附带侵害

由于侦查的职权性质，侦查人员负有保护个人隐私的道德义务和法律义务。从理论上讲，在特定条件下采用侵害隐私的侦查措施是为了实现正当的侦查目的。但即便在特定条件下侵害个人隐私是正当的，也应当将这种侵害控制在最小的范围内。采用侵害隐私的侦查措施应当以实现侦查目的为必要，同时要避免附带的隐私侵害。这就需要将侦查中的个人隐私控制在诉讼领域范围内，不能任意公开或外泄。侦查中获取的个人隐私信息外泄，会带来隐私侵害，而有关个人隐私的证据材料对隐私也是一种威胁。因此，要避免侦查中附带的隐私侵害，一方面需要侦查人员保守有关个人隐私的信息和秘密，另一方面需要及时销毁有关个人隐私的证据材料。

避免侦查措施对个人隐私的附带侵害在法律上也有所体现。一方面，一些国家和地区规定了侦查人员的保密义务，限制隐私的公开。如《意大利刑事诉讼法典》第329条规定："由公诉人和司法警察进行的侦查活动应当保密。"《法国刑事诉讼法典》第11条规定："除法律另有规定的外，侦查和预审一律秘密进行，并不得损害犯罪嫌疑人的权利。"德国的侦查程序也以秘密进行为原则。④ 在英美国家对侦查的秘密性也有严格的要求。其中，具有侦查性质的大陪审团的

---

① 《意大利刑事诉讼法典》第251条。

② 《日本刑事诉讼法》第117条。

③ 林钰雄主编：《新学林分科六法——刑事诉讼法》，新学林出版股份有限公司2006年版，第273页。

④ ［德］克劳思·罗科信著：《刑事诉讼法》，吴丽琪译，法律出版社2003年版，第360—361页。

调查程序也具有保密性。又如我国台湾地区"刑事诉讼法"第 245 条规定："侦查，不公开之。"该法在规定了侦查不公开原则的同时明确了相关人员的保密义务。该法规定："检察官、检察事务官、司法警察官、司法警察、辩护人、告诉代理人或其他于侦查程序依法执行职务之人员，除依法令或为维护公共利益或保护合法权益有必要者外，不得公开揭露侦查中因执行职务知悉之事项。"侦查不公开原则实际上赋予了侦查人员以保密义务。奉行侦查不公开原则，一方面可以保证刑事侦查的顺利进行，减少犯罪嫌疑人串供、逃避追诉的可能，另一方面则可以保护涉案人员的个人隐私，避免个人隐私信息的外泄。禁止侦查人员公开执行职务行为过程中所知悉的事项，可以把侦查人员所了解的个人隐私情况控制在特定的范围内，从而避免隐私信息的外泄对个人造成伤害。这在客观上起到了对个人隐私的保护作用。

另一方面，也有的国家和地区建立了有关个人隐私材料的销毁制度。根据英国《1984 年警察与刑事证据法》第 64 条规定，因调查某犯罪而从某人身上提取了指纹或样品，如果具有下列情形，则它们必须在程序终结后尽可能快地被销毁（1）该人被证实与该犯罪无关；（2）决定不应以该罪对他提起公诉，而且他尚未供述该罪并已以由警察给予警告的方式对其作出了处理；（3）未被证实实施了该罪。而且，如果指纹被销毁，该指纹的任何复制品同样应当予以销毁。根据该条规定，任何要求见证其指纹或其复制品被销毁的人应当有权利见证。又如根据我国台湾"通讯保障及监察法"第 17、18 条的规定，监察通讯所得的资料，应加封缄或其他标识，由执行机关盖印，保存完整真实，不得增、删、变更，除已供案件证据之用留存于该案卷或监察目的有必要长期留存者外，由执行机关于监察通讯结束后，保存五年，逾期予以销毁。所得资料全部与监察目的无关，执行机关应立即"报请检察官、依职权核发通讯监察书之法官许可后销毁之"。销毁时，应记录通讯监察事实，并报请核发人派员在场。除法律另有规定外，通讯监察所获得的资料，不得提供给其他机关（构）团体或个人。我国澳门特别行政区刑事诉讼法第 173 条第 2 款规定，法官如果认为通过监听所收集的资料或其中某些资料在证据方面属重要者，就将其附于卷宗；否则须命令将其毁灭，而所有曾参与行为之人就其所知悉的内容均负有保密义务。①

需要指出的是，基于国家对公民的保护义务，避免附带侵害是侦查机关或侦查人员应当承担的道德责任。即便法律没有明确规定，侦查人员也负有避免附带侵害的道德义务。

---

① 转引自宋英辉：《关于搜查、扣押电子资料的立法完善问题》，参见孙长永主编：《现代侦查取证程序》，中国检察出版社 2005 年版，第 102 页。

四、公序良俗

(一) 公序良俗解读

公序良俗是一项行为限制性伦理原则，也是基本的法律原则，其目的在于维护社会公共秩序和善良风俗。根据该原则，违反公共秩序和善良风俗的行为属于法律上的无效行为。虽然是法律原则，公序良俗原则却发挥着保障与倡导人类社会基本道德共识的作用。其作用的途径就是通过将那些违背道德底线的法律行为（违背公序良俗的行为）判令为无效来规范人们的行为。这一原则体现了法律和道德之间的内在联系。

1. 含义

作为对个人意思自治的限制性原则，所谓公序良俗实际上是由公共秩序和善良风俗两个独立的概念组成，是二者的合称。

公共秩序，是指国家、社会存在和发展所必要的一般秩序。① 秩序是家庭、社会和国家赖以维持其功能和程序正常运转的规则。从公共哲学视角讲，公共秩序是公共生活的根本前提，是公共利益的实现基础，也是公共政策的价值追求。② 一方面，公共秩序是治理公共领域的准则，扮演着社会关系调节器的角色，提供了公共生活赖以维系的基础；另一方面，公共秩序规定了个人利益转化为公共利益的内在结构，把个人利益中的某些要素联结起来，凝聚成公共利益。公共秩序体现了国家社会的一般利益，不仅是公共政策追求的价值目标，同时也是法律本身追求的价值目标。

善良风俗则是指社会的一般道德观念，体现的是法律外的伦理秩序。善良风俗原本是一个道德原则，将善良风俗作为一个法律原则规定下来，实际上是道德原则在法律上的反映。

在各国的立法中，公共秩序和善良风俗两个概念都不是非常明晰，有的甚至仅用善良风俗概念。如 1900 年的《德国民法典》仅仅采纳了善良风俗的概念，该法典第 138 条规定："违反善良风俗的法律行为无效。"该法虽然放弃了公共秩序的术语，但将公共秩序的内容纳入了良俗之中。实际上，《德国民法典》第 138 条关于善良风俗的规定既包括了法制本身内在的伦理道德价值和原则，也包

---

① 参见史尚宽著：《民法总论》，中国政法大学出版社 2000 年版，第 40 页。史尚宽先生认为："不独宪法之国家根本组织，而且个人言论、出版、信仰、营业自治、私有财产、继承制度均属公共秩序。"

② 陈绍芳：《公共哲学视角的公共秩序价值解析》，载《社会科学家》2009 年第 1 期（总第 141 期）。

括了占统治地位的道德。在德国，还对善良风俗抽象出了一个判断标准，即"考虑正当且公平的一切人的道义感"。① 根据这一标准，违反了"善良风俗"，也就违背了"公共秩序"。

公序良俗原则本身具有抽象性和概括性，同时也富有弹性。一个法律行为是否有悖于公序良俗，需要法官根据具体的案件进行权衡。对于违反公序良俗行为的标准，参照已经做出的判例可以更好地理解。参照法、德、日及我国台湾有关著作中所介绍的判例，有学者将被判断为违反公序良俗的行为归为十类：①危害国家公序行为；②危害家庭关系行为；③违反性道德行为；④射幸行为；⑤违反人格和人格尊重的行为；⑥限制经济自由的行为；⑦违反公共竞争行为；⑧违反消费者保护的行为；⑨违反劳动者保护的行为；⑩暴利行为。②

2. 渊源

公序良俗最初是对作为契约自由的限制而出现在民事立法中的。公序良俗原则源于19世纪初的《法国民法典》，该法典第6条规定："任何人不得以特别约定违反有关公共秩序与善良风俗之法律。"第1133条规定："如原因为法律所禁止，违反善良风俗或公共秩序时，此种原因为不法原因。"1900年的《德国民法典》则将违背善良风俗的情况规定为一切法律行为无效的原因，以限制私法自治的范围。此后，相继有国家在民事法律中对公序良俗予以确认。如《瑞士债法典》第20条第1款规定："含有不能履行、违反法律或者违反公序良俗之条款的合同无效。"《日本民法典》第90条规定："以违反公共秩序或善良风俗的事项为标的的法律行为，为无效。"

3. 理念意义

就适用范围上而言，公序良俗是对私法自治的限制，也就是对私权力的行使划了一道公共秩序和伦理秩序的界限。在人与社会的关系中，它体现了社会对人的制约。公共秩序和善良风俗的存在表明：社会对于个人具有一种优势地位，人不仅是单独的个人，而且还是一种具有社会责任、履行社会义务的主体。基于社会存继的需要，必须强迫个人遵守一些基础性的规则，公共秩序和善良风俗就是这些规则的一种表现。不难看出，在道德领域，公序良俗体现为一种利益权衡和价值选择的原则，而在法律领域，则表现为一种支配性的理念，那就是强调法律对公共秩序和善良风俗的维护，禁止实施违反公序良俗的法律行为。这种理念体现了法律和道德的内在联系，它说明这样一个事实：法律作为一种社会生活规

---

① 彭赛红：《公序良俗原则与和谐社会的构建》，载《求索》2007年第2期。
② 梁慧星：《市场经济与公序良俗原则》，载梁慧星主编：《民商法论丛》（1），法律出版社1994年版，第56—58页。

范，必须力求与伦理等其他社会生活规范相契合。而作为一种理念，公序良俗原则对于整个法律都具有或明或暗的指导意义。

4. 制约公权力的必要性

从起源上来看，公序良俗原则主要适用于私法领域，用于对私法自治的限制。那么，该原则是否仅适用于私法领域呢？从公序良俗原则所体现的理念来看，该原则的适用范围显然不能局限于私法领域。日本学者我妻荣认为："公序良俗应当支配全部法律关系领域，是法律整体体系的支配性理念。也就是说，无论是遵循诚实信用原则行使权利、履行义务，还是自力救济界限的确定，或者是运用法理解释法律行为，都不过是公序良俗的具体体现。"① 由此看来，在公法领域，公序良俗原则也同样具有指导意义。换言之，公权力行为也同样应当受到公序良俗的限制。其必要性可以从如下方面加以理解：

首先，公权力是维护社会基本道德的重要力量，应当遵守基本的道德要求。公序良俗原则通过将那些违反公序良俗的法律行为判令为无效来发挥保障与倡导人类社会基本道德共识的功能。而人类社会基本道德共识的保障不仅需要规制私人行为，而且需要规制公权力行为。在一定意义上讲，公权力行为对于维护基本的道德共识更具有决定性作用。由此看来，公序良俗可以适用于私法领域，以限制民事法律行为，更可以适用于公权力行为。因为公权力行为违反公序良俗，将会产生更坏的示范效应。既然可以依据公序良俗原则宣告民事法律行为无效，那么就更应当宣告违反该原则的公权力行为无效。而遵守基本的道德要求正是公序良俗原则的核心内容。

其次，公权力以维护公共秩序为目的，其自身应当遵守公共秩序。公序良俗背后的公共利益是公权力的来源和目的。"所谓公共权力就是基于特定的政治共同体成员的同意或授权，为管理、支配、影响、控制政治共同体内部的公共事务，而集中起来掌握在法定公共组织手中的一种公共权威力量。"② 维护公共利益是公权力存在的基础，而公共利益最重要的表现就是公共秩序，因此建立和维护公共秩序是公权力的目的和任务。既然公权力以公共秩序为目的，那么公权力行为就应当受公序良俗的约束。一方面，公权力来源于社会公众的授权，公权力存在的基础是公共利益，自然不能损害公共利益。另一方面，维护公共秩序是公权力的职责和任务，国家权力机关当然不能以违犯公共秩序的方式来维护公共秩序。而保护公共利益、维护公共秩序也正是公序良俗原则的内在要求。由此可以推断，公序良俗对私权自治的限制在一定程度上是公共利益和公共秩序的要求，

---

① ［日］我妻荣著：《新订民法总则》，岩波书店 1965 年版，第 270—271 页。

② 宁骚主编：《公共政策学》，高等教育出版社 2003 年版，第 246 页。

而用公序良俗来限制公权力不仅是维护公共利益和公共秩序的要求，而且还与公权力的来源和目的有直接的关系。

（二）侦查中的体现

侦查人员对刑事案件进行侦查是一种职权活动，这种职权活动发生在社会日常生活领域，对社会生活会产生相应的影响。作为职权活动，侦查活动需要遵守相应的程序性规范，而考虑其社会作用和影响，侦查活动还需要遵从公共秩序和伦理秩序的要求。进言之，侦查活动既要遵从法律规范的要求，又要注意公共利益的限制和道德底线。侦查活动需要遵守公序良俗原则，既不得损害公共利益，也不能伤风败俗。

1. 遵守的依据

公序良俗原则适用于侦查领域，主要体现为对侦查活动的限制，核心就是要求侦查权不得违背公序良俗。而侦查人员遵守公序良俗原则，既是侦查权本质属性的要求，也是法律规范的要求。

从属性上来讲，侦查权本身是一种公共权力。作为一种公权力，侦查权具有其他公共权力所共有的特性——公共性。侦查权同其他公权力一样，来源于公众授权，并以保护公共利益维护公共秩序为目的。因此，侦查权也应当同其他公权力一样遵守公序良俗。

从法律规范上来讲，公序良俗对侦查人员的限制也同样能找到相应的宪法和法律依据。首先，我国《宪法》第53条规定："中华人民共和国公民必须遵守宪法和法律，保守国家秘密，爱护公共财产，遵守劳动纪律，遵守公共秩序，尊重社会公德。"国家工作人员作为公民，有遵守公共秩序、尊重社会公德的义务。作为国家工作人员，在遵守公序良俗方面的要求应当比普通公民要更高，而不是更低。故而遵守公共秩序、尊重社会公德是国家工作人员首先要承担的义务，对他们而言这是最低限度的要求。其次，我国《宪法》第24条规定："国家通过普及理想教育、道德教育、文化教育、纪律和法制教育，通过在城乡不同范围的群众中制定和执行各种守则、公约，加强社会主义精神文明的建设。"其中道德教育为社会主义精神文明建设的重要途径，而国家工作人员的道德示范是进行道德教育的重要途径。国家工作人员严格遵守公共秩序、尊重社会公德，是进行精神文明建设的必然要求。最后，我国《公务员法》第12条明确规定，公务员应当遵守纪律，恪守职业道德，模范遵守社会公德；同时，《人民警察法》第20条也规定，人民警察必须做到"模范遵守社会公德"、"尊重人民群众的风俗习惯"。从事刑事侦查工作的人员除了检察机关工作人员之外，主要是具有国家公务身份的国家安全机关工作人员、监所工作人员和人民警察，在侦查工作中当然应当模范遵守社会公德，尊重人民群众的风俗习惯。

2. 公共秩序与侦查

（1）侦查与公序良俗的契合

侦查和公序良俗在维系公共秩序方面的要求是一致的。一方面，公序良俗原则强调了公共秩序对权利和权力的限制。这源于公共秩序的重要性。公共秩序不仅是社会存在的基础，也是构成人类理想的要素和人类社会活动的基本目标。考夫曼指出："秩序为人类的最基本需求，人可以没有科学医药而活下去，但不能没有秩序。"① 关于社会秩序的重要性，彼得·斯坦等曾言："消除社会混乱是社会生活的必要条件。即使是在尚未形成部落组织的原始人群当中，人们也认识到暴力冲突必须加以控制。冲突本身并不会被彻底根除。冲突实际上会产生许多能使人类生活更具实际意义的东西。没有冲突，社会就会呆滞，就会灭亡。关键在于社会必须对冲突进行适当的调节，使冲突不以将会毁掉整个社会的暴力方式而进行。必须先有社会秩序，才谈得上社会公平……如果某个公民不论在家中还是在家庭以外，都无法相信自己是安全的、可以不受他人的攻击和伤害，那么，对他侈谈什么公平、自由，都是毫无意义的。"②

另一方面，侦查活动牵涉公共利益的保护，也牵涉公共秩序的维护。在一定意义上讲，侦查权以及其他公共权力是应人类社会对公共秩序的需要而产生的。公共权力的价值目标就是在人类的公共生活中建立有效的公共秩序。这是因为公共利益的实现也同样离不开公共秩序，正是因为有了公共秩序，人类的公共生活才成为可能，公共利益才能实现。

更为重要的是侦查离不开稳定的公共秩序。侦查活动本身也需要稳定的公共秩序环境。没有稳定的公共秩序，就不可能有序实施侦查活动。实际上，稳定的公共秩序为侦查提供了必要的背景条件。

（2）侦查相关环节

而在实务中，一些侦查措施和环节与公共秩序的维护紧密相关，需要侦查人员处理好二者之间的关系。

①对犯罪嫌疑人的布控。所谓侦查中的布控是指侦查机关为了查找、控制犯罪嫌疑人而布置人员，予以监控。侦查中的布控是为了搜捕、控制犯罪嫌疑人而通常采用的方法，具体包括路查、路检等措施。侦查中使用布控措施必然会对公共交通在内的社会秩序造成相应的影响。要处理好布控与维护公共秩序的关系，

---

① ［德］亚图·考夫曼著：《法律哲学》，刘幸义等译，五南图书出版股份有限公司2000年版，第166页。

② ［美］彼得·斯坦著：《西方社会的法律价值》，中国人民公安大学出版社1990年版，第39—40页。

一方面需要注意选择布控的时间和方位，另一方面又需要准备好辅助预案和相关的保障措施。

②犯罪现场的控制。由于犯罪具有复杂性，在不同的场合均有可能发生。对于在公共场所发生的犯罪，尤其是暴力犯罪，通常会引起社会恐慌。侦查人员到达犯罪现场后，首先要对犯罪现场进行控制，以防止犯罪现场被破坏。而在公共场所对犯罪现场的控制，需要处理好侦查与维护公共秩序的关系。既要全面完成现场勘验检查的任务，又要将侦查对公共秩序的影响降低到最低限度。这不仅需要在时间上进行把握，而且需要注意控制犯罪现场的方式和方法。

③犯罪案件信息的发布。侦查中与犯罪案件有关的信息一般应遵循保密原则，不能予以公布。但在特殊情况下需要根据情况发布有关犯罪案件的信息。这是因为在侦查阶段，即便侦查机关不公开案件信息，依然可能有犯罪的消息在社会上传播并可能引起社会恐慌，影响正常的社会秩序。一方面，不实的消息可能会造成误解，需要侦查机关及时发布真实的消息予以澄清。另一方面，真实的消息也可能引起恐慌，需要侦查机关妥善选择信息发布的内容。这就要求侦查机关在发布案件信息的时候注意真实性和选择性。真话要说，但不能全说，假话一句也不能说。媒体网络越发达、信息流通越快，越需要妥善把握侦查信息的发布，否则会造成社会秩序的混乱。如 2009 年 12 月深圳发生的校园绑架案件，引起学生家长的恐慌，这与警方对犯罪信息的发布有直接的关系。①

以上有关措施和环节与公共秩序紧密相关，但却并没有法律进行具体的规定。这些措施的采用由侦查机关自己决定，在程序上实行侦查机关系统内控制。侦查人员在适用过程中具有较大的裁量权。在没有具体法律规定的情况下，更需要侦查人员在侦查中把握伦理界限，处理好维护公共秩序和侦查工作的关系。

3. 善良风俗与侦查

善良风俗是指公认的社会道德或社会通行的道德习惯，它体现了社会当下多数人所秉持的道德观念。如果说公共秩序体现的是法律自身的价值体系，那么善良风俗则体现的是法律之外的伦理秩序。侦查对善良风俗的尊重，实际上是对社会伦理秩序的尊重。

---

① 根据相关报道，在 2009 年 12 月中旬之前的一段时间，关于绑架学生案件频频发生的各种传言在深圳市蔓延，引发了市民的恐慌。面对公众"为何迟迟不公布校园绑架案"的质疑，警方解释说，"因为案件尚在侦查中，怕提前发布消息会打草惊蛇"。同时，警方担心提前公布反而会引起公众恐慌，所以决定将犯罪嫌疑人一网打尽、等一切平稳之后再向社会公布。这反映出警方侦查阶段在信息发布问题上的两难境地。参见新华网报道："深圳校园绑架案频发，谣言四起引家长恐慌"，http://news.xinhuanet.com/video/2009 - 12/11/content_ 12628501.htm，2009 年 12 月 11 日访问。

对善良风俗的尊重贯穿于侦查的全部过程，其中一些具体环节需要更加注意。

（1）侦查实验。在侦查过程中，为了证实某一事件或事实能否发生或怎样发生，需要按原有条件将该事件或事实加以重演或进行试验。试验的目的通常在于验证某些条件或现象。如特定时间内能否完成某一行为；特定条件下可能发生的现象；某种事件发生的条件；特定条件下能否听到声音或看到某种现象等。侦查实验有时需要再现犯罪现场或犯罪过程，而有些犯罪本身就是严重伤风败俗的行为，侦查实验的再现可能会对善良风俗造成不良影响。对此，我国刑事诉讼法明确禁止侦查实验中有伤风化的行为。修订后的《刑事诉讼法》第133条第3款规定："侦查实验，禁止一切足以造成危险、侮辱人格或者有伤风化的行为。"

（2）搜查和检查。搜查和人身检查主要涉及个人尊严和隐私的保护，但有时也涉及对善良风俗的尊重。如对妇女身体的检查和搜查，既涉及女性的尊严和隐私，又涉及有关男女关系的风俗。对此，我国《刑事诉讼法》第130、137条进行了相应的规定。检查妇女的身体，应当由女工作人员或者医师进行；搜查妇女的身体，应当由女工作人员进行。但实际上应当注意的不仅仅是检查、搜查人员的性别，还需要注意场所、方式等其他方面。此外，对特定场所的搜查和检查也需要考虑当地的习俗，选择合理的方式和方法。

（3）尸体检查和解剖。尸检和尸体解剖是查明死因常用的方法。我国修订后的《刑事诉讼法》第129条规定："对于死因不明的尸体，公安机关有权决定解剖，并且通知死者家属到场。"虽然只要求尸体解剖通知死者家属到场，但尸体解剖不仅仅涉及家属到场的问题，还涉及伦理习俗问题。这是因为对待尸体的方式和对尸体的处理与特定的风俗有关。进行尸体检查或解剖不仅需要照顾死者家属的情感，而且需要留意特定的丧葬风俗。我国《刑法》第302条规定了盗窃侮辱尸体罪，体现了刑法对我国公民思想意识中久以形成的伦理观念与道德准则的保护。尸体检查和解剖虽然具有正当性依据，但也需要照顾这样的伦理观念与道德准则，在检查和解剖的场所、方式以及事后处理方面，需要妥当安排。

第四章 侦查讯问

讯问犯罪嫌疑人是法定的侦查措施之一，也是刑事侦查的重要环节。虽然犯罪嫌疑人已经到案，但案件事实并不完全清楚，还需要通过讯问核实案情，发现新的证据。因此，对侦查人员而言讯问犯罪嫌疑人是查明案件事实的重要环节。而对于犯罪嫌疑人来说，侦查讯问既是其澄清犯罪嫌疑，进行辩护的机会，同时也是产生对其不利口供的关键环节。一方面，侦查人员掌控着讯问过程，占据绝对优势并具有查明案件事实真相的动机；另一方面，犯罪嫌疑人虽处于相对弱势地位，但对自己是否实施犯罪行为最为了解，同时具有规避刑事追诉，逃避不利后果的愿望。显然，如果把侦查看作一场对抗的话，那么侦查讯问则是这场对抗中的关键环节。这一环节不仅仅涉及法律问题，而且还交织着伦理问题。

一、伦理的失落

侦查讯问发生在国家控制犯罪的侦查环节，一方是代表国家调查犯罪的侦查人员，另一方是具有犯罪嫌疑的被追诉者，而要解决的问题则是涉嫌的犯罪事实。这一场景显然不同于正常的社会生活场景，而是发生于刑事诉讼领域的特殊场景。在这一场景中，侦查人员一方不仅有法律授权，而且具有道义上的正当性，而犯罪嫌疑人一方不仅有违法嫌疑，而且因涉嫌犯罪本身的"恶"而在道德上居于劣势。在这种看似"正义"与"邪恶"的较量中，代表正义的侦查人员对"邪恶"的犯罪嫌疑人是否还要遵循道德的界限？换言之，侦查人员在侦查讯问中是否可以逾越伦理的界限而对犯罪嫌疑人采取某些"非常"手段呢？对这一问题，不仅在理论上存在宽容，而且在实践中也存在现实的逾越。

（一）宽容

对于侦查人员超越常规的道德界限讯问犯罪嫌疑人，在理论界存在一种相对宽容的态度。如美国学者佛瑞德·英鲍（Fred E. Inbau）认为，侦查讯问与跟那些守法的公民处理日常事务不同，侦查讯问人员与犯罪嫌疑人打交道时必须采取非常手段。在讨论侦查讯问中采用的一些手段时，他指出：

"这种侦讯手段，依照一般职场上、商业上，或社会生活上的标准来看，一定是很不道德的；但我们现在所讨论的并不是正常的、合法的、职场上、商业上，或社会日常的事务。而是一个人违反社会共识的规范，杀死了另一个和他一样血肉之躯的人。杀人犯不会因为你拿生活伦理或公民教育课本给他看，就认罪了。而如果你拿张纸、拿支笔，期望他因为良心的呼唤，而写下自白书，最后会发现根本就是妄想。要让嫌疑犯认罪必须要有其他的手段，这种手段可能本质上就有些不道德……如果不采用这种技巧，凶手有可能会认罪吗？而且我们得知道，从嫌犯的角度来看，任何方式的质问对他来说都不是件好事。鼓励他招供，根本就是件肮脏事，因为认罪对他只有坏处没有好处。也因此，任何形式的侦讯都可能有欺骗或不道德的嫌疑，除非打一开始就说明就是要他招。"①

显然，在他看来侦查讯问中采用一些不道德的手段是正常现象，也是完全必要的。因此，他主张"侦讯者面对嫌犯必须采用较低水平的道德标准，高标准则留着在日常生活中跟一般人打交道用"。②

而对于讯问中的欺骗手段，著名法理学家波斯纳也持容许的态度。他说："法律并不绝对地防止以欺骗手段获得口供；在审讯中是允许一定的小诡计的。特别是夸大警察已获得的、对嫌疑人不利的其他证据，让嫌疑人觉得招供不会失去什么的预先战术设计，都是许可的。"③

在国内，对不道德侦查手段的宽容主要体现在对"威胁、引诱、欺骗"等非法侦查手段的理解上。尽管我国《刑事诉讼法》第50条明确规定："严禁刑讯逼供和以威胁、引诱、欺骗以及其他非法的方法收集证据。"但何谓"威胁、引诱、欺骗"？是否所有的威胁、引诱、欺骗的方法都是非法的？对此学者们持怀疑态度。如龙宗智教授认为，刑事审讯不可避免地带有欺骗的成分，威胁、引诱的审讯方法在我国刑事审讯中具有一定的容许度。④ 也有学者指出："无论是我国侦查实践中采用的讯问策略，还是外国学者总结出的讯问策

---

① ［美］佛瑞德·英鲍、约翰·莱德、约瑟夫·巴克来著：《刑事侦讯与自白》，高忠义译，商业周刊出版股份有限公司2000年版，前言第25—26页。

② ［美］佛瑞德·英鲍、约翰·莱德、约瑟夫·巴克来著：《刑事侦讯与自白》，高忠义译，商业周刊出版股份有限公司2000年版，前言第26页。

③ ［美］波斯纳著：《法理学问题》，苏力译，中国政法大学出版社1994年版，第231页。

④ 参见龙宗智：《威胁、引诱、欺骗的审讯是否违法》，载《法学》2000年第3期。

略，有相当一部分具有欺骗、引诱、威胁的成分。"① "当我们评价侦查人员在对犯罪嫌疑人的讯问过程中使用威胁、引诱、欺骗等方法是否构成非法讯问时，我们既要坚持保障人权和程序公正的明确立场，又要实事求是，保持适度的宽容。"②

以欺骗性侦查手段为例，有学者认为"一定限度的欺骗具有实践必要性及法律许容性，我国刑诉法第 50 条关于禁止以欺骗方法收集证据的规定显属不妥，因为它违背了侦讯活动的规律。"③ 对于侦查中常用的讯问策略，有学者指出："讯问策略本身具有诡诈性，很多时候讯问活动中的策略会逾越通常意义上的道德界限，对于接受讯问的犯罪嫌疑人来说，任何讯问策略都不会是也不应是轻松和令人愉悦的。"④

总体上看，主张侦查讯问可以适当超限⑤的理由，可以大致归纳为两点：

一是犯罪嫌疑人的特殊性。犯罪嫌疑人本身涉嫌实施了严重违反社会规范的犯罪行为，一般的道德规范对其难以发挥作用。因此与犯罪嫌疑人打交道不能采用常人的道德标准，而是要采用较低的道德标准。国内学者也认为欺骗性侦讯手段的应用应当坚持对象特定原则，即"只能适用于有犯罪嫌疑的人员，包括已经立案的犯罪嫌疑人，以及尚未立案、但存在犯罪嫌疑的人员"。⑥ 这种主张的背后，与犯罪嫌疑人的特殊性不无联系。

二是对口供的功利性需求。犯罪嫌疑人的口供是难得的证据资源，为了获取口供而采取某些非常讯问手段是必要的。关于自白在调查案件中的作用，佛瑞德·英鲍说："事实上，现在的犯罪侦查技术，在绝大多数的情况下不可能仅凭着指纹、毛发等物证，就能确认出凶手的身份，或甚至予以定罪。甚至那些迅速侦破的案件中，很多根本就还没有找到物证，而是在侦讯过程中，犯罪嫌疑人或证人透漏出的重要信息，才使案情得以厘清。"⑦ 而对于口供的价值，日本学

---

① 刘梅湘：《论讯问策略与非法讯问方法的界限》，载《中国人民公安大学学报》2004年第 5 期。

② 李建明：《人权保障视野中讯问方法的合法运用》，载《现代法学》2005 年第 5 期。

③ 龙宗智：《欺骗与刑事司法行为的道德界限》，载《法学研究》2002 年第 4 期。

④ 毕惜茜：《侦查讯问策略运用的法律界限》，载《中国人民公安大学学报》2004 年第 3 期。

⑤ 此处是指讯问手段超越正常的道德界限。

⑥ 龙宗智：《欺骗与刑事司法行为的道德界限》，载《法学研究》2002 年第 4 期。

⑦ ［美］佛瑞德·英鲍、约翰·莱德、约瑟夫·巴克来著：《刑事侦讯与自白》，高忠义译，商业周刊出版股份有限公司 2000 年版，前言第 22 页。

者认为，"由于这是该犯人就自己直接所犯的罪行所作的交代，只要不是撒谎，就没有比这更确实的证据了。口供具有一级证据价值的直接证据这一点得到重视，西欧自古以来就把它称之为'证据的女王'"。①在我国，口供在诉讼中的价值也很突出，尤其在一些特殊类型的案件中更是如此。有学者指出："我国目前尚不具备以物证证明为司法证明主要方式的条件，口供在诉讼中仍占有重要地位，特别是贿赂等主要以言词证据定案的案件，口供的地位更为突出。"②口供的重要性在一定程度上为讯问手段提供了正当性支持。目的的正当性为不道德讯问手段提供了冠冕的说辞。这在一定程度上掩盖了讯问手段在道德上的失当。

（二）逾越

侦查讯问实践中对道德限度的逾越客观存在。这种逾越既有形态上的差异，又有程度上的不同。违反伦理规范的讯问手段，有一部分也直接违反了法律规范，属于非法讯问，也有一部分并不直接违反法律规范，或者是否违法难以确定，处于不违法与不道德之间。因此，我们可以把不道德讯问手段分为两种类型。一种是既不合道德又不合法的讯问手段，另一种是在不违法与不道德之间的讯问手段。

1. 不道德的非法讯问

刑事诉讼法对侦查讯问的程序进行了相应的规定。这些程序性规定包括侦查讯问的主体、时间、方式、方法等不同环节。从法理上来讲，侦查讯问违反程序性法律规范，即构成非法讯问。非法讯问依据其道德内涵，可以分为两种情形。一种情形是侦查讯问仅仅违反了程序性操作规范，但并不违反道德规范。如讯问主体不具备法定的身份或不符合法定人数，讯问时间超过法定限度等。这类违法讯问本身并不具有道德内涵。另一种情形是侦查讯问不仅违反了法律规范，而且违反了道德规范，或者违反了具有道德内涵的法律规范。如讯问中对犯罪嫌疑人施加酷刑或者采用严重的威胁、引诱、欺骗手段以获取口供。这类讯问手段既有违法因素，也有不道德因素，属于不道德的非法讯问。

不道德的非法讯问在实践中最为突出的是刑讯逼供。它通常是指侦查人员进行讯问时采用肉刑、变相肉刑或者精神折磨等方法逼迫犯罪嫌疑人供认犯罪的行为。刑讯逼供现象在我国禁而不止，刑讯手段也多种多样。一方面，有关侦查人

---

① ［日］田宫裕：《被告人的地位及其口供》，参见西原春夫主编：《日本刑事法的形成与特色》，中国法律出版社、日本成文堂1997年联合出版，第294页。

② 朱孝清：《侦查讯问时律师在场之我见》，载《人民检察》（下）2006年第5期。

员刑讯逼供的案件时常见诸报道；① 另一方面，高认罪率②的背后也不乏刑讯的魅影。③ 刑讯以造成肉体或精神上的痛苦的方式获取口供，这种方式不仅构成了对犯罪嫌疑人不人道待遇，而且侵犯了其人格尊严，违背了基本的人道原则。

此外，讯问中威胁、引诱、欺骗等手段不仅违背我国刑事诉讼法第 50 条的规定，而且违背道德上的人道原则和诚信原则。这些方式不仅在法律上是禁止的，而且在道德上也是不能容忍的。

2. 在不违法和不道德之间的讯问

除不法讯问外，实践中还大量存在另一种情形，即侦查讯问手段不违法或讯问手段是否合法难以界定，但肯定不符合伦理道德。与不道德的非法讯问相比，

---

① 如 2009 年陕西丹凤县"徐梗荣猝死案"，经商南县人民法院审理查明：2009 年 2 月 10 日凌晨，丹凤县高二女生彭莉娜在丹江边遇害。经丹凤县公安局侦查，于 2 月 28 日确定丹凤县中学高三（10）班学生徐梗荣有重大犯罪嫌疑。当晚，徐梗荣被带至丹凤县公安局，并被连续审讯至 3 月 8 日。负责审讯工作的丹凤县公安局刑警大队原教导员赵朔，主持制定刑讯方案，对审讯人员分工，亲自购买、安装刑讯工具，演练捆绑犯罪嫌疑人的方法。民警贾严刚、李红卫等在县公安局和资峪派出所的审讯过程中，为索取口供，采取不让嫌疑人休息、反背捆绑、吊、打等方式刑讯逼供。3 月 8 日徐梗荣经抢救无效死亡。案发后，赵朔等三人于 2009 年 11 月被判处刑讯逼供罪。（参见孙海华：《"徐梗荣猝死案"一审宣判，丹凤县公安局原局长获刑 2 年》，载《中国青年报》2009 年 11 月 25 日。）又如江苏赣榆县人民检察院反贪局刑讯逼供案件，经南京市中级人民法院审理查明：2007 年 5 月 28 日，赣榆县人民检察院决定对赣榆县供电局原副局长梁继平涉嫌受贿立案侦查并对梁监视居住。当日 18 时许，将梁传唤到案。自梁继平到案当晚至 6 月 1 日晨，反贪局副局长熊正良、法警大队副大队长杨泗松、法警周明吉在赣榆县人民检察院、县教育宾馆、秦山岛旅游接待站等地点对梁继平进行审讯期间，为逼取有罪供述，不让梁正常睡觉，并进行殴打等行为。梁继平于 6 月 1 日上午死亡。（参见《江苏赣榆官员死在检察院追踪：反贪副局长被判无期》，载《新京报》2008 年 7 月 9 日。）有关刑讯逼供的报道就更多，如"黑龙江庆安县 4 名刑警逼供致人死亡案宣判"（http://news.sina.com.cn/c/2009-02-11/150217194077.shtml，2009 年 2 月 12 日访问。）"疑犯连续坐刑椅猝死看守所，警方赔 20 万私了"（http://news.sina.com.cn/s/2009-05-27/103517900180.shtml，2009 年 5 月 27 日访问）等。

② 有学者在实证调查中发现，犯罪嫌疑人在侦查阶段的整体认罪率高达 98.91%，初次讯问中的认罪率也高达 87.93%，而且犯罪嫌疑人的高认罪率相当稳定。在一区法院的抽样调查中，1984 年、1994 年、2004 年的认罪率分别为 98.3%、100%、95.08%，初次讯问认罪率分别为 88.13%、94.44%、88.52%。参见刘方权：《认真对待侦查讯问——基于实证的考察》，载《中国刑事法杂志》2007 年第 5 期。

③ 笔者在调研中发现，实践中侦查讯问人员并不是普遍具有高超的讯问技巧，而我国侦查讯问的辅助设施和技术含量并不多。在手段有限的情况下，嫌疑人的认罪率却非常之高。这里面除了讯问人员的智慧之外，还掺杂刑讯逼供的因素。

这种居于不违法和不道德之间的情形更为普遍。

（1）从欺骗到"谋略"

我国刑事诉讼法禁止侦查机关以欺骗性手段收集证据，然而实践中欺骗的界限难以认定，在何种程度上构成欺骗难以把握。在观念上，"欺骗手段"和"带有欺骗性质的手段"含义存在差异。"欺骗手段"通常指讯问中采用完全欺骗的方法，属于非法的讯问手段。而"带有欺骗性质的手段"通常指讯问手段带有某些程度的欺骗性，但并不十分严重，因此并不违法。两者的欺骗性存在程度上的差异。由于法律禁止侦查中使用"欺骗手段"，但没有禁止"带有欺骗性质的手段"，因此侦查中时常使用带有欺骗性质的讯问手段。笔者在调研中发现，这类讯问手段往往以侦查谋略的形式出现。所谓"兵不厌诈"，对犯罪嫌疑人采用欺诈手段，往往被视为是侦查智慧的体现。因此，有些欺骗性讯问手段被冠以讯问谋略的名义而广泛推广，从而使"欺骗"转换成了侦查"谋略"。

①展示虚构证据

这种情况是指侦查人员在讯问中向犯罪嫌疑人展示虚构证据，以求引导其如实供述出案情。这类证据事实上并不存在，或没有被侦查人员发现，而是侦查人员根据案情的推测虚拟出来的。如仿冒行贿人留下的字据、虚构本不存在的证人的证言等。

这类手段实践中通常被作为侦查谋略加以推广。如侦查中常常采用虚构事实的办法调动犯罪嫌疑人，使之露出马脚。所谓虚构事实进行调动"就是把犯罪嫌疑人在犯罪行为过程中应该出现而事实上没有出现或形成的证据虚拟出来，如仿冒签名、仿冒通话人等，使侦查对象信以为真，从而提供有关案件线索或证据的调动方式。"[1] 应当说，这种方法在讯问之外的其他侦查环节使用并无不妥。如在犯罪嫌疑人未到案的情况下，通过这种调动方法使隐藏的犯罪嫌疑人现身，这在法律上和道德上都是容许的。但是在侦查讯问中，讯问人员通过出示虚拟的证据来调动犯罪嫌疑人提供线索和证据，其妥当性却是值得怀疑的。一方面，向犯罪嫌疑人展示虚构证据本身带有欺骗因素；另一方面，这种虚假的展示有可能导致虚假的供述。因为被误导的犯罪嫌疑人虽然可能会提供真实的证据，但更有可能因为错误的暗示而提供不真实的供词。

②故意传递信息

一般而言，侦查讯问的目的是从犯罪嫌疑人那里获取案件信息，[2] 但这仅是

---

① 何永星、倪集华编著：《职务犯罪侦查谋略》，中国检察出版社2007年版，第139页。

② 无论是犯罪嫌疑人的供述还是辩解，都可以看作案件信息的体现。

就一般情况而言的。实践中侦查人员讯问的目的并不仅限于此。有的情况下讯问并不是为了获取案件信息，而是为了故意向嫌疑人传递案件信息。如侦查实践中有这样一种"捉放曹"的做法，即对犯罪嫌疑人多次交换采用拘传、讯问、拘留、释放等措施，把犯罪嫌疑人抓了再放，放后又抓，其间穿插讯问。讯问中故意向犯罪嫌疑人透露某些信息，这些信息有真有假，其目的是让犯罪嫌疑人根据这些信息采取进一步的反侦查行动。讯问后故意释放犯罪嫌疑人，为其串供、伪造证据等提供机会和条件，从而让犯罪嫌疑人在反侦查过程中更多地暴露犯罪事实，彻底查清案情。这种方法可以让侦查人员获取所谓的"再生证据"。在这种情形中，讯问是侦查谋略中的一环。侦查人员讯问案情是假，设计布局才是真。讯问本身就是为犯罪嫌疑人设计的一个圈套，不可避免地带有欺骗因素。

③片面展示证据材料

所谓片面展示证据材料，主要是指讯问实践中侦查人员为了突破犯罪嫌疑人的心理防线，而向其展示经过处理或剪裁的证据资料的做法。这种讯问方法主要表现为两种形式：一种是让犯罪嫌疑人观看经过技术处理的录音录像资料。这些音响资料或者被掐头去尾，或被抹去声音。犯罪嫌疑人看到的是被刻意剪辑的音像资料，或者只看到图像而听不到声音。如侦查人员先将一名同案犯带到讯问室，在其不交代问题的情况下，引导犯罪嫌疑人叙述一件与案件无关的事情，同时将这一过程进行录像。然后对录像进行消音处理后播放给另一位同案犯看，让他产生前一位同案犯已经交代问题的错觉。

另一种是向被讯问人片面展示有关文书或其他书面资料。侦查人员或者向被讯问人展示事先经过技术处理的文书或书面资料，传递给被讯问人一些有利于引导讯问的片面信息，或者只让被讯问人看其中的一部分，故意不让被讯问人看清或看全。这种做法的目的在于产生一种"似看非看、似知非知"的效果，让犯罪嫌疑人产生错觉，对自己原来的想法产生疑虑和动摇，从而方便侦查人员引导被讯问者讲述案情。

④故意夸大

故意夸大是指侦查讯问人员故意夸大侦查技术装备或某些侦查技术的功效。这种方法主要用来打消犯罪嫌疑人蒙混过关的心理。以测谎技术的使用为例。在测谎结果不能直接作为证据使用的情况下，有的侦查人员在讯问中把测谎技术设备当成了攻心的道具。在犯罪嫌疑人拒不如实供述的情况下，讯问人员要求犯罪嫌疑人接受测谎。测谎时先告知测谎技术的功能和科学性，故意夸大其成功效果。要么只讲测谎的功效不做测谎，要么在测谎效果不明显时"引而不发"，故意不告知结果。① 除此之外，实践中还有一些故意夸大的做法，如对一些照片、文书、录音录像检测或鉴定意见故意夸大，或故意渲染检测和鉴定的技术先进性。这种做法的目的在于向犯罪嫌疑人表明：侦查机关掌握有先进的侦查技术并具有高超的科技侦查能力，犯罪嫌疑人无论怎样掩盖都是徒劳的。它实际上夸大了技术设备的作用和侦查机关的侦查能力，故意以虚求实，以求攻破犯罪嫌疑人的侥幸心理。

（2）从威胁到情理要挟

我国刑事诉讼法禁止以威胁的方法收集证据，然而在侦查讯问实践中"威胁"的界限却相对模糊。如果侦查人员告知被讯问人不如实交代罪行就使用暴力，这显然是威胁。但如果侦查人员转换方式，以情理要挟犯罪嫌疑人交代罪行，则很难说就是威胁。而当讯问中的情理要挟与其他侦查措施结合起来运用时，就更难以认定了。如一本有关侦查谋略的书中这样写道：

"有的犯罪嫌疑人某天家里或单位有重要事情，如父母做寿、子女婚嫁、造房上梁、客商谈判等，本人应当或者必须在场，侦查主体如果在该特定时间前传其谈话讯问，并以其要事为突破口，敦促犯罪嫌疑人如实交代犯罪事实以同意其回去办事，往往能取得好的结果。"②

这里，利用犯罪嫌疑人"父母做寿、子女婚嫁、造房上梁、客商谈判"等特定时机讯问嫌疑人，并以这样的"要事"为突破口，"敦促"嫌疑人如实交代问题，显然具有威胁的因素，但很难说是违法。因为我国刑事诉讼法对讯问犯罪嫌疑人只有持续的时间限制，没有时机的限制。从表面上看，这样的侦查讯问完全依照法定程序进行的，而且手续齐全。

我们在座谈中还发现有这样的做法，即在讯问中告知犯罪嫌疑人：如果其不如实交代犯罪事实，就在"父母做寿、子女婚嫁、造房上梁、客商谈判"等特殊时间到犯罪嫌疑人家中或单位进行搜查，而且保证搜查"行动是公开的，程序是法定的，手续是齐备的"；当然，如果好好配合调查，如实交代罪行，就选择其他时间以适当的方式进行搜查。

显然，侦查讯问中采用的这类手段是在利用情理进行要挟，能够对犯罪嫌疑人产生心理上的强制效果。这些方法对犯罪嫌疑人来说有些乘人之危。不管这类手段是否合法，但肯定是不道德的。从社会交往角度来看，它逾越了正常的伦理界限和人们遵从的道德原则。

---

① 这种只讲不做，或只讲测谎的功效不讲测谎的结果的方法也被视为侦查谋略。具体介绍参见何永星、倪集华编著：《职务犯罪侦查谋略》，中国检察出版社 2007 年版，第 90 页。

② 何永星、倪集华编著：《职务犯罪侦查谋略》，中国检察出版社 2007 年版，第 74 页。

（3）从刑讯到"软"强制

刑讯主要是通过施加肉体或精神上的痛苦来获取犯罪嫌疑人供述。刑讯本身具有强制性，且手段残忍，因而是非法的，也是极不人道的。为了达到较好的讯问效果又不至于落下刑讯恶名，侦查人员有时会在侦查讯问中采用一些"软"强制手段。这些"软"强制主要表现在讯问时间和地点的选择上。

在时间上，主要是故意选择犯罪嫌疑人生理上的疲惫时间进行讯问。如有的犯罪嫌疑人有长期午睡的习惯，不午睡就会精神萎靡，精力不集中。对这样的犯罪嫌疑人，侦查人员就故意选择午后休息时间进行讯问。实践中，多数是故意把讯问时间安排在夜晚，让犯罪嫌疑人在无法正常休息的情况下接受讯问。在犯罪嫌疑人生理疲惫时间进行讯问，可以在肉体折磨之外让其产生疲劳感和焦虑情绪，从而达到强制讯问的效果。

在地点上，主要是制造陌生的环境，让犯罪嫌疑人在陌生的环境下接受讯问。如在讯问之前选择异地羁押或者化名羁押嫌疑人，然后让其在一种孤立无援的境地中接受讯问。这种陌生环境的营造会让犯罪嫌疑人产生孤独感和陌生感，从而形成心理上的强制力。

类似的这些手段不像刑讯那样残忍，强制性也不那么明显，主要是一种心理意义上的强制，相对而言也是一种"软"的强制。这些手段虽然不一定能构成刑讯，但对于犯罪嫌疑人而言显然是有悖伦理的。一方面，在犯罪嫌疑人生理疲惫时间进行讯问或让其在陌生的环境下接受讯问有些不人道；另一方面，这些手段内在的强制因素会影响口供的自愿性，在道德上也是不被容许的。

（4）从诱供到制造利害错觉

侦查讯问中，对不利后果的恐惧会阻碍嫌疑人如实陈述案情。为了减轻不利后果给犯罪嫌疑人的压力，侦查人员需要改变犯罪嫌疑人对犯罪后果的认知，从而为其如实陈述案情提供心理上的铺垫。当然，这一过程中的法律界限也是相对模糊的。一般而言，侦查人员可以通过多种途径减轻犯罪嫌疑人对不利后果的恐惧，不同的语言表述方式、不同角度的利害分析以及借助道德情操、宗教信仰等都可以达到这样的目的。当然，也有一些方法存在瑕疵，逾越了法律的界限或道德界限。其中较为突出的是讯问中的诱供和制造利害错觉。

①诱供

所谓诱供一般是指侦查人员利用犯罪嫌疑人趋利避害的心理，向犯罪嫌疑人许诺某些利益，以换取犯罪嫌疑人的供述。这些许诺中，有的是超越侦查人员的职权范围，难以实现的利益，有的则是合法的、现实的利益。前者如："你只要说出来，明天就让你回去上班"，"只要交代了，就可以从宽"，"你只要认罪，就对你不追究"，等等。这类许诺显然是侦查人员难以兑现的，带有很强的欺骗性质，属于典型的虚构引诱。后者如："你只要交代，我们就会尽可能为你解除强制措施"，"只要你交代，我们就会在生活上给予更好的照顾"，"如果认罪，我们就替你保密，不让你正在高考的孩子受这件事影响"等。这些许诺对嫌疑人来说，是一种现实的利益诱惑，属于现实引诱。

关于诱供的法律界限，有人认为"关键是看所承诺的利益是否为法律法规所许可且能够真实兑现。用法律法规许可且能真实兑现的利益引导被讯问人如实供述犯罪事实的方法，就属正当的利益诱惑讯问法。反之，就属非法的引诱讯问法。"① 显然，依照此观点，现实引诱是合法的，而虚构引诱是非法的。认为虚构引诱是非法的观点显然是正确的，因为虚构的利益引诱本身不为法律所许可且具有欺骗性质。

但现实引诱就是合法的吗？这其实是值得怀疑的。一方面，虽然现实的利益诱惑不存在欺骗因素，但它有可能颠倒犯罪嫌疑人对利害关系的认知，导致虚假的供述。另一方面，现实的利益诱惑本身也是不道德的，因为那是在拿嫌疑人正当的利益与嫌疑人自己做交易。这本身对犯罪嫌疑人来说，就是不公平的。退一步而言，即便根据现有的法律不能认定现实诱供是非法的，那么，在讯问中向犯罪嫌疑人许诺现实利益以换取供述的做法在道德上也不是正当的。至少可以说它是一种介于不违法和不道德之间的讯问方式。

②制造利害错觉

减轻嫌疑人对犯罪后果恐惧的另一种方法是制造利害关系的错觉。也就是不改变现实利害关系的情况下让犯罪嫌疑人形成一种对利害关系的错误认识。通常的办法有两种：一种是借助合理化机制；另一种是对犯罪后果进行虚假解释。

所谓合理化机制是指一个人会潜意识的扭曲事实真相，来为自己的行为辩护的心理防卫机制。这种机制可以减轻犯罪者内心的道德自责，并可以降低行为人对犯罪后果的预期。犯罪学研究者席克斯（Sykes）和马查（Matsa）研究认为，犯罪人通常会用五种技巧来暂时摆脱社会规范对自己的约束：一是否认自己的责任（我不是故意的，我只是忍不住）；二是否认造成伤害（我不想伤害任何人）；三是否认有被害人（他们自找的，谁叫他们在那里出现）；四是责备掌权人（每个人都在压榨我、迫害我）；五是诉诸更高情操或权威（我这样做不是为了我自己，是为了朋友、义气）。②

① 赵东平、祝光红：《职务犯罪侦查五种高效讯问法》（上），载《中国检察官》2009年第2期。

② 参见周愫娴、曹立群著：《犯罪学理论及其实证》，五南图书出版股份有限公司2007年版，第91页；[美] 佛瑞德·英鲍、约翰·莱德、约瑟夫·巴克来著：《刑事侦讯与自白》，高忠义译，商业周刊出版股份有限公司2000年版，附录第439—440页。

侦查实践中，侦查人员时常会利用这种合理化机制，为犯罪嫌疑人寻找道德上的借口，降低其对犯罪后果严重性的认知。如责备被害人，把强奸的发生归结为被害人穿着过于暴露；或者把犯罪行为的发生归结于嫌疑人一时的冲动，换作旁人也许也会这么做，等等。这种做法的实质是对犯罪嫌疑人的道德观念进行误导，为其行为提供一种合理化的说辞，降低其对行为危害性的认识，从而降低其对不利后果的担忧。

所谓对犯罪后果进行虚假解释，是指侦查人员对犯罪嫌疑人的犯罪后果进行虚假解释，歪曲法律、政策的本意，故意从轻理解犯罪和刑罚的严重性，夸大从轻、减轻处理的可能性。这种方法在实践中可以降低不懂法的犯罪嫌疑人对不利后果的担忧，从而为犯罪嫌疑人如实供述案情扫清心理障碍。

无论是借助合理法机制，还是对犯罪后果进行虚假解释，这两种方式并没有从实质上改变犯罪嫌疑人的利害关系，只是改变了犯罪嫌疑人对犯罪严重性和不利后果的认知。它实际上让犯罪嫌疑人对现实的利害关系形成一种错觉。即犯罪后果不那么严重，而如实供述可能会对其更加有利。

这种讯问方法是否违法很难定论，因为法律并没有明确禁止。但有一点是可以确定的，那就是这类方法含有一定的欺骗和引诱因素，逾越了正常的道德界限。

二、伦理标准存在形态

讯问实践中对道德界限的逾越和理论上的宽容，并不意味着侦查讯问没有伦理界限或者不需要遵守伦理规则。相反，侦查讯问中伦理标准客观存在，侦查讯问遵循伦理规则也是必然要求。

（一）法律规范中的伦理界限

侦查讯问的法律规范中，有相当一部分本身具有伦理内涵。如我国《刑事诉讼法》第 14 条规定："诉讼参与人对于审判人员、检察人员和侦查人员侵犯公民诉讼权利和人身侮辱的行为，有权提出控告。"这实际上禁止侦查人员在侦查讯问中对犯罪嫌疑人进行人身侮辱。而第 50 条更是严禁刑讯逼供和以威胁、引诱、欺骗以及其他非法的方法收集证据。这里法律所禁止的人身侮辱、刑讯逼供、威胁、引诱、欺骗等手段，本身既是违反法律的行为，又是违反伦理道德的行为。法律禁止这类行为在一定程度上可以看作对不道德行为的否弃。又如我国《刑事诉讼法》第 270 条规定："对于不满十八岁的未成年人犯罪的案件，在讯问和审判时，可以通知犯罪嫌疑人、被告人的法定代理人到场。无法通知、法定代理人不能到场或者法定代理人是共犯的，也可以通知未成年犯罪嫌疑人、被告人的其他成年亲属，所在学校、单位、居住地基层组织或者未成年人保护组织的代表到场，并将有关情况记录在案。到场的法定代理人可以代为行使未成年犯罪嫌疑人、被告人的诉讼权利。"让未成年犯罪嫌疑人的法定代理人到场，既有保证讯问顺利进行的作用，又照顾了亲情关爱，体现了对伦理情常的尊重。

这样的规定也可见于其他国家和地区的刑事诉讼法律规范中。如《德国刑事诉讼法典》第 136 条 a 规定："对被指控人决定和确认自己意志的自由，不允许用虐待、疲劳战术、伤害身体、服用药物、折磨、欺诈或者催眠等方法予以侵犯。只允许在刑事诉讼法准许的范围内实施强制。禁止以刑事诉讼法不准许的措施相威胁，禁止以法律没有规定的利益相许诺。"《英国警察工作规程 C》也有类似对警察讯问的限制性规定。如不得给犯罪嫌疑人提供致醉的药剂（或酒），不得要求犯罪嫌疑人处于站立状态等，避免犯罪嫌疑人失去自由的意识控制或受到体罚。我国台湾地区的"刑事诉讼法"第 98 条也规定："讯问被告应出以恳切之态度，不得用强暴、胁迫、利诱、诈欺、疲劳讯问或其他不正之方法。"这些法律规范不仅禁止讯问中采用侵害被讯问人合法权利的手段，而且禁止采用损害人的尊严以及其他不正当手段。而人的尊严本身体现了伦理价值，不正当手段也包含着伦理上的裁量因素。

侦查讯问中这些带有伦理内涵的法律规范，实际上是法律规范和伦理规范的结合体。这些规范一方面体现了法律对伦理的尊重，另一方面也是法律对一些普遍伦理规则予以确认的结果。如果说侦查讯问中的法律规范为讯问行为设定了一条法律界限的话，那么这些带有伦理内涵的法律规范则在这些法律界限上加了一道伦理标记。它标示着违背这些规范的讯问行为不仅逾越了法律的界限，同时也逾越了伦理的界限。尽管这道伦理标记同侦查讯问的法律界限一样模糊不清，但我们却不能否认它的存在。

进一步而言，这一伦理界限的存在也显示出法律对于伦理道德的反作用。美国伦理学家雅克·蒂洛（Jacques P. Thiroux）在谈论法律与道德的关系时说："我们可以这样说，法律是公众的道德汇编，因为它为一种文明的所有成员开列了在该文明中得到公认的合乎道德的行为方式。法律也规定道德的行为方式，并通过法典和用以确立、坚持和改变部分法规的整个司法程序，支持本身所包含的道德。"① 由此看来，侦查讯问中的这些具有道德内涵的法律规范不仅开列了法律行为方式，而且开列了道德行为方式，同时它们还体现了诉讼程序对法律本身所包含的道德的支持。

---

① ［美］雅克·蒂洛、基思·克拉斯曼著：《伦理学与生活》（第 9 版），程立显、刘建等译，世界图书出版公司 2008 年版，第 21 页。

（二）法律规范外的伦理界限

侦查讯问的法律规范同其他法律规范一样，具体包括授权性规范、义务性规范和禁止性规范。这些规范规定了侦查讯问的主体、程序和禁止事项，形成了相对系统的规范体系。这些法律规范一方面规制着侦查讯问活动和过程，另一方面也是判断讯问是否合法的标准。

然而，由于法律规范本身的局限性和侦查讯问活动的复杂多样性，侦查讯问制度在调整讯问活动中不可避免地存在这样或那样的不足。"讯问活动是在侦查人员与犯罪嫌疑人之间进行的包括心理、情感因素在内的交互活动，立法更不可能涵盖讯问活动的一切情节。"[1] 显然，实践中侦查讯问的情势多种多样，法律规定难以涵盖所有问题和环节。

那么在法律没有规定或规定不够详细的地方，侦查人员的讯问是否就不受约束呢？答案当然不是。这是因为侦查讯问既是法律活动又是人际交流活动。作为法律活动，侦查讯问依然受法律原则的支配；而作为人际交往活动，侦查讯问还要遵守道德原则和规范。也就是说，除了具体的法律规范之外，侦查讯问还要受法律原则、伦理原则和规范的约束。

当然，侦查讯问中的伦理原则和规范不像法律规范那样明确，更没有法律规范那样的强制力，但这并不是说他们不存在或没有作用。一方面，伦理原则和规范是判断不当讯问的重要依据。侦查讯问过程中既存在合法与非法的问题，又存在讯问方法的适当与不当的问题。前者是关涉侦查讯问的合法性，需要依据法律标准来判断，后者则是合理性问题，需要依照伦理标准来判断。在法律规范相对抽象的情况下，合法性和合理性有着很强的互动作用，两者并不能截然分开。这使伦理原则和规范在实践中又发挥着另一方面的重要作用，那就是直接影响非法讯问的认定。在侦查讯问法律规范中，有相当一部分是授权性规范。这部分规范中包含着众多的裁量因素，实践中侦查人员裁量处置的权力界限如何判断，需要参照伦理原则和规范。同时，即便是禁止性规范在实践中也存在适用的问题。违反禁止性规范的非法讯问在判断和认定的过程中，需要直接参考伦理原则和伦理规范。如美国最高法院和一些上诉法院的判例中，法官确认了一些警方以欺诈手段获取自白的证据力，但这些自白必须具备两个条件：一是这种欺骗手段不能恶劣到使法院及社会大众的"良心愤慨"（shock the conscience）；二是不能潜存使人为不实自白的危险。[2] 其中，所谓的"良心愤慨"本身就是一个道德伦理判

---

[1] 宋英辉、吴宏耀著：《刑事审判前程序研究》，中国政法大学出版社2002年版，导言。

[2] ［美］佛瑞德·英鲍、约翰·莱德、约瑟夫·巴克来著：《刑事侦讯与自白》，高忠义译，商业周刊出版股份有限公司2000年版，第281页。

断。其中，违反良心或良知的判断离不开伦理原则和规范。

实际上，侦查讯问乃至整个刑事诉讼过程尽管与日常的社会生活有着明显的不同，但是也不可能与其完全分离。整个诉讼活动领域本身就是法律与伦理的重叠地带，法律规范和伦理规范同时在这一地带发挥着调节作用。这其中，侦查讯问活动不可能密闭于法律的容器中而不受伦理规范的制约。

三、伦理标准特征

在侦查讯问中发挥作用的伦理规范与法律规范存在明显的差异。这也决定了讯问的伦理界限与法律界限的不同。法律界限是确定的、具体的，而且是统一的，而伦理界限则是相对的、多元的和带有差别性的。

（一）相对性

伦理标准的相对性源于道德的相对性。道德本身既有相对的一面，又有绝对的一面。其相对性表现为道德规范的差异性和不确定性，而其绝对性则在于其不确定的道德规范中渗透着普遍的、共同的、不变的道德价值。也就是说，道德在价值和观念层面是确定的、绝对的，而在具体的情境中，评价人们行为的道德规范则是相对的，需要根据具体的情境进行相应的道德判断和选择。在表现形态上，体现人们道德观念和价值的道德原则是普遍的，具有超越特定情境的普适性，而具体的社会生活情境中的道德标准则是相对的，具有特殊性。因此，道德原则是抽象的、不变的，而具体情境中的伦理标准则是具体的、相对的。不同的境况中，判断人们行为善恶的伦理标准可能不同，需要根据具体的情境进行分析，但据以判断和选择的道德原则却是确定统一的。

具体到侦查讯问中，判断讯问行为是否合理需要根据抽象的伦理原则结合具体的情形进行分析，才能确定判断的伦理标准。这一点与评判讯问行为的法律标准不同，因为法律规范经过立法统一确认，是明确具体的。进言之，侦查讯问的法律标准不能因情境的不同而任意变动，而伦理标准则必须根据情境的不同而进行调整。在一定意义上讲，相对性使侦查讯问的伦理标准更具有灵活性。因此，判断讯问行为是否合理要比认定其是否合法具有更大的权衡和选择的空间。

保持伦理标准的相对性是必要的。它提供了灵活调整的空间，可以使人们根据具体的情形作出恰当的判断。情境不同，得出的结论可能不同。从应用的角度来看，伦理标准必须要保持相应的灵活性以适应实践中的变化。

当然，这种灵活性绝不是任意的或无限的，否则讨论行为的评判标准就没有实际意义。实践中，不管情境怎样变化，人们总是能够根据具体的情形就侦查讯问行为的合理性达成某种一致判断。这是因为相对灵活的伦理标准背后有确定的道德原则和普遍的道德价值。如果脱离了这些确定性的因素，侦查讯问的伦理标准就会给人以飘忽不定的感觉，有时甚至不可捉摸。

（二）多元性

1. 多元伦理原则存在的原因

第一，侦查讯问目的和手段之间存在天然的矛盾。侦查讯问的目的是要从犯罪嫌疑人那里获取案件的信息和证据，而案件的信息和证据又极有可能使犯罪嫌疑人自己陷于不利的境地。收集案件信息和证据的目的是正当的，但从犯罪嫌疑人口中获取，让犯罪嫌疑人自证其罪，本身就不符合人的趋利避害的本性。即便这一过程不带任何强制因素，也与人之常情有悖。

侦查讯问中目的和手段之间的内在矛盾使得评价侦查讯问结果和手段的伦理原则存在差异。对讯问结果的评价主要着眼于讯问目的与实际结果的距离，而对讯问手段的评价既要着眼于讯问目的的实现又要关注讯问手段本身的正当性和合理性。这意味着对讯问手段的评价离不开对讯问过程的单独审视。因此，评价讯问结果和手段的伦理原则虽然有必然的联系和诸多一致的地方，但因其着眼点不同而存在差异和矛盾。

第二，侦查讯问中存在多元冲突的价值目标。侦查讯问同其他诉讼程序一样，面临着公正、效率、安全、自由等多元的价值追求，这些价值目标本身有一致的地方，也有相互冲突之处。如效率与公正之间、安全与自由之间，这些冲突在侦查讯问中表现得更为突出。

多元的价值目标直接导致了侦查讯问中道德原则的多元化。价值目标对道德和法律规范体系都具有统摄作用，它直接影响着道德原则和法律原则。这些原则为实现价值目标服务。在道德体系中，不同的价值目标决定了不同的道德原则。而价值目标的多元化需要多元的道德原则来发挥作用。从制度运行角度来看，侦查讯问过程中多元价值目标之间的冲突和选择转化为多元伦理原则之间的比较和权衡。

第三，伦理原则本身就是多元的。在人们复杂的社会生活中，并存着不同的道德原则。它们从不同的角度调节着人们的行为。当然在具体的领域，这些原则存在主次差别。在不同的领域占主导地位的原则也不同。就侦查讯问而言，讯问过程本身也是不同道德原则共同作用的领域。一些普遍适用的道德原则在这一领域中发挥着持续的调节作用。

2. 讯问中的主要伦理原则

（1）人道

侦查讯问发生于侦查人员与犯罪嫌疑人之间，作为人与人之间的活动，侦查讯问必须遵守人际交往的最基本道德底线，那就是把人作为人来对待。这正是人道原则的核心要求。人道原则不仅适用于人与人的交往行为，而且适用于国家职权行为。出于对人类自身的保护和尊重，人道原则要求所有人都应享有同类的人道待遇，其人格尊严应受到尊重。人道原则的背后是对人的生命价值的尊重，它表达了对保护和保存人的生命的关切。从经验上讲，没有活着的人便没有社会的存在，也无所谓任何道德。

侦查讯问尽管是国家职权行为，也必须恪守这一原则。因为没有对生命价值的尊重，就没有正当的刑事诉讼，也不可能有合理的侦查讯问。没有活着的人，任何诉讼都没有意义。因此，人道原则要求侦查讯问必须珍视人的价值，应当给予犯罪嫌疑人以人道待遇，尊重嫌疑人的人格尊严。

（2）诚信

诚信原则的根本要求就是说实话，其目的在于维系人际间的信赖关系。它一方面强调人们的言行要忠于事实真相，反对虚假行事；另一方面要求人们信守承诺，反对食言。诚信原则对于整个社会道德体系来说，具有至关重要的作用。对此，伦理学家雅克·蒂洛曾言，"实际上，如果任何道德体系的参与者，不能断定别人是否说实话，那么，这个道德体系怎能起作用呢？由于道德体系强调讲授与传播，如果人们不能肯定传播者是在撒谎还是在说实话，这种理论怎能得到传播呢？"① 可见，道德体系的存在和发展离不开诚信原则的支撑，而人际之间要进行富有意义的交往，也离不开诚信基础。基于此，诚信原则必须在社会生活的方方面面得到普遍遵守，也就是说，诚信原则是一个在整个社会领域普遍适用的原则。

当然，诚信原则不是没有例外的。诚信原则要求人们尽可能坦诚地表达自己的真实思想，然而在复杂的社会中这又有可能让人们在交往中容易受到伤害。为了避免伤害，人们又需要建立相应的防卫机制，避免向别人暴露自己。一方面人们的交往迫切需要诚信原则，另一方面出于自我保护的需要，又要避免因暴露自己而受到伤害。因此，诚信原则在社会生活中不是绝对不可违反的，而是允许存在某些例外。但是，这些例外不是任意的，而是需要道德上的仔细证明和推敲。在任何可能的情况下，这一基本原则仍然应当得到坚持。诚信原则在现实社会中也会呈现这样一种现象：人们一直在强调和认同诚信，但在某些情况下仍然会有撒谎行为，而且许多情况下这些撒谎在道德上也是容许的。尽管如此，这也并不影响诚信原则的广泛适用，它依然是一个普遍适用的道德原则。

作为一个普遍适用的道德原则，诚信原则当然适用于侦查讯问的全过程。首先，它要求侦查机关和侦查人员忠于事实真相。不仅侦查讯问的笔录要如实记载

---

① ［美］雅克·蒂洛、基思·克拉斯曼著：《伦理学与生活》（第 9 版），程立显、刘建等译，世界图书出版公司 2008 年版，第 152 页。

讯问的真实情况，而且侦查讯问要尽可能地查明案件事实真相。侦查人员在讯问中要避免使用那些可能导致虚假供述的方法，更不能故意进行歪曲事实真相的引供。其次，诚信原则禁止侦查人员在侦查讯问中滥用不能兑现的承诺。对犯罪嫌疑人承诺不能兑现的利益，本身是在欺骗和愚弄犯罪嫌疑人，另外也可能会导致虚假的供述。

（3）公序良俗

公序良俗适用于整个侦查过程①，也当然适用于侦查讯问。侦查讯问发生在侦查人员与被讯问的犯罪嫌疑人之间，地点一般在讯问室等法定场所。通常而言，侦查讯问不会对公共秩序和善良风俗造成直接的影响。但这并不是说侦查讯问不需要遵循公序良俗原则。一方面，侦查讯问虽然不会直接损害公共秩序和善良风俗，但会对其造成间接的影响。侦查讯问手段的伦理效应会影响犯罪嫌疑人及其家属，而公开后的示范效应则会直接影响社会公众。不道德的讯问方法有可能成为公共事件的诱因，也有可能产生伤风败俗的效果。另一方面，公序良俗在现实中的样态是一种常情常理，讯问中违反常情常理的做法会伤害公众的道德情感。当侦查讯问的手段引起社会公众普遍愤慨的时候，实际上已经超出常情常理的限度。这不仅会对善良风俗造成伤害，而且会威胁到公共秩序。

具体到侦查讯问中，公序良俗原则要求侦查人员注意讯问手段的社会效应。一方面要注意目的的正当性。侦查讯问应当从维护社会秩序和公共利益的角度出发，选择恰当的手段和方式。另一方面要注意遵守常情常理。侦查讯问手段要符合正常的道德规范，不能违反善良风俗的一般要求，更不能在道德情感上引起社会公众的震怒。

（三）差异性

侦查讯问中，判断不同主体行为的伦理标准存在程度上的差异。这种差异主要体现在侦查人员和犯罪嫌疑人两类主体上。也就是说，对侦查人员的伦理要求和对犯罪嫌疑人的伦理要求存在差异。进言之，由于犯罪嫌疑人和侦查人员角色定位的不同，两者在行为评价方面也不在同一个道德基准上。

1. 角色定位的差异

侦查人员和犯罪嫌疑人在诉讼中扮演不同的角色。侦查人员代表国家行使侦查权，是国家机关工作人员。与之相反，犯罪嫌疑人仅代表其本人，在诉讼中是相对于国家而存在的公民个体。不同的社会角色标示着主体不同的身份。就侦查人员而言，其身份是双重的。他一方面代表着其本人，另一方面在行使职权时又

---

① 参见前文关于公序良俗原则的论述。

代表着国家或国家机关。就犯罪嫌疑人而言，其身份是单一的，仅代表着其本人。

身份不同，行为的意义也不同。侦查人员的讯问行为既是一种职务行为，也是一种国家行为。作为职务行为，其必须与特定的职位相适应，并严格按照既定的操作规范来进行。作为国家行为，侦查行为是国家职能的体现，需要着眼于公众对国家的合理期待。无论是国家行为还是职务行为，都必须具有可预期性，因此职务行为更强调合规范性，对行为人个人情感和偏好具有一定的排斥性。故而，侦查人员的讯问行为一方面需要严格遵循既定的程序规范，按照设定的角色完成预定的任务；另一方面又要避免个人偏见的影响。与之相反，犯罪嫌疑人在侦查讯问中的行为是个人行为。作为个人行为，其主要体现个人意志和自由。在行为中体现个人的偏好是个性的正常体现，属于正常现象。

2. 伦理标准的差异

由于角色定位的不同，社会主体需要遵循的道德规则也不同。犯罪嫌疑人作为公民个体，需要遵循的是个人道德规范体系。而侦查人员的双重身份决定了其要遵循双重道德规范。作为社会个体成员，侦查人员要受个人道德的约束；而作为国家和国家机关的代表，他还要遵循国家工作人员的职业伦理，履行国家的道德义务。

在不同的道德规范体系中评价行为的道德标准也存在差异。个人道德着眼于个人的信念、修身原则，侧重于个人行为的评价。职业道德着眼于行业的社会职能，具有很强的专业特色，侧重于职业行为的评价。在评价标准上，公民个人行为和国家机关的行为显然是不同的。对于公民个人行为的评价只能立足于最基本的或最低限度的道德要求。"我们不能立足于公民做最佳的，而只能立足于公民做最基本的；我们不能奢望公民获得最高限度的道德品行，只能希望公民在获得最基本的日常化的道德品行的基础上进一步发展自己。"① 而国家对于社会道德的发展具有推动和引导职责，国家机关及其工作人员的行为具有道德示范作用。这就要求国家机关工作人员承担着更高的道德义务，发挥正面引导作用。因此，评价国家机关工作人员行为的道德标准要高于评价公民个人行为的道德标准。

具体到侦查讯问过程中也是如此。对犯罪嫌疑人的道德评价只能立足个人伦理，以最低限度的道德标准来衡量，即便低于常人的标准也是可以容忍的。而对于侦查人员讯问行为的评价则要立足于国家伦理，体现国家的道德义务。虽然不能提过高的要求，但至少应当不低于犯罪嫌疑人的道德标准。反过来看，这种差

① ［英］哈耶克：《自由秩序原理》，邓正来译，大百科全书出版社2000年版，第181—182页。

异更为明显。犯罪嫌疑人的不道德行为往往被认为是正常现象，而侦查人员的不道德行为则让人难以容忍。

这是因为公众对侦查人员有更高的期待。如美国联邦最高法院在1959年斯帕诺诉纽约州（Spano v. New York）一案判决中指出："社会大众对于采用不具任意性的自白相当痛恨，并不仅仅因为这种自白的可信度有问题。而是因为民众有很深的期望，要求警方在执行法律时也必须守法；警方用非法的手段来侦诉那些他们所以为的犯罪行为人，事实上警方的做法就跟那些真正的犯罪行为人一样，危及了别人的自由及生命。"①其实，这种期望不仅仅体现在警察守法上，也体现在道德上。

侦查讯问中伦理标准的差异性还体现在诚信原则的适用上。诚信原则主要是针对侦查机关和侦查人员而言的。对于犯罪嫌疑人而言，要求其遵循诚信原则如实供述案情则是一种苛求。这是因为两者角色不同，承担的道德义务也不同。一方面，侦查机关和侦查人员的守信具有更重要的意义。在现代社会中，人们之间的信赖关系离不开社会信用体系，而社会信用体系的建立首先需要国家机关诚实守信。从影响看，个人失信其影响是局部的，而国家失信则会影响整个社会。侦查人员在讯问中信守承诺实际上是国家守信在侦查讯问领域的延伸。另一方面，犯罪嫌疑人违背诚信原则在道德上有一定的正当理由。这是因为诚信原则是允许存在例外的。当实话实说可能给自己带来损害的时候，必要的撒谎可能是正当的。这是出于自我保护的需要。就犯罪嫌疑人而言，在讯问时遵循诚信原则，实话实说，可能给他自己带来损害。因此，如果强加给他实话实说的义务，反而有悖于人性。

伦理标准的差异性说明犯罪嫌疑人和侦查人员在侦查讯问中承担不同的道德义务。对犯罪嫌疑人的伦理期待和道德要求不能过高。嫌疑人涉嫌的犯罪本身就是一种极端的违规行为，如果再去期待犯罪嫌疑人在讯问中能恪守道德规范，显然是不切实际的。但这并不影响侦查人员对道德规范的遵守。由于承担的道德义务不同，侦查人员自然不能同犯罪嫌疑人站在同样的道德起点上，更不能"以毒攻毒"采用更邪恶的手段来对付犯罪嫌疑人。

四、回归伦理

（一）尊重伦理标准

侦查讯问的目的在于从犯罪嫌疑人那里获得与案件相关的信息，讯问本身是

---

① ［美］佛瑞德·英鲍、约翰·莱德、约瑟夫·巴克来著：《刑事侦讯与自白》，高忠义译，商业周刊出版股份有限公司2000年版，第333页。

实现这一目的的手段。换个角度看，有关侦查讯问的法律规范和道德规范实际上是对侦查讯问手段的限制。那么，侦查讯问能否仅遵守法律标准而超越伦理标准的限制呢？对此问题的回答需要我们放宽视角，全面理解伦理标准的作用。

在实际操作中，伦理标准在一定程度上制约着手段的有效性，进而会影响目的的实现。要不要这种伦理限制？在不同的领域中存在不同的判断。在《超限战》的导言中，作者写道：

"在今天，衡量一种手段的有效性，主要不是看手段的属性和它是否合乎某种伦理标准，要看它是否符合一个原则，即实现目标的最佳途径原则。只要符合这一原则，即最佳手段。其他因素虽不能说可以完全忽略不计，但却必须以有利于目标的实现为前提。也就是说，超手段组合首先要超越的不是别的，恰恰是手段本身所隐含的伦理标准或原则规范。而这远比把一些手段与另一些手段组合在一起，更困难也更复杂。只有完成了对既有观念的超越，才能使我们摆脱禁忌，进入手段选择的自由——超限之境。"①

显然，作者从有效性的角度主张超越伦理标准或原则的限制。应该承认，如果单从目的论的角度看，这一观点无疑是正确的。但是我们也应当看到，这种超限主张可以适用于军事，而不能适用于诉讼。诉讼的目的在于解决纠纷维持秩序，而伦理道德也是维护社会秩序的手段之一。诉讼超越伦理标准不仅不利于纠纷的解决，反而有可能使纠纷更加复杂甚至诱发新的纠纷和矛盾，这显然不利于社会秩序的维持。

具体到侦查讯问中也是如此。侦查人员采用不道德的手段可能会从犯罪嫌疑人那里拿下口供，并最终将犯罪者绳之以法。但问题在于讯问中这种"胜之不武"的手段可能会使被定罪者及其家属产生逆反心理，这不仅会降低诉讼结果的权威性，而且不利于犯罪者服判和改造。同时法律和道德本身存在千丝万缕的联系，将二者完全剥离开来是不可能的。因此，在侦查讯问中完全超越伦理标准的限制不仅不利于诉讼目的的实现，而且也是不可能实现的。

在道义上，侦查机关与犯罪嫌疑人双方的地位也是不同的。虽然根据无罪推定原则犯罪嫌疑人在侦查阶段应当被视为无罪，但还毕竟不同于普通公民。与普通公民相比，犯罪嫌疑人与犯罪案件有更多的联系。作为被追诉的对象，犯罪嫌疑人已被侦查人员形成可能犯罪的心证。因此在道义上与恶有更多地联系。而侦查人员代表国家行使职权，具有天然的正当性，形式上象征着正义和善。

显然，在强弱悬殊的情况下，要保证对抗的公正性，就必须在手段上进行适当的限制。基于趋利避害的心理，有罪的犯罪嫌疑人自然会选择逃避追诉和惩

---

① 乔良、王湘穗著：《超限战》，中国社会出版社2005年版，导言。

罚。由于诉讼结果关系到被追诉者的财产、自由甚至生命，因此道德上的限制很难对犯罪嫌疑人发挥作用。同时由于事关利益重大，犯罪嫌疑人穷尽各种可能的手段来逃避追诉是正常的。而侦查人员作为国家和正义的代表，在侦查中既要注意手段的合法性，又要注意手段的合理性。一方面，作为法律的执行者，侦查人员自然要依法行事；另一方面，国家也是社会主流道德的倡导者和维护者，作为国家的代表，侦查人员也需要履行相应的道德义务。因此，侦查对抗中的手段限制主要在侦查人员一方，而不在犯罪嫌疑人。

侦查人员应当在侦查讯问中尊重犯罪嫌疑人的尊严和合法自由，注意手段的正当性，只有这样才能体现执法的正义性。黑格尔说："法和正义必须在自由和意志中，而不是在威吓所指向的不自由中去寻找它们的根据。如果以威吓为刑罚的根据，就好像对着狗举起杖来，这不是对人的尊严和自由予以应有的重视，而是象狗一样对待他。威吓固然终于会激发人们，表明他们的自由以对抗威吓，然而威吓毕竟把正义摔在一旁。"① 实际上，对公民自由和意志的尊重也体现在对犯罪嫌疑人的待遇上。侦查讯问中采用不道德的手段，不管是威吓还是欺骗，也同样把正义摔在了一边。

在中国人的道德观念里，人不仅有好坏之分，还有"君子"与"小人"之别。"君子喻于义，小人喻于利"，"君子怀德，小人怀土。君子怀刑，小人怀惠"②，"君子周而不比，小人比而不周。"③ 君子与小人的区别在于：君子坚持走正义之路，严格遵守法律和规章，照顾到大局，而小人则追逐私利，缺乏整体和大局意识。在对抗中也有"君子之争"和"小人之斗"的说法。"君子之争"意味着对抗中要遵循游戏规则和道德规则，"小人之斗"则意味着为达目的不择手段。

如前所述，侦查讯问中的对抗不同于战争对抗，侦查讯问和其他诉讼程序一样，追求公平正义，因此，虽然犯罪嫌疑人难称君子，甚至是恶人，但侦查人员面对犯罪嫌疑人，在侦查讯问中却不能做小人。侦查讯问不仅要依法进行，而且要恪守道德底线，否则，正义将会成为"牌坊式"的摆设。

（二）恪守伦理界限

既然不能完全超越伦理标准的限制，那么，面对不讲道德的犯罪嫌疑人，侦查人员能否逾越道德的界限采用较低的道德标准讯问犯罪嫌疑人呢？对此，美国学者佛瑞德·英鲍（Fred E. Inbau）等持肯定态度。他们认为，"侦讯者面对嫌

---

① 黑格尔著：《法哲学原理》，范扬、张企泰译，商务印书馆 1961 年版，第 102 页。
② 《论语·里仁》。
③ 《论语·为政第二》。

犯必须采用较低水平的道德标准，高标准则留着在日常生活中跟一般人打交道用。"[1]　就中国学者而言，也鲜见反对的声音。[2]

不管学者们如何回答这个问题，现实中大量存在这种现象却是不争的事实。现实中，侦查人员所采用的讯问手段有一部分确实低于正常的道德标准。那些非法的不道德讯问手段自不必多言。但在那些不违法与不道德之间的讯问行为中，有一部分是不正当的，同时也确有一部分是正当的。至此，问题的关键是如何看待这部分看似不道德但又具有正当性的讯问行为。如果这部分行为具有正当性，同时又确实是不道德的，那么我们就可以认为侦查讯问可以逾越道德界限。反之，如果这部分具有正当性的讯问行为并没有真正违反道德标准，那么人们就不能得出那样肯定的结论。

在笔者看来，这部分具有正当性的讯问行为只是违背了某些道德原则，但并不是逾越了侦查讯问的伦理界限，如果真的逾越了道德界限就不可能具有道德上的正当性。

首先，道德原则和伦理标准并不是同一个概念。侦查讯问的伦理标准是根据道德原则来确定的，但这并不是说伦理原则就是伦理标准。侦查讯问中的道德原则是多元的，但伦理标准却是相对确定的。侦查讯问的伦理标准是根据多元的道德原则结合具体的情境来确定的。因此，违背了其中的一个或几个原则，并不意味着就违反了道德标准。这是因为这些不同的道德原则之间有相互冲突的地方。一个行为可能违背了某一个道德原则，但却符合另一个道德原则。这也就是说，一个行为可能在一个道德原则那里丧失正当性基础，但却在另一原则那里获得了正当性。某些行为违背了具体的道德原则给人以不道德的假象，但实际上并没有真正的超过道德界限，因此并不是不道德的行为。

其次，在某些情况下采用违背道德原则的讯问手段之所以是正当的，是因为这些手段是在具体的情境下根据多元的价值目标和道德原则权衡选择的结果。也就是说，一些讯问行为在正常情况下可能是不正当的，但在某些特殊情况下，多元的价值目标和道德原则赋予了它以正当性基础。实际上这些行为并没有真正逾越侦查讯问的伦理界限。因为伦理标准也是根据这些多元的价值目标和道德原则结合具体的情境进行平衡和选择后才能确定的。伦理标准的确定过程实际上也是行为正当性的认定过程。如果讯问行为超越了这一标准，就不能具有道德上的正当性。

---

① ［美］佛瑞德·英鲍、约翰·莱德、约瑟夫·巴克来著：《刑事侦讯与自白》，高忠义译，商业周刊出版股份有限公司2000年版，前言第26页。
② 赞同的观点见前文。

最后，有些行为属于道德原则的例外情形，并没有真正违背道德原则。有例行就有例外，每一个道德原则都不是绝对的，都有例外。实践中，一些看似违背道德原则的事情，给人以不道德的假象，但实际上是一种例外情形。

综上可以看出，有一些看似不道德的讯问行为之所以具有正当性，是因为他们实际上并没有违背侦查讯问的道德标准，也不是对伦理标准的逾越。这种情形的存在是道德标准灵活性的体现。判断某一行为是否符合道德，须根据具体的情形进行综合判断。

当然，这种灵活性不是任意的，而是有限度的。违背任何一个道德原则，必须要有更高位的道德原则为其提供支撑，否则就不可能具有正当性。因此，侦查讯问虽然可以违背某些道德原则，但却不应逾越伦理的界限。

为了更好地理解侦查讯问的伦理标准（界限），我们必须弄清以下问题：

1. 犯罪嫌疑人道德低下并不能构成侦查人员逾越道德底线的正当理由

一般而言，嫌疑人涉嫌实施严重违背社会共识的犯罪行为，其道德修养并不高。道德规范对犯罪嫌疑人并不一定会起到什么作用。侦查讯问中，犯罪嫌疑人也不会因为宣讲生活伦理而马上招供。这样看来，侦查讯问中以"君子之道"对待犯罪嫌疑人，不仅多余而且显得有些迂腐。但是我们也应当反思，犯罪嫌疑人道德低下就构成侦查人员逾越道德底线的正当理由吗？如前所述，犯罪嫌疑人与侦查人员身份不同，承担的道德义务不同，行为的道德标准也不同。犯罪嫌疑人与侦查人员原本不在同一个道德起点上。公众对犯罪嫌疑人并没有太高的道德预期，但对侦查人员的道德期待却不低。公权力的越界，不管是超越法律界限还是超越道德界限，都会增加公共行为的不可预期性，进而会引起公众的不安。当然，任何公权力的行使都需要灵活性。对不同的人，方法可以不同。但打交道的方法不同，并不是说可以根据不同的对象任意调整道德底线。如果可以根据不同的对象任意调整行为的伦理界限，那么公权力行为就会变得不可预期。同样，如果侦查人员可以任意用不道德甚至龌龊的手段来对付犯罪嫌疑人，那么，谁也不能保证他不会将这些手段用来对付正常人。换一个形象的说法，当警察以同样流氓的手段对付流氓的时候，在公众的眼里警察和流氓也就没有什么两样了。因此，犯罪嫌疑人的道德水平并不是侦查人员采用不道德讯问手段的正当理由。

2. 口供的重要性不是侦查人员违背道德标准的正当理由

犯罪嫌疑人的口供在证明犯罪中具有重要的意义。尤其在证据资源比较匮乏的情况下，口供的作用就更加突出。口供的重要性凸显了侦查讯问的作用。但这并不能成为侦查讯问突破道德底线的正当理由。首先，口供并不一定非得通过不道德的方法和途径才能取得。在道德允许的范围内，依然有其他方法可以获取口供。其次，依赖口供的刑事执法容易被滥用，其可靠性也比较差，而突破道德底线进行讯问，会进一步降低口供的可靠性，加剧侦查权的滥用。美国联邦最高法院在伊斯科波多诉伊利诺伊州案中判决中指出："古代和现代的历史教训表明：从长远来看，依赖于被告人'口供'的刑事执法，与那些通过独立的技术性侦查来获取外部证据证明犯罪的制度相比而言，更不具有可靠性，也更容易被滥用。"① 显然，如果以口供的重要性为由使侦查讯问脱离道德规范的约束，那么冲破道德围栏的侦查权将会进一步被滥用，口供也会变的更不可靠。最后，目的的正当性和手段的正当性评价标准有一致的地方，也有不一致的地方。目的是正当的并不代表着手段一定正当，而且目的的正当性也不能掩盖手段的不正当性。公众认同讯问目的并不代表着能容忍不道德的讯问手段。因此，根据这一逻辑可以推出这样的结论：口供虽然很重要，但一定要取之有道。

五、伦理保障机制

侦查讯问的伦理标准具有相对性和差异性，其所依据的道德原则具有多元性，这制约了伦理标准在实践中的作用。一方面，这些特性使伦理界限显得相对模糊，给实际判断带来一定的困难；另一方面，伦理规范本身的强制性较弱，在很大程度上靠侦查人员自律来实现。这使侦查讯问中的伦理规范很难在实践中真正发挥作用。因此，有必要探索完善侦查讯问的伦理保障机制，使之能切实发挥作用。侦查讯问的伦理保障可以通过诉讼内机制和诉讼外机制两方面来实现。

（一）证据审查

在刑事诉讼中，证据必须经过查证属实，才能作为定案的根据。而所谓的查证属实实际上就是对证据进行审查并作出相应的判断。证据要作为定案的根据，必须要经过法庭的庭审调查和双方质证，这一过程可以看作为了判决而进行的证据审查。在证据审查中，不仅要查看证据的证据能力，还要就证据的证明力作出综合判断。而无论是审查证据的证明力还是证据能力，既离不开对证据的收集过程的审查，也离不开伦理因素的考量。

同样，对犯罪嫌疑人口供的审查，也离不开口供收集过程的审查和相关伦理因素的考量。现具体分析如下：

1. 口供合法性审查中的伦理裁量

对口供合法性的审查和判断离不开侦查讯问的过程和取证手段的审查。如我国刑事诉讼法禁止以威胁、引诱和欺骗的方法收集证据，而威胁、引诱和欺骗本身就包含有伦理因素，需要根据相应的道德原则才能认定。要认定侦查讯问手段

---

① See Escobedo v. Illinois, U. S. 748（1964）.

是否构成威胁、引诱和欺骗方法，必须把讯问手段的伦理因素考虑在内才能作出更准确的判断。又如在美国，自白的任意性制约着自白的合法性，而自白任意性的判断是一个相当复杂的问题。美国联邦最高法院在哈尼斯诉华盛顿州（Haynes v. Washington）案中指出："每个案件中的关键性问题是，被告人自白时其意愿是否得到尊重。简言之，被告人自白可接收的真正标准是，自白须是在自由、自愿和没有任何强迫或诱导的因素下作出的。当然，一项自白是否在强迫或不正当的诱导之下作出的，只有通过对整个案件情况的考虑才能决定。"① 而在对整体情况（totality of the circumstances）的判断中，伦理因素是不可回避的。如判断某些欺骗性手段的合法性的条件之一就是"不能恶劣到使法院及社会大众的'良心愤慨'（shock the conscience）"②，这种"良心愤慨"本身就是一种伦理裁量。

2. 口供证明力判断中的伦理考量

对口供的证明力的判断主要是认定口供的真实性。真实性既是判断口供合法性的根据，又是口供证明力的体现。而口供的真实性在很大程度上受侦查讯问手段的影响，有一些讯问手段有导致犯罪嫌疑人作不实供述的潜在危险。如何判断这种潜在的危险？现实的诱惑、情理的威胁、向犯罪嫌疑人提供不实的信息都有可能。在认定过程中，讯问手段的伦理因素对口供真实性有一定的影响作用。在判断犯罪嫌疑人供述是否真实以及虚假可能性大小的时候，附带考虑讯问手段的伦理因素可以更加准确地进行把握。

需要指出的是，对证据的审查不仅发生在庭审过程中。检察机关审查起诉、侦查机关移送审查起诉都需要对证据进行必要的审查。也就是说，除法官之外，检察官乃至侦查人员自己也能发挥证据审查作用。如《关于检察官作用的准则》第 16 条规定："当检察官根据合理的原因得知或认为其掌握的不利于嫌疑犯的证据是通过严重侵犯嫌疑犯人权的非法手段，尤其是通过拷打，残酷的、非人道的或有辱人格的待遇或处罚或以其他违反人权办法而取得的，检察官应拒绝使用此类证据来反对采用上述手段者之外的任何人或将此事通知法院，并应采取一切必要的步骤确保将使用上述手段的责任者绳之以法。"其中残酷、有辱人格的待遇或处罚的认定，本身也离不开伦理因素的考量。

在审查口供的时候对讯问过程和手段进行伦理考量，可以强化伦理规范和原则在侦查讯问中的调节作用，这种审查实际为侦查讯问提供了一种事后的道德审

---

① See Haynes v. Washington, 373 U. S. 503（1963）.

② ［美］佛瑞德·英鲍、约翰·莱德、约瑟夫·巴克来著：《刑事侦讯与自白》，高忠义译，商业周刊出版股份有限公司 2000 年版，第 281 页。

查机制。虽然以不道德的手段取得的口供在审查中不一定会被排除，但审查本身会对侦查人员施加一种外在的强制力量。它在一定程度上可以制约侦查权的滥用，在保证侦查讯问合法性的同时也提高了讯问手段的合理性。

（二）律师参与

律师参与侦查讯问过程，体现于多个国家的法律制度中。在美国，宪法第六修正案赋予了被告获得律师帮助的权利，米兰达规则将犯罪嫌疑人获得律师帮助的权利扩大到侦查阶段。犯罪嫌疑人在被讯问和辨认时，有权要求律师在场。在法国，在刑事诉讼的初级预审阶段，讯问犯罪嫌疑人也需要律师在场。《法国刑事诉讼法》第114条规定："除非当事人的律师在场或已经合法传唤，不得听取当事人的陈述，讯问当事人或者让其对质，除非当事人放弃此项权利。"[1]英国曾经一度认为警察讯问被拘留者是违宪的。卡维·J.法官在1983年宣称"如果法律允许警察使被拘留者经受讯问，而且没有任何人在场目睹讯问行为的进程，然后得出反对他的讯问结果，这将是令人震惊的。"[2] 1984年警察与刑事证据法从根本上对警察权进行了变革，此后，犯罪嫌疑人有权要求讯问时会见律师。有了律师的监督和参与，不仅保障了口供的自愿性，也使得犯罪嫌疑人的口供具有了证据上的可采性。

侦查讯问的时候律师在场，可以对侦查权形成一种同步制约机制。律师在场不仅可以对违法讯问起到制约作用，而且可以对侦查人员的不当讯问及时提出纠正意见。这在一定程度上可以防止侦查人员使用不道德的讯问手段。

在我国，修订后的刑事诉讼法进一步强化了侦查阶段辩护律师的介入。根据修订后的《刑事诉讼法》第33条、第36条、第37条的规定，犯罪嫌疑人自被侦查机关第一次讯问或者采取强制措施之日起，有权委托辩护人；在侦查期间，只能委托律师作为辩护人。侦查机关在第一次讯问犯罪嫌疑人或者对犯罪嫌疑人采取强制措施的时候，应当告知犯罪嫌疑人有权委托辩护人。辩护律师在侦查期间可以为犯罪嫌疑人提供法律帮助；代理申诉、控告；申请变更强制措施；向侦查机关了解犯罪嫌疑人涉嫌的罪名和案件有关情况，提出意见。辩护律师可以同在押的犯罪嫌疑人会见和通信。辩护律师持律师执业证书、律师事务所证明和委托书或者法律援助公函要求会见在押的犯罪嫌疑人的，看守所应当及时安排会见，至迟不得超过四十八小时。危害国家安全犯罪、恐怖活动犯罪、特别重大贿

---

[1] 余叔同、谢朝华译：《法国刑事诉讼法典》，中国政法大学出版社1997年版，第55页。

[2] ［英］麦高伟、杰弗里·威尔逊主编：《英国刑事司法程序》，姚永吉等译，法律出版社2003年版，第43页。

赂犯罪案件，在侦查期间辩护律师会见在押的犯罪嫌疑人，应当经侦查机关许可。上述案件，侦查机关应当事先通知看守所。辩护律师会见在押的犯罪嫌疑人，可以了解案件有关情况，提供法律咨询等；辩护律师会见犯罪嫌疑人、被告人时不被监听。但修订后的刑事诉讼法并没有讯问时律师在场的规定。有关机构进行了律师在场制度的研究和探索①，但何时能为立法所认可尚难确定。从伦理保障角度来审视侦查讯问，或许能为律师在场制度提供不同的注解。

（三）职业伦理

诉讼内保障机制主要是在刑事诉讼体系内通过外在的制约来发挥作用的，这种机制直接指向侦查行为，而不是侦查人员。要保证侦查讯问的合理性，还需要关注侦查行为背后人的因素，也就是侦查人员自身的问题。这不是诉讼内机制所能解决的。因此，要使侦查讯问不至于逾越伦理界限，仅靠诉讼内的机制并不能真正实现，还需要借助诉讼外的机制加以辅助。

从人的角度来看，侦查人员的职业自律对讯问手段的合理使用至关重要，而职业自律来自职业伦理的构建。因此，就完善诉讼外保障机制而言，首先要完成侦查人员职业伦理的构建。

所谓职业伦理，是指从事特定职业所必须遵循的一套特殊的道德规范体系。这套特殊的道德规则体系与职业的社会定位和专业领域紧密相关。就侦查人员群体而言，我国目前还没有真正构建出与刑事侦查相适应的职业道德规范体系。指导刑事侦查的职业道德规范体系具有多元化的特点，并没有在实践中真正发挥作用。关于我国侦查人员职业伦理的构建，本书将在后面专章论述，因此在此不再赘述。

---

① 2003 年，在联合国开发署的资助下，中国政法大学诉讼法学研究中心开始了"犯罪嫌疑人第一次被讯问时律师在场"的项目研究。

第五章　询问证人

　　刑事侦查是查明案件事实的过程，也是收集和固定证据的过程。在侦查过程中，证人是案件信息的重要来源，证人证言在诉讼证明中具有不可替代的价值。尽管我国刑事诉讼法规定了证人有作证的义务，但实践中证人作证的难题一直没有得到解决。证人不作证或不如实作证，不仅影响判决的公正性，而且给侦查带来障碍。检视我国现行证人作证制度，确实可以发现诸多需要改进的地方。改变证人作证的困局，不仅要关注证人作证制度的完善，而且要关注证人作证现象背后的伦理因素。忽视其中的伦理因素会使得证人作证制度仅有法律制度的躯壳，而没有伦理蕴涵。这样的制度会因为缺乏人情味而遭到抵制，注定会在实践中变异。

一、作证的变异

　　从法律上看，我国对证人作证进行了硬性的规定。有关证人如实作证的规定可见于不同类型的法条中。如我国《刑事诉讼法》第 60 条规定："凡是知道案件情况的人，都有作证的义务。"第 59 条规定："法庭查明证人有意作伪证或者隐匿罪证的时候，应当依法处理。"此外，根据第 108 条规定，证人发现有犯罪事实或者犯罪嫌疑人时，有向公安机关、人民检察院或者人民法院报案或者举报的义务。同时，根据我国《刑法》第 305 条和第 310 条的规定，证人在刑事诉讼中故意作虚假证明，意图陷害他人或者隐匿罪证的，构成伪证罪；明知是犯罪的人而作假证明包庇的，构成包庇罪。从法条上看，证人作证的义务非常明确，不如实作证的法律后果也很确定，证人作证没有可打折扣的余地。

　　然而现实的状况却与法律的规定相去甚远，证人作证问题一直是困扰刑事诉讼法实施的难题。首先，证人不出庭问题一直没有能够解决。实践中，证人出庭率一直普遍偏低。根据相关的报道和研究，刑事审判中证人出庭率在 5% 以下。[①]

---

　　① 在刑事诉讼法修订以后，证人不出庭问题一直比较突出。具体状况和数据可见：陈光中主编：《刑事诉讼法实施问题研究》，中国法制出版社 2000 年版；陈卫东主编：《刑事诉讼法实施问题调研报告》，中国方正出版社 2001 年版；樊崇义主编：《刑事诉讼法实施问题与对策研究》，中国人民公安大学出版社 2002 年版；崔敏：《刑事诉讼法实施中的问题与建议》，载《现代法学》1998 年第 1 期等。

证人向警察和检察人员作证，而不愿意出庭作证，成为中国刑事诉讼的一大怪现象。如学者们在实证调查中发现：2004 年某市法院系统"19 个刑庭中有 9 个刑庭没有刑事证人出庭，没有刑事证人出庭的法院竟占调查样本的近一半。有证人出庭的案件为 26 起涉及 68 名证人，以全部 6810 起刑事案件为基数，证人出庭率仅为 0.38％。"[①] 典型的个案是近来在重庆打黑系列案件中备受关注的李庄伪造证据、妨害作证案，该案一审开庭审理 16 小时，但公诉书所列的证人无一出庭。[②] 一些证人可以上电视接受采访，却不出庭作证。证人不出庭造成这样一种现象，即案件虽有证人和证言，但法庭仅能就侦查中收集的书面证言进行质证。这不仅难以保证证言的真实性，也使得法庭调查流于形式。即便是刑事诉讼法修订以后，证人不出庭作证问题也依然没有明显改观。

其次，在证人不出庭的表象背后，还存在大量的证人不作证现象。不愿出庭作证，但向警察、检察官作证至少算得上是部分履行了作证义务。而不作证则是彻底规避作证义务。侦查实践中这种现象也很普遍，不少证人逃避侦查人员的调查询问，远离司法程序之外。有的在侦查人员向其询问案情时一言不发，拒不陈述所知案情，有的则否认在场，隐瞒知道的案件事实。这种情形使得侦查人员难以从证人那里获得信息，给调查取证带来障碍。

最后，不如实作证。实践中，一些证人在不得不作证的情况下，勉强向司法工作人员作证，但作证时不如实陈述案情。具体表现为两种情形：一种表现情形是不说真话。证人被要求作证，但在提供证言时故意隐瞒部分案情，为犯罪嫌疑人开脱罪责。另一种表现是证言反复。证人在不同的诉讼阶段甚至面对不同的人，不同的情境作不同的证言，证言内容反复。

二、伦理冲突

证人不作证或不如实作证，有多方面的原因。既有害怕报复，不敢作证的，也有担心经济损失不愿作证的。这些安全问题和经济问题可以通过证人保护和经济补偿来加以解决。然而，即便证人安全保障和经济补偿到位，有一些证人依然不愿意作证。这是因为在安全原因和经济原因背后还有被人们忽视的伦理原因。当证人面临伦理上的冲突无法得到解决的时候，即便进行经济补偿，证人依然不愿意出庭作证。因此，要完善证人作证制度，解决证人不作证的问题，我们有必要分析证人面临的伦理冲突。

---

① 左卫民等著：《中国刑事诉讼运行机制实证研究》，法律出版社 2007 年版，第 304 页。
② 郑琳、庄庆鸿：《"律师涉嫌造假案"庭审激辩 16 小时》，载《中国青年报》2009 年 12 月 31 日。

（一）"伦理人"与"理性人"

虽然法律规定了证人作证的义务，但要让证人作证义务转变成为作证的行为，仅靠外在的强制是不行的，还需要证人有作证的主观意愿。否则证人即便作证也难以保证证言的真实性。而证人作证的主观意愿在一定程度上受制于证人的个人伦理观念。个人伦理观念是个人伦理的组成部分，它在一定程度上制约着证人对诉讼的认识以及对作证行为本身的态度。在伦理观念中，价值取向对人们行为的选择起引导作用。证人作证的意愿在很大程度上受诉讼价值取向的制约。但在多数人的诉讼伦理观念中，实际的价值取向与制度的理性预设并不一致。在证人作证制度中，证人被当成了可以被制度规制和格式化的"理性人"，而实际上，证人还是有道德情感和道德追求的"伦理人"。

1. 制度上对证人的预设——"理性人"

在诉讼制度的设计中，人是以理性的形态出现的。包括证人在内的诉讼参与人乃至社会公众都被预设为是理性的或应当是理性的。而证人在诉讼制度中也被预设成为积极追求正义、善于利益权衡、具有安全意识并且循规守法的理性人。

（1）追求正义的"理性人"

在现代理性光辉的照耀下，诉讼被认为是实现正义、解决纠纷的最好办法，也是保护权利的重要途径，因此，提起诉讼被认为是珍惜权利的表现，参加诉讼被认为是对正义的追求。而当这种理性的观念以现代法治的形式进行推广时，诉讼似乎不再是件坏事，而是化解社会矛盾，对社会有积极意义的好事。在这种理性预设下，证人作证是查明案件事实、实现正义的必要条件，证人参加诉讼是对正义的支持。因此，证人作证就成为理所当然的义务。而且作证义务是一项普遍的、基本的义务。任何公民，只要知道案件情况都应当作证。知道案情不作证，或不如实作证，便与追求公正的意愿相反，因此是不正当的。

（2）善于利益权衡的"理性人"

现代的证人作证制度中，不可或缺的就是证人作证的经济补偿制度。如我国台湾地区"刑事诉讼法"第194条规定："证人得请求法定之日费及旅费。但被拘提或无正当理由，拒绝具结或证言者，不在此限。前项请求，应于讯问完毕后十日内，向法院为之。但旅费得请求预行酌给。"《俄罗斯联邦刑法典》第106条规定："作为证人、鉴定人、被害人、专家、翻译人员和见证人而被传唤的人，在因受调查人员、侦查人员、检察长或法院传唤而所花费的全部时间内，保留其工作地点的平均工资。对于不是工人或职员的人，应当付给他们离开经常业务的报酬。除此之外，所有上述人等对于因受传唤到场而支出的费用，都有权得到补偿。"德国刑事诉讼法第71条规定："对证人要依照《证人、鉴定人补偿法》予以补偿。"我国虽没有证人作证补偿的规定，但一些地方司法机关也在实践中试点给予出庭的证人以经济补偿。① 证人作证补偿制度，实际上是把证人预设为善于利益权衡的理性经济人。证人作证之前会进行经济上的考量，考虑作证的经济成本。

（3）具有安全意识的理性人

与其他国家的证人作证制度一样，我国刑事诉讼法和刑法对证人保护问题进行了相关的规定。我国《刑事诉讼法》第 61 条规定："人民法院、人民检察院和公安机关应当保障证人及其近亲属的安全。对证人及其近亲属进行威胁、侮辱、殴打或者打击报复，构成犯罪的，依法追究刑事责任；尚不够刑事处罚的，依法给予治安管理处罚。"根据我国《刑法》第 307 条的规定，以暴力、威胁、贿买等方法阻止证人作证的，处三年以下有期徒刑或者拘役；情节严重的，处三年以上七年以下有期徒刑。保护证人及其近亲属的安全是为证人作证解除后顾之忧，现实中是非常必要的。证人保护制度的背后，实际上是对证人安全需求的重视和证人安全意识的认可。显然，这么规定的预设前提是：证人是具有安全意识的理性人。

应当承认，这些预设都有相应的根据，也符合大多数证人的实际状况。实际上，不光是证人，其他绝大多数人都是这样的理性人。因此，基于这样的预设而制定的证人作证制度，在实践中能够发挥相应的功效，有的甚至具有不可替代的作用。然而，有了这些制度就够了吗？尽管有相应的法律规定，同时有安全保障和经济补偿，现实中依然有证人不愿作证的情况。这背后还有另外的原因。

2. 具体情境下证人的表现——"伦理人"

在现实生活中，证人与法律制度的预设存在差异。刑事案件都是在具体的情境下发生的，而侦查和审判也是在具体的生活环境下进行的。在具体的情境下，证人是以生活中具体的人作证的。像其他人一样，证人在现实生活中并不是那样理性或者不完全那么理性。与法律制度的理性预设不同，具体情境下作证的证人是带有价值倾向、具有道德品性、懂情理权衡的"伦理人"。

（1）有价值倾向的"伦理人"

在具体情境下，证人同其他人一样是具有价值倾向的。现实生活中，每一个人都具有一定的价值取向。不同人的价值取向有可能存在差异也可能相同，这决定于人们的道德价值观念和文化传统。现实社会中，证人乃至公众的价值取向有

---

① 如深圳宝安区检察院试点的证人出庭补偿制度和北京市西城检察院推出刑事案件关键人出庭作证及经济补偿制度等。参见《证人出庭可获经济补偿 宝安检察院开证人保护先河》，载《南方日报》2005 年 1 月 24 日；《北京率先向刑事案件出庭证人提供经济补偿》，载《北京晚报》2009 年 12 月 11 日。

的是有利于证人作证的，而有的则不利于证人作证。其中，我们的诉讼传统观念和价值取向对证人作证有一定的阻滞作用。

中国文化传统深受儒家思想的影响。时至今日，虽时过境迁，但儒家伦理的许多价值取向和观念依然影响今天人的生活。儒家伦理是一种美德伦理，与制度伦理不同，它注重个人道德的培养和品性的提高。儒家伦理在规范人们行为时，着力于人的心性，强调先诚意、正心、修身，然后才能齐家、治国、平天下。在个人伦理中，儒学强调道德自觉，通过内在思想的净化达到人格的完善。在路径上，强调修身、反省、内求。在内"反求诸己"，修身养性，在外则奉礼守信，平息讼争。因此，在价值取向上更强调"无讼"。孔子曰："听讼，吾犹人也，必也使无讼乎！"① 此为这一价值取向的经典表述。为求"无讼"，所以在操作上注重"息诉"，在观念上倾向于"耻讼"、"贱诉"。虽然时代不同，价值取向有些变化，但远离是非争讼的观念依然深入骨髓，影响着人们的行为选择。证人作证虽不是自己卷入诉讼，但在内求、耻讼的取向下，卷入别人的纷争也不是可欲的。有这种价值取向的证人自然不会积极作证的。对这样的证人来说，但凡能够规避作证义务的，总会尽量规避，即便被强制作证也会抱着无奈的心态。

（2）有道德品性的"伦理人"

证人是作为现实社会生活中具体的人存在的。现实的人都是有一定的道德品性的。所谓道德品性，也称为德性，是指一个人的品德，"是一个人长期遵守或违背道德的行为所形成和表现出来的相对稳定的心理状态、道德人格和道德个性。"② 德性也可以看作是人的"一种比较稳定和持久的履行道德原则和规范的个人秉性和气质。"③

一个人的品德是他伦理行为积累到一定程度的结果。对此亚里士多德曾有过经典的论述：

"德性的获得，不过是先于它的行为之结果；这与技艺的获得相似。因为我们学一种技艺就必须照着去做，在做的过程中才学成了这种技艺。我们通过从事建筑而变成建筑师，通过演奏竖琴而变成竖琴手。同样，我们通过做公正的事情而成为公正的人，通过节制的行为而成为节制的人，通过勇敢的行为而成为勇敢的人。"④

---

① 《论语·颜渊》。
② 王海明著：《伦理学导论》，复旦大学出版社2009年版，第241页。
③ 何怀宏著：《伦理学是什么》，北京大学出版社2002年版，第181页。
④ Aristotle, Aristotle's Nicomachean Ethics, Translated with Commentaries and Glossary by Hippocrates G. Apostle, Peripatetic Press, Grinnel, Iowa , 1984, p. 21.

也就是说，一个人的道德品性是在长期行为中形成的。如果一个人长期的道德行为比较恶劣，那么这个人的道德品性也不高。而在伦理学上，一个人的道德品性实际上由道德意识、道德情感和道德意志三部分组成的。道德品性一旦形成，便反过来会对人的行为进行影响，因而会在道德行为中表现出这种品性。所以，道德品性高的人长期行为也必定高尚。

具体到证人也是如此。证人道德品性的高低也会让其认识、情感和意志与他人有所区别。证人的道德品性不仅会影响证人作证的主观意愿，而且会影响证人是否会如实作证。而这种道德品性源自证人长期社会伦理生活的历练，不是简单的法律规定所能改变的。所以，由于证人的道德品性不同，有的证人没有补偿也会积极作证，甚至主动要求作证；而有的证人即便有经济补偿和安全保障也不愿意作证。

（3）懂得情理权衡的"伦理人"

社会生活也是一种伦理生活。人们在社会活动中不仅会进行利弊权衡，而且会进行情理权衡。利弊权衡是人们在进行行为选择时对不同行为方式进行的利益、风险比较和选择，它是一种理性思考方式。而情理权衡则不仅是利益和风险的比较，还有情感和伦理因素的权衡。在情理权衡中，情感因素和伦理因素对行为的选择起着一定的影响作用。一方面，情感因素的介入使得行为人的决定不是完全建立在理性的基础上。另一方面，伦理因素的考量则会使人们在进行利益选择时把人伦亲情纳入其中。

同样，证人选择是否作证也进行的是情理权衡，而不仅仅是利益权衡。这一过程不仅会考虑到法律正义的实现问题，也会考虑到某些情感因素和伦理因素。实践中有些证人之所以愿意向警察和检察官作证，而不愿意出庭作证，是因为他们不愿意面对与当事人对质时的尴尬场面。这不是经济补偿问题，也不仅仅是安全问题，而是一种道德情面的问题。选择作证又不愿意出庭实际上是证人在人情事理衡量下的决定。

把两方面结合起来可以发现，按照法律制度的设计，证人应当是明白事理的理性人角色，而实际上，证人是有道德倾向的伦理人角色。而当证人的道德倾向和伦理选择与法律制度的规定不一致的时候，便会发生角色的错位和冲突。在这种情况下，证人的作证意愿就不高。即便强制证人作证，他们也只能无可奈何地尽义务，但心里也是极不情愿的。这也正是为什么有的证人不愿意作证和不如实作证的原因之一。

（二）家庭伦理与作证义务

我国刑事诉讼法所规定的证人作证义务，是一种没有身份区分的法律义务。也就是说，只要了解案件事实，不管证人与案件当事人之间的社会关系如何，都有作证的义务。这种规定从表面上看是强调了作证义务的严肃性，但实际上却让证人在具体情境中陷入两难境地。尤其是当证人作证的事实关系到家庭成员或家庭利益的时候，证人会面临家庭伦理与作证义务的冲突。

1. 家庭伦理

所谓家庭伦理，是指调整家庭成员之间关系的道德伦理规范。家庭是由夫妻及其子女后代等人组成的一种社会生活的共同体。① 家庭是以人类的两性和血缘关系为基础建立的相对确定的社会组织形式。家庭关系包括以男女两性为基础的婚姻关系和以血缘关系为基础的亲情关系。从历史的角度看，家庭是社会发展的产物，也会随着社会的发展而变化。马克思、恩格斯曾说："家庭起初是唯一的社会关系，后来，当需要的增长产生了新的社会关系，而人口的增多又产生了新的需要的时候，家庭便成为……从属的关系了。"②在现代社会，婚姻观念和家庭结构虽然发生了某些变化③，但整体的关系结构依然没有根本性的改变，主要是夫妻之间的婚姻关系和血缘关系，其中血缘关系又可以细分为不同辈分之间的长幼关系和相同辈分之间兄弟关系。

家庭伦理在不同的时代有不同的表现。在中国传统社会中，家与国是同构的，整个社会是以家庭为核心，以家族关系为基础而构成的关系网络。社会制度起源于家庭伦理，家庭伦理、家族制度和社会制度是一种发展上的递进关系。对此，冯友兰就曾认为"家族制度在过去就是中国的社会制度"。④ 传统社会中，家庭伦理和社会制度都强调尊尊、亲亲，体现了身份地位的差异。《礼记·大传》曰："亲亲也，尊尊也，长长也，男女有别，此其不可得与民变革者也。"在具体的家庭伦理关系中，强调"父慈子孝、夫义妇顺、兄友弟恭"。在男尊女卑的观念下，家庭伦理中"孝"与"悌"成为核心原则。其中"孝"不仅是家庭伦理的基础，也是政治道德与宗教信仰的凭借。

而现代社会中，家庭是爱情婚姻的产物，家庭生活也包括爱情生活在内。如果缺少"有效的和决定性的原则的爱情"，就只能是"没有灵魂的家庭生活，是家庭生活的幻觉。"⑤ 因此，爱情的道德内涵在家庭伦理中得以体现。关于爱情的道德内涵，黑格尔有深刻的认识，他说："爱情里确实有一种高尚的品质，因

① 罗国杰主编：《伦理学》，人民出版社1989年版，第285页。
② 《马克思恩格斯全集》（第3卷），人民出版社1972年版，第32—33页。
③ 如随着市场经济的发展和计划生育政策的作用，现代家庭成员人数越来越少，同时也出现了越来越多的单亲家庭、丁克家庭等。
④ 冯友兰著：《中国哲学简史》，北京大学出版社1995年版，第24页。
⑤ 《马克思恩格斯全集》（第1卷），人民出版社1972年版，第368页。

为它不只停留在性欲上，而是显出一种本身丰富的高尚优美的心灵，要求以生动活泼、勇敢和牺牲的精神和另一个人达到统一。"① 由于夫妻关系是家庭关系的核心，所以在现代家庭伦理中，夫妻相爱，志同道合成为关键。恩格斯在《家庭、私有制和国家的起源》中曾经明确指出："如果说只有以爱情为基础的婚姻才是合乎道德的，那么也只有继续保持爱情的婚姻才合乎道德。"② 在其他家庭成员关系中，传统的孝道则转变成为尊敬和赡养老人，平等、文明、和睦、稳定成为新的家庭伦理规范。

总体上看，现代家庭伦理不再具有延展性，调整范围仅局限于家庭成员及近亲属。与其他伦理规范相比，家庭伦理更注重维护家庭成员之间的亲情关系和情感纽带。但不管怎样，家庭伦理在整个社会道德伦理体系中依然具有重要的地位。法国伦理学家涂尔干曾指出："实际上，家庭生活曾经是，也依然是道德的核心，是忠诚、无私和道德交流的大学校；我们赋予家庭很高的地位，使我们倾向于去寻找那些可以特别归结为家庭的解释，而非其他。"③ 基于家庭的教育功能和情感安抚功能，家庭伦理规范对个人具有内在的影响。

2. 家庭道德义务与作证义务的冲突

在现实的伦理关系中，义务是不可或缺的。马克思曾说："作为确定的人，现实的人，你就有规定，就有使命，就有任务，至于你是否意识到这一点，那是无所谓的。"④ 同样，家庭成员之间基于家庭伦理也会产生相应的道德责任和义务。如对配偶的忠诚义务，对长辈的尊敬和赡养义务，对子女的关爱和保护义务等。这些义务对于维持家庭成员之间的亲情关系，具有至关重要的作用。

但是，当证人作证涉及家庭成员的犯罪行为时，证人作证义务便与家庭道德义务发生冲突。当证明自己家庭成员有罪时，证人要履行如实作证的法律义务，就必须将家庭亲情和对家庭成员的关爱放在一边，用自己的作证行为将亲人送入牢狱；而如果隐瞒真相，则有可能被追究作伪证的刑事责任。这种义务冲突背后是一种实质性的利益冲突，同时也是一种情理冲突。不管自己家人是否有罪，家庭道德义务和亲情又都会让证人产生为亲人开罪的动机。这是因为"同宗关系

① ［德］黑格尔：《美学》（第2卷），朱光潜译，商务印书馆1979年版，第332页。
② 《马克思恩格斯选集》（第4卷），人民出版社1972年版，第76页。
③ ［法］爱弥尔·涂尔干著：《职业伦理与公民道德》，渠东、付德根译，上海人民出版社2006年版，第22页。
④ 《马克思恩格斯全集》（第3卷），人民出版社1972年版，第329页。

会形成非同寻常的潜在的道德同情感。"① 这种情况下，即便证人选择作证且有作证的积极性，但不一定会如实作证。

从道理上讲，作为具有国家强制力的法律规范性文件，刑事诉讼法所设定的证人作证义务自然要比一般的家庭道德义务具有更强的约束力。然而，家庭道德规范作用于人的内心，会对证人履行法律义务产生心理上的影响。在家庭亲情的助力下，家庭伦理的作用会更大。当家庭道德规范与法律规范相冲突的时候，家庭道德规范可能会对法律规范的实施产生阻滞作用，它可在无形中消融法律规范的强制作用，使证人作证的规定在具体情境下被架空。

（三）职业伦理与作证义务

在刑事诉讼中，有一部分证人因为特定职业的原因而不愿意或不方便作证，这主要是因为特定的职业伦理与作证义务之间存在冲突。尽管这仅涉及一部分证人，但也依然关系到证人作证制度的构建，因此有必要对其背后的伦理原因进行分析。

1. 职业伦理的特殊性

职业伦理是与职业活动相联系的，具有职业特征的道德准则和规范。职业伦理与特定的职业和职业领域相联系，具有不同于家庭伦理和一般社会伦理的特殊性。

首先，职业伦理产生于相关的职业领域，与职业活动紧密相关。所谓职业，"就是人们由于社会分工和生产内部的劳动分工，而长期从事的具有专门业务和特定职责，并以此作为主要生活来源的社会活动。"② 社会分工不同，形成了不同的行业，也造就了不同的职业和职业群体。而不同的职业群体在职业活动中逐步形成了特定的道德规范，这就是职业伦理。在社会生活中，职业伦理是普遍存在的。"实际上，每一个阶级，甚至每一个行业，都各有各的道德"。③ 只不过行业发展程度不同，职业伦理表现存在差异，有的相对成熟，有的则不太明显。但不管怎样，与职业相关的道德规范是确实存在的。

其次，职业伦理具有与其他伦理完全不同的形式和内容。职业伦理是调整职业行为的道德准则，因此要明确体现具体职业的特殊责任和义务。因此，职业伦理与职业的社会分工紧密相关，必须与职业扮演的社会角色相一致。因角色不同，职业伦理不同于个人道德，也不同于一般伦理。

---

① ［法］爱弥尔·涂尔干著：《职业伦理与公民道德》，渠东、付德根译，上海人民出版社 2006 年版，第 22 页。

② 罗国杰主编：《伦理学》，人民出版社 1989 年版，第 245 页。

③ 《马克思恩格斯选集》（第 4 卷），人民出版社 1972 年版，第 236 页。

一方面，职业伦理具有不同于个人伦理的专业特征。警察、军人、医生、护士和律师等都因专业不同而有其"因角色而异的行为"。从事职业活动的人员需要把个人信念、修身原则置之一旁，依照专业要求把任务完成。专业表现必须符合专业的标准，不能因为个人的道德偏向而改变。个人道德属于私事，职业伦理则属于专业工作范畴。

另一方面，职业伦理也不同于一般道德规范。职业伦理规范主要调整两种类型的关系，即相同职业人员之间的内部关系以及职业人员与他们接触对象之间的关系。因此，职业伦理只适用于特定的职业领域。法国伦理学家涂尔干在讨论职业伦理时说："这种道德与众不同的特征，即区别于其他伦理的地方，就是无视公众意识对它的看法。我们至少可以说，一般而言，在任何道德规范中，舆论都不会对侵犯行为持有过于迁就的态度。不过，侵越仅仅与职业实践有关，只有在严格的职业领域之外才会受到比较笼统的非议。所以，侵越是可原谅的。"①显然，职业伦理与职业活动的客观环境和具体条件紧密联系，对职业行为的伦理评价只有与职业领域联系起来评价才有意义。

最后，职业伦理本身具有多样性。由于社会分工越来越复杂，专业领域划分越来越细，职业伦理也具有多样性。"我们可以说有多少种不同的天职，就有多少种道德形式，从理论上说，每个人都只能履行一种天职，于是，这些不同的道德形式便完全适合于个人所组成的不同群体。上述差别甚至发展到了截然对立的地步。这些道德不仅各自有别，某些类型甚至势不两立。"②

从总体上看，职业伦理在职业领域范围内开辟了道德的特殊区域。这些道德规范从正常的社会生活角度看可能有些不正常，甚至有些违背正常的生活伦理，但在特定的职业活动领域却是必要的。没有这些特殊的规范，从业者可能无法工作，整个行业可能无法有效运行。职业伦理的形成和完善是行业成熟的标志，它标志着特定职业群体的形成和职业行为的规范化。但这些道德规范也只能限定在特定的职业范围内，超出职业领域，就有可能因为违背常规而受到谴责和处罚。一个类型的职业伦理运用到另一个职业领域也可能起到完全相反的效果。不同职业伦理之间的规范有可能完全是对立的。但只要限定在特定的职业领域中，尽管职业伦理规范的外在表现复杂多样，依然不影响社会的正常运行。这些独特而多样的职业伦理恰恰是社会有序运行的保证。

2. 职业伦理对证人作证的影响

一般而言，职业伦理在特定的职业领域发挥作用，对于证人作证不会产生什

①② ［法］爱弥尔·涂尔干著:《职业伦理与公民道德》，渠东、付德根译，上海人民出版社2006年版，第6页。

么影响。但在证人作证内容涉及职业活动以及职业相对人的利益时，会对证人作证产生相应的制约作用。

（1）义务冲突

职业伦理规范涉及职业态度、职业技能、职业纪律、职业作风等多方面内容。职业伦理规范体系从不同方面设定了职业工作人员的职业责任和义务。这些责任和义务比一般的道德规范更具体，更具有强制力量。这是因为这些责任和义务是职业存在和正常运行不可或缺的条件。而在实践中，有一些职业伦理规范设定的义务与证人作证相冲突。

这些规范具体表现为两方面。一方面是维持从业者与服务对象之间信赖关系的规范。在一些服务性行业中，维护从业者与其服务对象之间的信赖关系至关重要。

如律师与当事人之间。律师要做好代理工作，就必须全面掌握案件的事实情况。至少当事人应当全面告知代理律师相关的情况。但是，除非能确信律师会为其保守秘密，否则当事人是不愿意将那些对自己不利的事实告知律师的，因为那样可能牵连自己或使自己陷入困境。因此，律师要进行有效代理就必须维持他与当事人之间的信赖关系，而要维持这种信赖关系，就必须设定律师的保密义务。"当律师成功的建立起与当事人之间的信赖和保密关系时，他就能够提供建议，而这建议不仅仅对当事人很重要，而且也同样是为社会所需的。"[①]可见，保密义务是律师职业道德的根本要求，也是保障律师正常有效执业的前提条件。

又如医生与病人之间。病人看病涉及个人隐私，而要看病就必须如实告知病情。如果医生不能保守病人的隐私，维持病人的信赖，除非万不得已，病人是不敢去见医生的。除此之外，还有心理咨询师与咨询者之间、牧师与忏悔者之间等，都需要维持相应的信赖关系。

从业者与服务对象之间的信赖关系涉及双方的根本利益。而要建立这种信赖关系，从业者就必须能够保守秘密和维护服务对象的隐私。在职业伦理规范中要求从业者保守服务对象个人隐私和秘密，不仅关系到相对人的利益，而且关系到职业的生存和发展。

另一方面是直接的保密规范。职业行为会接触到相关的秘密，包括公务行为接触的国家秘密和公务秘密，也包括其他职业行为接触的商业秘密。这些秘密直接关系到国家利益、企业利益甚至从业者个人的利益。因此，在有些职业伦理规范中有直接的保密规定，并设定了相应的责任。

---

① ［美］蒙罗·H.弗里德曼、阿贝·史密斯著：《律师职业道德的底线》，王卫东译，北京大学出版社2009年版，第136页。

当证人就职业活动所了解的事实作证时，便发生了身份的重叠。一方面，他是刑事诉讼中的证人，需要履行如实作证的义务；另一方面，他是社会生活中的从业者，需要遵守相应的职业伦理规范。从业者遵从维持信赖关系的规范和保密规范是职业伦理的基本要求，而如实作证，把自己职业活动中所了解的案件事实照实陈述是法律的要求。在这种情况下，在证人身上便发生了法律义务与职业道德义务的冲突。证人不如实陈述，将面临法律的制裁，而如实陈述，将会使自己的职业面临信任危机，甚至带来职业上的挫折。即便从道理上讲，法律义务要重于道德义务，证人应当选择如实作证，但作证之后面临职业上的困境和尴尬却是现实的。作为现实社会生活中的个体，让证人不去考虑这些问题是不可能的。

（2）内心影响

职业伦理不仅关系到职业责任和义务的设定，而且关系到职业良心、职业作风的培养。职业伦理和长期的职业活动会对从业者的兴趣、爱好、习惯和心理产生内在的影响。在职业伦理的作用下，职业责任和义务会转变成从业者内心的情感和行为准则，从而自觉地调整自己的行为，由他律变成自律。当职业者的职业良心和作风形成之后，便会在职业劳动者内心深处形成一种相对固定的意识，并对其行为的方式和办事风格产生持续的影响。当作证与职业行为产生关联的时候，证人的心理同样会受这种职业良心的影响，作证行为也会带有职业作风的印迹。职业伦理的这种内在影响虽然不那么明显，但对证人作证意愿和证言的真实性会发生潜在的作用。

三、伦理负担

伦理冲突会让证人在作证时面临困境。这种困境不仅会造成心理上的负担，而且会引发情感痛苦。

（一）良心自责

在伦理学上，良心是一种自我道德评价，属于评价范畴。美国《韦伯斯特大辞典》对良心下了如此定义："良心即个人对正当与否的感知，是个人对自己行为、意图或品格的道德上好坏与否的认识，连同一种要正当地行动或做一个正当的人的责任感，这种责任感在做了坏事时常能引起自己有罪或悔恨的感情。"[1]可见，良心是关于好、善或价值的道德意识，它不仅与道德心理、道德思想相关，而且还与人的情感相关。

良心直接起源于做一个好人的道德需要。一个人做好人的愿望越强烈，他的

---

[1] 何怀宏著：《良心论》，北京大学出版社 2009 年版，第 32 页。

良心也就越强。其作用在于使人更好地遵守道德规范。良心"一方面，通过产生自豪感和良心满足的快乐，推动行为者遵守道德，以便再度享受这种快乐；另一方面，则通过产生内疚、罪恶感和良心谴责的痛苦，阻止行为者违背道德，以便从这种痛苦中解脱出来"。① 可见，当一个人实施了合乎道德准则的行为，则会产生自豪感和良心的满足，而违背了道德准则，则会产生内疚和罪恶感，会受到良心的谴责。

当作证的义务与伦理规范发生冲突的时候，证人作证便会产生这种内在的良心自责。当证人指证自己的亲人犯罪的时候，家庭伦理必须被抛在一边。但这对于证人来说又是相当困难的。即便被强迫作证，证人在责备法律无情的同时，也会产生内心自责。同样，对于那些违背职业伦理而作证的证人来说也是如此。作证违背了从业者的职业良心，也同样会产生罪恶感和内疚。因为在每个人的内心深处，都会受到良心的监视。就像弗洛伊德说的那样：

自我的每个动作都受到严厉的超我的监视。超我坚持行动的一定准则，不顾来自外在世界和本我的任何困难：如果这些准则没有得到遵守，超我就采用以自卑感和犯罪感表现出来的紧张感来惩罚自我。②

实际上这种"超我"就是一种自我良心检视机制。一个人的道德感越强，良心越强，违背道德责任时的内疚和罪恶感就越强。

问题在于，让证人产生这种良心自责的原因并不是证人自己造成的，而是源于法律的规定。在这种情况下，证人要摆脱良心的自责，就必须做与法律规定相反的行为，那就是拒绝作证或规避作证的义务。

（二）尴尬

当作证与伦理规范冲突的时候，作证行为本身的正当性在证人心中便会打折扣。当证人对作证本身心存矛盾或感到内疚的时候，一般不愿意为他人所知晓。因为任何人都不愿意在公众面前暴露自己的错误。从这个角度看，在侦查阶段，让证人单独面对侦查人员作证会形成一种相对隐私的氛围，这有利于减轻证人作证的心理压力。但是在出庭作证的时候，证人需要面对控、辩、审三方人员，证人会面对更大的心理压力。更为重要的是，当证人与当事人对质的时候，便会难免产生尴尬的场面。不仅是当事人感到尴尬，证人也同样会感到难为情。尽管法律赋予了证人作证的正当性，但违背伦理会让证人面对当事人时感到难堪。这也许正是一部分证人愿意向警察和检察官作证而不愿意出庭作证的内在原因。

---

① 王海明著：《伦理学导论》，复旦大学出版社2009年版，第215页。

② ［美］霍夫曼著：《弗洛伊德主义与文学思想》，王宁等译，三联书店1987年版，第131页。

（三）情感痛苦

虽然人性善恶存在争议，但社会主体道德的价值取向是向善的。证人和其他绝大多数人一样，自出生便处在伦理教育和人格塑造的影响中。作为社会生活中的人，证人也同样具有道德情感。在伦理学上，人们的怜悯和同情被认为是道德源头，是良心最原始的部分。而所谓的同情和怜悯就是我们所说的"恻隐之心"。在孟子看来，"恻隐之心"是"仁之端"。他说：

恻隐之心，人皆有之；羞恶之心，人皆有之；恭敬之心，人皆有之；是非之心，人皆有之。恻隐之心，仁也；羞恶之心，义也；恭敬之心，礼也；是非之心，智也。仁、义、礼、智，非由外铄我也，我固有之也，弗思耳矣！①

在孟子看来，人人都有恻隐之心，而且是人的本性所固有的。恻，伤之切也，隐，痛之深也。② 可见，恻隐之心涉及人的心灵的痛苦。

在西方，亚当·斯密也认为同情感是人的本性体现。他说：

怜悯或同情，是当我们看到他人的不幸，或当我们深刻怀想他人的不幸时，我们所感觉到的那种情绪。我们时常因为看到他人悲伤而自己也觉得悲伤，这是一个显而易见的事实，根本不需要举出任何实例予以证明。因为这种同情的感觉，就像人性中所有其他原始的感情那样，绝非仅限于仁慈的人才感觉得到，虽然他们的这种感觉也许比其他任何人都更为敏锐强烈。即使是最残忍的恶棍，最麻木不仁的匪徒，也不至于完全没有这种感觉。③

从中可以看出，怜悯或同情心让一个人设身处地所感觉到的他人的痛苦。这对于证人而言也是如此，恻隐之心可能让他感到被害人的痛苦而站在被害人的一边，也可能让他感到犯罪嫌疑人的痛苦而站在犯罪嫌疑人的一边。当证人与犯罪嫌疑人有某种亲情关系或因工作关系而与犯罪嫌疑人交往深厚的时候，证人的恻隐之情自然在犯罪嫌疑人这一边。而当他指证犯罪嫌疑人的时候，自然会感受到心灵的痛楚。这种情感上的痛苦可能会给证人作证带来很大的负担。

四、作证制度的伦理解读

证人证言在刑事诉讼中是非常重要的证据，在有的案件中甚至是不可或缺的。但有些时候，证人作证又确实面临伦理上的困境。无视这些问题的存在只能让相当一部分证人游离于刑事诉讼程序之外，这既影响案件事实的认定又制约着

---

① 《孟子·告子上》。

② 《四书章句集注》。

③ ［英］亚当·斯密著：《道德情操论》，谢宗林译，中央编译出版社2008年版，第2页。

诉讼程序的公正性。这些问题源于法律与伦理在特定领域的冲突，因此需要法律制度进行相应的调整，作出有效的应对。

关于证人作证，不同国家和地区在刑事诉讼中设定了相应的制度加以规范。这方面的制度具体包括证人拒绝作证制度、强制作证制度、证人宣誓制度等。这些制度既可以从程序正义角度去理解，也可以从伦理角度去审视。从程序上去理解，这些制度可以看作是诉讼公正不可或缺的因素。而从伦理角度去审视，这些制度又可以看作是法律对证人伦理困境的应对措施。证人拒绝作证制度可以看作是法律对伦理的让步，强制作证制度则是法律对伦理的强制，而特殊作证方式也可以理解为法律对伦理的规避。

（一）拒绝作证制度

证人拒绝作证制度有不同的表现形态。在我国传统法律制度中，它表现为"亲亲相隐"制度，而在现代其他国家和地区，则表现为证人拒绝作证权制度。这两种制度都在特殊情况下解除了证人作证的义务，在一定意义上都可以看作是法律对伦理的适当让步。

1. 历史上的"亲亲相隐"制度

在我国传统法律制度中，"亲亲相隐"是指允许亲属之间相互容隐罪行的制度。这一制度的具体内容包括：除亲属相犯和谋逆等特别严重的犯罪外，亲属之间应当相互隐瞒罪行，而不应告发或作证；法律对亲属间的隐瞒行为不论罪或减免处罚，应当隐瞒而告发的，法律则要定罪和处罚。

在中国历史上，这种制度与宗法制度紧密相关，源远流长。其思想起源于周礼中的"尊尊"、"亲亲"原则。"亲亲"要求"父慈、子孝、兄友、弟恭"，简言之，就是要亲近应该亲近的人。"亲亲"扩大到社会政治领域就成了"尊尊"，也就是尊重应该尊重的人。"尊尊"、"亲亲"本身就是一种人伦原则。这种人伦思想在儒家思想中得到彻底的发挥，尤其在孔子那里，家庭伦理得到特别的强调。孔子曰："教民亲爱，莫善于孝；教民礼顺，莫善于悌。"[①] "夫孝，天之经也，地之义也，民之行也。天地之经，而民是则之。则天之明，因地之利，以顺天下。是以其教不肃而成，其政不严而治。"[②] 而在孔子看来，即便是法律也不一定必须打破人伦撕裂亲情。《论语》中有如此之记载："叶公语孔子曰：吾党有直躬者，其父攘羊，而子证之。"而孔子却对之曰："吾党之直者异于是：父为子隐，子为父隐。直在其中矣。"[③] 孔子的这段话为"亲亲相隐"制度提供了

---

① 《孝经·广要道章》。

② 《孝经·三才章》。

③ 《论语·子路》。

直接的理论来源。

"亲亲相隐"在汉代正式成为法律制度，此后为历朝历代所沿用和遵从，直至清末。在近现代，国民党政府继受了"亲亲相隐"法律制度，并扩大了相容隐的范围。新中国成立以后，"亲亲相隐"制度才和"六法全书"一起被废除。

"亲亲相隐"能在汉初成为司法原则，与汉儒董仲舒倡导的"春秋决狱"有关。所谓"春秋决狱"就是将儒家经典作为裁判案件的理论依据，而儒家的经典正是以孔子为代表的儒家思想典籍。其核心还是对伦理亲情制度的倡导和宣扬。而从汉宣帝就"亲亲相隐"制度所下的诏书中，也可以看出法律对伦理亲情的认可和让步。汉宣帝诏曰："父子之亲，夫妇之道，天性也。虽有祸患，犹蒙死而存之，诚爱结于心，仁厚之至也，岂能违之哉！自今子首匿父母，妻匿夫，孙匿大父母，皆勿坐；其父母匿子，夫匿妻，大父母匿孙，罪殊死，皆上请廷尉以闻。"①诏书中把"父子之亲"、"夫妇之道"视为天性，而把亲属之间的隐匿行为是为"诚爱"和"仁厚"的极端表现，因此虽王法亦"岂能违之哉"！而发展至清末，不仅隐匿行为不处罚，而且对于那些应当隐匿而告发的人要施加惩罚。《大清律例》规定："子告父，若所告不实，即父无子所告之罪行，子当处绞刑；若所告属实，即父确有子所告之罪行，子亦须受杖一百、徒三年之罚。妻告夫，或告翁姑（夫之双亲），同子告父之情况处理。"② 这实际上已不是法律对伦理的退让，而是伦理制度完全获得了法律的认同。

在中国传统社会中，社会实际上是一种家、国同构的关系网络。在这种社会关系结构中，家庭伦理是社会制度的起源。家庭伦理无论在人们的观念中还是在社会制度中都占据着重要的地位。在这种情况下，维护家庭伦理秩序和伦理亲情的"亲亲相隐"制度就获得了正当性基础。如果立法者不予认可，那么其自身的正当性也就有可能会动摇。从这个意义上讲，"亲亲相隐"既体现了法律对伦理的让步，也体现了法律对伦理的认同。

2. 现代的证人拒绝作证制度

证人拒绝作证制度是现代证据制度中的重要内容，许多国家和地区都制定了证人拒绝作证制度。这些制度实质上就是允许证人基于特定的身份拒绝就某些的内容进行作证。制度的内容一般包括享有拒证权的证人范围、拒绝作证的内容等。而这些制度在一定意义上也可以看作是法律对亲情伦理和职业伦理的让步。

如在德国的证人作证制度中，与被告订有婚约者、其配偶（包括已离婚者）

① 《汉书·宣帝纪》。

② 田涛、郑秦点校：《中华传世法典：大清律例》，法律出版社1998年版。

及特定亲等内之亲属享有完全不受限制的拒绝证言权。① 特定职业人员则享有有限制的拒绝证言权。② 这些人员包括：神职人员在其心灵辅导时（如忏悔）所被信任或知悉者；③ 被告的辩护人就案件有关事项（如自白）被信任或知悉者；④ 特定职业之人就其特定范围被信任或知悉者，例如律师、专利代理人、公证人、会计师及已宣誓过的稽核人员、税务顾问及税务代理人，医生、牙医、药剂师及助产士等⑤。另外，法官及公务人员就职务上应保密之事项只有在获得职务上的上级长官之允准后才能作陈述。⑥

又如美国刑事诉讼证据规则中，律师与委托人之间、医生与病人之间、心理医生与病人之间、牧师与信徒之间交往的内情法律上特许不予泄露，夫妻之间有维护夫妻关系信任的特权，不作对配偶不利的证言的特权。⑦

意大利也建立了近亲属和特定职业人员的拒绝作证制度。根据《意大利刑事诉讼法典》第199条的规定，被告人的近亲属以及同被告人有收养关系的人没有义务作证。以下三种类型的人员也没有作证的义务，但以在配偶共同生活期间发生或者从被告人那里得知的事实为限：①虽然不是被告人的配偶，但与其象配偶一样共同生活人或者曾经与其共同生活的人；②已同被告人分居的配偶；③对其宣告撤销、解除或者终止同被告人缔结的婚姻关系的人。《意大利刑事诉讼法典》第200条则免除了特定职业人员的作证义务。根据该条规定，下列人员没有义务就因自己职务或职业原因而了解到的情况作证：①其章程与意大利法律制度不相抵触的宗教职业的司铎；②律师，法律代理人，技术顾问，公证人；③医生，外科医师，药剂师，产科医师，以及其他从事卫生职业的人员；④行使其他依法有权不就职业秘密作证的职务或职业的人员。此外，该法典第201条规定："除有义务向司法机关作汇报的情况外，公务员、公共职员和受委托从事公共服务的人员有义务不就因其职务原因而了解到的并且应当保密的事实作证。"⑧

在日本，证人自己的配偶、三等血亲或者二等姻亲可能受刑事追究或者受有

① 《德国刑事诉讼法典》第53条第1项第3款。
② 《德国刑事诉讼法典》第53条第1项第1-3b款。
③ 《德国刑事诉讼法典》第53条第1项第1款。
④ 《德国刑事诉讼法典》第53条第1项第2款。
⑤ 《德国刑事诉讼法典》第53条第1项第3款。
⑥ ［德］克劳思·罗科信著：《刑事诉讼法》，吴丽琪译，法律出版社2003年版，第249页。
⑦ 《美国联邦刑事诉讼规则和证据规则》，卞建林译，中国政法大学出版社1996年版，第22页。
⑧ 《意大利刑事诉讼法典》，黄风译，中国政法大学出版社1994年版，第70页。

罪判决的，可以拒绝证言。① 同样，在日本，医师、牙科医师、助产士、护士、律师（包括外国法事务律师）、代理士、公证人员、宗教人士以及从事相当上述业务的人员，因受业务上委托应当知道的事实可能涉及他人的秘密，对此可以拒绝作证。②

在我国台湾也存在证人拒绝作证的规定。台湾"刑事诉讼法典"第 180 条规定："①证人有下列情形之一者，得拒绝证言：一、现为或曾为被告或自诉人之配偶、直系血亲、三亲等内之旁系血亲、二亲等内之姻亲或家长、家属者。二、与被告或自诉人订有婚约者。三、现为或曾为被告或自诉人之法定代理人或现由或曾由被告或自诉人为其法定代理人者。②对于共同被告或自诉人中一人或数人有前一项关系，而就仅关于他共同被告或他共同自诉人之事项为证人者，不得拒绝证言。"③ 此外，我国香港《诉讼证据条例》第 6 条、澳门《刑事诉讼法典》第 121 条也都有类似规定。

总体上看这些规定可以发现，证人可以拒绝作证的原因涉及两个方面：一是基于婚姻家庭的亲情原因；二是基于职业伦理的要求。这在一定意义上也可以看作是法律对家庭伦理和职业伦理的照顾。如德国刑事诉讼法规定与被告订有婚约者、其配偶及特定亲等内之亲属享有完全不受限制的拒绝证言权。罗科信教授认为："此项规则的目的乃在省却被告之亲属因介于陈述真实的义务及亲属间的情谊之间之矛盾冲突。""即使这种类型内的人如被强迫陈述时，其证言的价值亦不高，这种强行迫害家庭隐私的方式无法使其价值合理化"。④ 对于日本刑诉法规定的配偶、血亲、姻亲的拒证权，田口守一教授指出，"这种权利不是根据宪法的规定，而是根据尊重亲属之间的友爱这种政策。"⑤ 松尾浩也在分析这样规定的原因时认为："这是因为情何以堪，而且，强制证人作出证言的话，很难期望取得真实情况。"⑥ 而对于医师、律师等拒绝作证的规定，松尾浩也认为，这

---

① 《日本刑事诉讼法》第 147 条。

② 《日本刑事诉讼法》第 149 条。

③ 林钰雄编：《新学林分科六法：刑事诉讼法》，新学林出版股份有限公司 2006 年版，第 A－310 页。

④ ［德］克劳思·罗科信著：《刑事诉讼法》，吴丽琪译，法律出版社 2003 年版，第 243 页。

⑤ ［日］田口守一著：《刑事诉讼法》，刘迪、张凌、穆津译，法律出版社 2000 年版，第 232—233 页。

⑥ ［日］松尾浩也著：《日本刑事诉讼法》，丁相顺译，中国人民大学出版社 2005 年版，第 269 页。

样规定"是为了保障保守秘密，维系从事这些业务人员的社会威信"。① 可见，现代的证人拒绝作证制度既可以看作是保证诉讼公正的必要条件，在一定程度上也可以看作是法律对家庭伦理和职业伦理做出不得已让步的结果。

（二）强制作证制度

从不同国家和地区的证据制度看，法律允许证人拒绝作证的情形仅限于特定范围之内。证人拒绝作证需要具备特定的身份且仅能就法律限定的内容拒绝作证。除法律限定的情形外，证人必须出庭作证。对于不出庭的证人，法律规定了相应的强制措施，强制证人出庭作证。

如美国法律规定，对于拒绝作证的证人，可以逮捕，必要时可以藐视法庭罪论处。② 根据1984年美国《联邦重要证人法》规定，对于可能逃跑的重要证人，以申请逮捕令。③《法国刑事诉讼法典》第110条则规定："如果证人没有到庭，预审法官可以对拒绝出庭的证人采取传讯措施，通过警察强制其到庭，以传讯通知书进行并处第五级违警罪的罚款。"该法第111条规定："对任何公开声称认识某种重罪或轻罪的犯罪人而又拒绝回答预审法官为此向他提出问题的人，应判处十一天至一年的监禁和三百七十五至二万法郎的罚款。"④ 根据德国刑事诉讼法的规定，凡属德国法院管辖的每个人（包括在德国境内居留的外国人），都有义务在接受法官合法传唤后到场。如果其不遵从法官的传唤，法官可以罚以秩序罚而且该种处罚可以再处罚一次，必要时也可以进行强制拘提。⑤ 根据德国的相关法律，检察官也可以传唤证人到场。如果证人在检察官传唤后无理由不到场，检察官也可以根据《刑事诉讼法典》第51条处以秩序罚。⑥ 在日本刑事诉讼中，对于没有正当理由不到庭的证人，可以处以罚款、罚金，也可以拘传。⑦

从整体上看，赋予证人作证义务，在必要的时候强制证人作证是原则性的规定，而证人享有拒绝作证权的情形则是例外。

强制证人作证制度也可以从伦理的角度予以解读。证人不愿出庭的原因是多

---

① ［日］松尾浩也著：《日本刑事诉讼法》，丁相顺译，中国人民大学出版社2005年版，第269页。

② 美国《联邦刑事诉讼规则》第17条第（g）项。

③ 参见何家弘主编：《证人制度研究》，人民法院出版社2004年版，第103—104页。

④《法国刑事诉讼法典》，余叔通、谢朝华译，中国政法大学出版社1997年版，第54页。

⑤《德国刑事诉讼法》第51条。

⑥《德国刑事诉讼法》第161a条第2项。

⑦ 参见《日本刑事诉讼法》第150条、第151条、第152条。

方面的，其中的伦理原因也是多方面的。即便是伦理方面的原因，有一部分是正当的，有的也不一定是正当的。对于正当的原因，法律可以通过拒绝作证制度解决，但是对于不正当的原因，则需要通过法律的强制来解决。强制证人作证制度的存在说明法律对伦理的让步是有限的。证人拒绝作证需要有正当的理由，同时还要得到法律的认可。这种情形是在诉讼公正、被告人权益，以及家庭伦理、职业伦理等多方面权衡后的选择。当然，这也可以看作是法律在权衡之后对伦理的强制。

（三）特殊作证方式

为了解决证人作证中的困难，一些国家允许证人在特殊情况下以特殊的方式作证。如根据日本刑事诉讼法及相关法律的规定，"证人在被告人面前受压抑不能充分作证的"，可以责令被告人退庭，但是证人作证后必须给被告人反问的机会；[1] 证人在特定的旁听人面前不能充分作证的，可以让旁听人退庭；[2] 符合《日本宪法典》第 82 条第 2 款规定停止公开审理条件的，不公开审理。[3] 对于采用以上方法证人仍不能作证的，可以考虑庭外询问证人。[4]

我国台湾地区"证人保护法"第 11 条对需要保密的证人规定了特殊询问和诘问方式。该条第 4 款规定："有保密身份必要之证人，于侦查和审理中为讯问时，应以蒙面、变声、变像、视讯传送或者其他适应的隔离方式进行。在证人依法接受对质或诘问时，亦同。"[5]

此外，《葡萄牙证人保护法》第 14 条也规定：为了避免证人被识别，法院可以决定通过对证人进行隐身或者变声收集证言或者陈述以取代程序法上的形式或者交叉询问的形式。为隐蔽证人形象和声音的需要，所有证人的形象和声音都需要用技术手段加以处理，只有主审法官或者法院可以接触到非经失真的形象和声音。[6]

这些特殊的证人作证方式，不仅可以保证证人的安全，而且可以让证人避免出庭时面对被告人或其他人的尴尬。这在一定程度上帮助证人规避了伦理上的困境。在一定范围内，特殊的作证方式可以绕开某些伦理问题，如让证人不必面对

---

[1] 参见《日本刑事诉讼法典》第 304 条之 2。

[2] 日本《刑事诉讼规则》[昭和 23（1948 年）最高裁判所规则 32 号] 第 202 条。

[3] 《日本法院法》第 70 条。

[4] 《日本刑事诉讼法》第 281 条。

[5] 林钰雄编：《新学林分科六法：刑事诉讼法》，新学林出版股份有限公司 2006 年版，第 B－353 页。

[6] 杨家庆译：《葡萄牙证人保护法》，载《中国刑事法杂志》2005 年第 3 期。

某些熟人，避免职业秘密或个人隐私的外泄等。可见，通过证人作证制度的设计，适当转换证人作证的方式，可以适当化解证人作证中法律与伦理的冲突。这实际上是通过法律制度的灵活设计规避了证人作证中的伦理问题。因此，特殊作证方式也可以看作是法律对伦理困境的一种规避。

五、询问证人的启示

（一）意义

从总体上看，询问证人主要有两种含义，一种是指法庭质证过程中对证人的询问，另一种是侦查过程中侦查人员对证人的询问。这两种询问所处的阶段不同，性质也不同。法庭上询问证人是审理行为，侦查中询问证人则是侦查人员的调查取证行为。相对而言，法庭上询问证人是一种诉讼证明行为，而侦查中询问证人是查明事实真相的行为而不是诉讼证明。

由于诉讼结构上的差异，在我国刑事诉讼中，侦查中询问证人具有更重要的意义。

英美法系国家采用对抗制诉讼模式，审判在刑事诉讼中居于核心地位。刑事审判中实行传闻证据规则，对证人出庭提出了严格的要求。一般情况下，法庭审判中证言笔录是没有证据能力的，证人必须到庭宣誓并接受双方诘问，其证言才能发挥证明作用。而在大陆法系国家，刑事审判实行直接言词原则，该原则强调庭审的亲历性，同时要求以言词的方式提出证据，这也进一步强调了证人出庭的意义。

在这种以审判为中心的诉讼结构体系中，证人向法庭作证和向警察作证具有不同的意义。警察询问证人所做的笔录原则上是没有证据效力的，庭审中对案件事实基本上没有什么证明作用。除非证人不能出庭的特殊情况，要让证人证言发挥证明作用，就必须让证人到法庭上去作证。

而在我国，刑事审判没有确立传闻证据规则，也没有实行严格的直接言词原则。证人可以不出庭。审判中公诉人可以宣读不出庭证人的证言笔录，然后双方进行质证。实际上法庭调查的不是证人证言，而是证言笔录。双方质证的也不是证人证言本身，而是证言笔录。这种情况下，即使证人不出庭，其证言也能发挥证明案件事实的作用，这实际上是变相承认了证人向警察和其他侦查人员作证的证据效力。在向侦查人员作证和向法庭作证的效果没有明显区别的情况下，证人自然会选择向侦查人员作证，而不是出庭。因为这样可以规避伦理上的困境和其他方面的压力。而公诉人和法官也没有要求证人出庭的实际动力。各方对待证人出庭的态度有些像"叶公好龙",并不一定是真希望证人出庭。① 这才可能是证人不出庭的真正原因。

在这种诉讼结构下,侦查中询问证人反倒具有了特殊的意义。因为侦查中所做的证言笔录具有潜在的证明作用。侦查中询问证人不仅有助于侦查人员了解案情,而且还有更重要的意义,那就是询问过程和询问笔录对案件事实具有很强的证明作用。侦查中询问证人不仅仅是一项调查行为,还具有一些诉讼证明意义。应该说,这不是一种合乎诉讼证明规律的正常现象,但却是一种现实的现象。在这种情形下,侦查中询问证人在刑事诉讼中的作用和地位得到了放大。

(二) 启示

从伦理角度审视证人作证问题,对于侦查中询问证人的工作具有一定的启发意义。

1. 注意因伦理原因隐藏的潜在证人

实践中,有一部分证人对侦查人员的调查持积极配合的态度,但也有一部分不愿意配合侦查人员的调查。证人作证的动机各有不同,而不愿意作证的动机也各不相同。在不愿作证的证人中,有一部分是由于情理上的原因。如有的证人与犯罪嫌疑人有较深的感情或友谊;有的证人怕作证影响自己的业务关系;有的则怕作证影响自己的声誉等。这些都是证人作为现实生活中的"伦理人"所可能遇到的问题。这些原因有的是正当的,有的则不具有正当性。但这些不正当的原因也会影响证人作证的积极性。虽然法律规定了证人作证的义务,但这类证人一般是不会主动找侦查人员作证的。这需要侦查人员仔细查找和发现可能隐藏的证人。尽管这部分证人证言存在虚假的可能性较大,但对于查明事实真相还是有帮助的。这部分证言不一定作为证据使用,但却可以提供侦查的线索。

2. 把握询问证人中的伦理界限

由于我国没有规定特殊证人的拒绝作证特权,因此所有知道案情的人都有作证的义务。但这并不妨碍侦查中把证人当作伦理人来看待。侦查人员在询问中应当把伦理因素纳入考量的范围,根据具体案情考虑证人所面临的伦理困境,在询问地点的安排、询问方式的使用等方面作灵活性的调整。

(1) 询问地点。在询问地点上,我国修订前的《刑事诉讼法》第 97 条规定:"侦查人员询问证人,可以到证人的所在单位或者住处进行,但是必须出示人民检察院或者公安机关的证明文件。在必要的时候,也可以通知证人到人民检

---

① 相关论述参见陆而启:《叶公好龙:刑事证人出庭的一个寓言》,载《证据科学》2008 年第 1 期。

察院或者公安机关提供证言。"根据这些规定，侦查人员询问证人的地点可以在证人的所在单位或者住处，也可以在人民检察院或公安机关。但是1998年最高人民法院、最高人民检察院、公安部等六部委《关于刑事诉讼法实施中若干问题的规定》（以下简称六部委《规定》）对询问证人地点作出进一步规范，要求："侦查人员询问证人，应当依照刑事诉讼法第97条的规定进行，不得另行指定其他地点。"这一规定将询问证人地点限定在证人的所在单位、住处和侦查机关。根据这一规定，如果侦查人员在以上地点以外询问证人，那么其合法性会存在缺陷。现实中，如果证人出于伦理上的原因既不愿在单位、住所也不想到侦查机关接受询问，侦查人员该怎么办？修订后的刑事诉讼法对询问地点作了相应的完善。修订后的《刑事诉讼法》第122条第1款规定："侦查人员询问证人，可以在现场进行，也可以到证人所在单位、住处或者证人提出的地点进行，在必要的时候，可以通知证人到人民检察院或者公安机关提供证言。在现场询问证人，应当出示工作证件，到证人所在单位、住处或者证人提出的地点询问证人，应当出示人民检察院或者公安机关的证明文件。"据此规定，询问证人的地点包括犯罪现场、证人所在单位、住处、证人提出的地点、人民检察院或者公安机关。新规定增加了现场讯问和"证人提出的地点"，尤其是在"证人提出的地点进行"询问，对于减轻证人作证的伦理负担是十分必要的。

（2）询问方式。在询问证人的方式上，我国《刑事诉讼法》第122条第2款规定："询问证人应当个别进行。"第123条规定："询问证人，应当告知他应当如实地提供证据、证言和有意作伪证或者隐匿罪证要负的法律责任。"根据第270条的规定，询问未成年证人，通知未成年证人法定代理人到场。另外，根据第124条和第120条的规定，询问证人的笔录应当交证人核对，对于没有阅读能力的，应当向他宣读。如果记载有遗漏或者差错，证人可以提出补充或者改正。证人承认笔录没有错误后，应当签名或者盖章。侦查人员也应当在笔录上签名。证人请求自行书写证言的，应当准许。必要的时候，侦查人员也可以要证人亲笔书写证言。这些规定为询问证人的方式和程序设定了基本的框架。但从伦理角度看，在实践中还应注意一些具体的问题。

首先，注意询问的保密性。分别询问证人有利于防止证人之间相互干扰。但仅有此还不够，还需要营造隐私和保密氛围。"在实施调查访问中，保持访问过程的秘密性是最重要的因素。无论是在家里、办公室还是警察局，只要受到干扰，就会对询问及其结果产生反作用。"[①] 一方面，保持询问过程的保密性可以

---

① ［美］查尔斯·R.斯旺森等著：《刑事犯罪侦查》（第八版），但严铮、郑海等译，中国检察出版社2007年版，第190页。

减轻证人的压力，当然也包括减轻伦理上的压力；另一方面，讯问过程的保密性有利于解除证人本身的保密负担，避免职业秘密和隐私外泄。

其次，注意对未成年证人的询问。在询问未成年证人时通知其法定代理人到场，是为了让未成年证人能减轻心理压力，也是对家庭伦理亲情的照顾。修订后的刑诉法增加了未成年人刑事案件的特别诉讼程序，强化了对未成年诉讼参与人的保护。根据修订后刑事诉讼法第270条的规定，询问未成年证人，也应当通知其法定代理人到场。无法通知、法定代理人不能到场的，也可以通知其他成年亲属，所在学校、单位、居住地基层组织或者未成年人保护组织的代表到场，并将有关情况记录在案。

（3）对证人的强制。实践中有的侦查人员限制证人的自由，并以法律没有规定询问证人的时间限制为由，长时间询问证人。有的侦查人员以询问证人名义讯问犯罪嫌疑人，规避讯问期限的限制，"询问"的时间远远超过12小时。应当说这是对法律的曲解。我国《刑事诉讼法》第60条规定："凡是知道案件情况的人，都有作证的义务。"但是刑事诉讼法并没有规定侦查阶段可以强制证人作证。

侦查人员在侦查阶段是否可以强制证人作证？不同的国家有不同的规定。

在日本，侦查中警察询问证人并不属于专门的侦查措施，而是属于"调查知情人"范畴。所谓"知情人"一般是指"犯罪嫌疑人以外的人"，包括被害人、目击证人等与嫌疑事实有直接、间接关系的人。司法警察可以要求知情人到侦查机关进行询问。但是这种措施属于任意侦查措施。一般情况下，知情人接受调查不是法律义务。警察在知情人愿意的前提下对其进行调查，对于知情人来说，他并没有配合调查的义务。[①] 而在法国和德国，在特殊情况下，负责指挥侦查的检察官可以强制证人接受询问。如《法国刑事诉讼法典》第78条规定："司法警官为侦查的必需而传唤的人员，必须到场。如果他们不履行此项义务，司法警官应当将情况报告共和国检察官以便由警察强制其到场。"[②] 又如，《德国刑事诉讼法典》第163条a第5款规定：证人有义务应传唤前往检察院作出陈述，无正当理由不到场或者拒绝到场时，检察院有权依法采取罚款、拘传、责令承担不到场造成的费用等制裁措施。

就我国而言，侦查人员询问证人并不属于强制性侦查措施。证人有作证的义务，但侦查人员并没有强制证人作证的权力。笔者认为，尽管法律规定了证人作

---

① 如日本司法警察调查知情人即是如此。参见［日］松尾浩也著：《日本刑事诉讼法》，丁相顺译，中国人民大学出版社2005年版，第54页。

② 《法国刑事诉讼法典》第78条（1993年1月4日第93－2号法律）。

证的义务，但由于伦理和其他方面的原因，证人不愿作证的现象普遍存在。允许在特殊情况下强制证人作证是必要的，但是也不能因为法律规定证人有作证的义务就可以全部强制证人作证。可行的办法是加强对强制证人作证的程序控制，把审核决定权交给检察机关或较高级别的公安人员行使。当然在决定是否强制证人作证的时候，因当把伦理因素纳入衡量的范围。

至于询问证人的时间，笔者认为，询问证人作为任意侦查措施，是不能限制证人的人身自由的。侦查人员应当把握"及时"原则，以询问的实际需要为准，并尊重证人的意愿。在强制作证的情况下，可以从立法上设定最长时限的限制，但不得超过讯问犯罪嫌疑人的时间。

第六章　伦理保障

　　刑事侦查不仅要合法，而且要合理。合理的内涵之一就是合乎伦理。由于伦理规范本身不具有法律规范那样的强制力，而仅靠侦查人员的道德自觉也很难保证侦查权的合理行使，因此需要相应的伦理保障机制来保证刑事侦查的合理性。

　　在刑事侦查中，法律规范和伦理规范相互交织共同发挥调节作用，而且侦查的合法性与合理性紧密相关。侦查权的合理运行既要靠法律规范的调节又要靠刑事诉讼运行机制的保障，同时也离不开侦查工作自身管理机制的作用。刑事侦查的伦理保障机制并不是一套独立的运行体系，而是存在于整个侦查规范体系之中，与法律规范、诉讼制度以及工作机制紧密相关的作用体系。因此，刑事侦查的伦理保障主要来自这三方面，即刑事诉讼内部运行机制的保障、立法层面的保障和工作机制层面的保障。

一、诉讼内保障

　　刑事诉讼制度通过权利义务的分配设定了诉讼主体之间的关系，不同诉讼主体之间相互作用在诉讼体系内部构成了相应的运行机制。在这些机制的作用下，不同的诉讼主体相互配合相互制约，保障着刑事诉讼的合法运行。刑事侦查也是在这样的机制作用下运行的。这些机制不仅是侦查的法律保障，而且为侦查提供伦理保障。具体分析如下：

（一）令状签发中的伦理权衡

　　为了保证刑事诉讼中强制处分的适度适用，许多国家在刑事诉讼法中确立了令状原则。所谓令状原则是指"在进行强制性处分时，关于该强制性处分是否合法，必须由法院或法官予以判断并签署令状；当执行强制性处分时，原则上必须向被处分人出示该令状"。[①] 侦查中的令状原则是对侦查强制处分的控制，其功能在于保证侦查权合法、适度的运行。

　　尽管我国刑事诉讼并没有实施实质意义上的令状原则，但法律要求所有的强

---

　　① 宋英辉、吴宏耀著：《刑事审判前程序研究》，中国政法大学出版社 2001 年版，第 39 页。

制处分都必须依据有关机关签发的文件实施。侦查中，拘留、逮捕、搜查、扣押等强制性处分都需要相应的法律文书。所不同的是，公安机关对犯罪嫌疑人实施逮捕，需要检察机关签发逮捕证，除此之外的其他强制处分都是侦查机关自己签发。尽管这一部分强制处分由侦查机关自己签发文书，但也并不是说这部分侦查措施不受控制。实践中，由侦查机关自己签发令状的强制性处分，实行的是一种"层级式审查"。① 有学者在实证研究中发现，刑事拘留的审批表现为一种"书面、规范、细密的卷宗审查方式"②，这种内部层级式的审批程序"确能产生一定程度的权力控制效果"。③ 这种审查方式是否科学有待于进一步的验证和讨论，但它至少说明在我国刑事诉讼中，伴随着令状④的签发，确实存在一定的审查机制。

需要指出的是，令状原则不仅为侦查的合法性提供保障，而且能为侦查提供了伦理保障。令状原则提供的伦理保障主要体现在令状审查和签发过程之中。一般而言，在签发令状的过程中，签发者主要是对强制处分的合法性和必要性进行权衡和判断，但仔细分析可以发现，这一过程中也不可或缺地伴随着伦理判断。因为合法性和必要性的判断，需要把法律规定的条件和案件的具体情形结合起来才能得出结论。这一过程不是简单的法律条文和具体事实的对照，还伴随着具体情境下的情理判断和裁量。得出的也不仅仅是合法与不合法的结论，背后还有合理不合理的确认。这其中，合法性的判断依据是法律规范，而合理性的判断依据则主要是伦理规范和伦理原则。从功能上讲，令状原则在两个层面发挥作用，一是在规范层面上保证强制性处分的合法性，二是在个案中保证所适用的具体措施的合理性。合法性的判断需要法律规则和事实的比照，而合理性则靠的是令状签发过程中的伦理权衡。从一定意义上讲，正是令状签发中的伦理权衡使得侦查在法律的框架内向正义更加靠近了一步，也就是在合法的基础上更加合理。因此，令状中的伦理权衡是刑事侦查重要的伦理保障机制。

令状中的伦理权衡作为侦查的伦理保障机制有其内在的优势。首先，签发令状体现了不同主体之间的制约。这种不同主体之间的制约机制提供了一种外在的强制力，它在一定程度上弥补了伦理规范强制力不足的缺陷。其次，签发令状需要根据具体的案情和背景进行衡量，这一过程把抽象的伦理原则与具体的情境结合起来，使得侦查伦理在个案中具有可操作性。

---

① 左卫民等著：《中国刑事诉讼运行机制实证研究》，法律出版社 2009 年版，第 54 页。

② 左卫民等著：《中国刑事诉讼运行机制实证研究》，法律出版社 2009 年版，第 69 页。

③ 左卫民等著：《中国刑事诉讼运行机制实证研究》，法律出版社 2009 年版，第 64 页。

④ 当然并不是司法令状，确切的说应该是法律文书。

当然，这一保障机制也存在不足。因为令状原则只适用于侦查中那些强制性侦查措施，令状签发的审查机制也只能在这些强制性侦查措施范围内发挥作用。对于那些不需要令状制约的侦查措施，令状机制则难以发挥作用，也就没有令状签发中的伦理权衡了。

（二）证据审查中的伦理裁量

刑事诉讼中对证据的审查和判断不同于刑事证明①，它贯穿于刑事诉讼的全过程。我国《刑事诉讼法》第 51 条规定："公安机关提请批准逮捕书、人民检察院起诉书、人民法院判决书，必须忠实于事实真相。"所谓"忠于事实真相"的基础就是证据。要使得提请批准逮捕书、起诉书、判决书忠于事实真相，就必须对证据进行审查和判断。所不同的是，审判阶段对证据的审查和判断与刑事证明紧密联系，在刑事诉讼中居于核心地位，也有着更为严格的程序要求。审判阶段对证据的审查和判断不仅对案件事实起着决定性的作用，而且制约着侦查和审查起诉。一方面，审判中对证据合法性和证明力的判断必然会伴随着对收集证据的侦查行为的评判；另一方面，审判中对证据的审查和判断会制约审查起诉和侦查中对证据的评判，并最终对侦查行为产生相应的制约作用。

对证据的审查包括对证据合法性的审查和对证据证明力的判断。这两方面都对侦查行为起制约作用。以证据合法性的判断为例，被判定为非法的证据将有可能在审判中被排除，这从结果上否定了收集证据的活动，也在一定意义上否定了侦查行为。如《禁止酷刑公约》第 15 条规定："每一缔约国应确保在任何诉讼程序中，不得援引任何业经确定系以酷刑取得的口供为证据，但这类口供可用作被控施用酷刑者刑讯逼供的证据。"禁止通过酷刑取得的口供为证据，在一定意义上讲是对侦查中实施酷刑的制裁。而在美国，赞成非法证据排除规则的主要原因是"它遏制了警察和检察官对宪法权利的侵犯"。②

我国修订后的刑事诉讼法强化了对证据合法性的审查以及对非法证据的排除。修订后的《刑事诉讼法》第 54 条规定："采用刑讯逼供等非法方法收集的

---

① 在我国刑事诉讼中，证据审查是侦查人员、检察人员和审判人员对证据合法性和证明力的审查和判断，是一种职权活动。刑事证明则不同，根据卞建林教授的理解："在刑事诉讼领域，证明应当是指国家公诉机关和诉讼当事人在法庭审理中依照法律规定的程序和要求向审判机关提出证据，运用证据阐明系争事实，论证诉讼主张的活动。"显然，刑事证明是审判过程中控辩双方提出证据论证诉讼主张的活动，而对证据的审查和判断则是审判者的职权活动。参见卞建林主编：《刑事证明理论》，中国人民公安大学出版社 2004 年版，第 13 页。

② ［美］罗纳尔多·V. 戴尔卡门著：《美国刑事诉讼：法律和实践》（第 6 版），张鸿巍等译，武汉大学出版社 2006 年版，第 124 页。

犯罪嫌疑人、被告人供述和采用暴力、威胁等非法方法收集的证人证言、被害人陈述，应当予以排除。收集物证、书证不符合法定程序，可能严重影响司法公正的，应当予以补正或者作出合理解释；不能补正或者作出合理解释的，对该证据应当予以排除。在侦查、审查起诉、审判时发现有应当排除的证据的，应当依法予以排除，不得作为起诉意见、起诉决定和判决的依据。"第55条规定："人民检察院接到报案、控告、举报或者发现侦查人员以非法方法收集证据的，应当进行调查核实。对于确有以非法方法收集证据情形的，应当提出纠正意见；构成犯罪的，依法追究刑事责任。"第56条规定："法庭审理过程中，审判人员认为可能存在本法第54条规定的以非法方法收集证据情形的，应当对证据收集的合法性进行法庭调查。当事人及其辩护人、诉讼代理人有权申请人民法院对以非法方法收集的证据依法予以排除。申请排除以非法方法收集的证据的，应当提供相关线索或者材料。"第57条规定："在对证据收集的合法性进行法庭调查的过程中，人民检察院应当对证据收集的合法性加以证明。现有证据材料不能证明证据收集的合法性的，人民检察院可以提请人民法院通知有关侦查人员或者其他人员出庭说明情况；人民法院可以通知有关侦查人员或者其他人员出庭说明情况。有关侦查人员或者其他人员也可以要求出庭说明情况。经人民法院通知，有关人员应当出庭。"第58条规定："对于经过法庭审理，确认或者不能排除存在本法第五十四条 规定的以非法方法收集证据情形的，对有关证据应当予以排除。"刑诉法修订以后，2012年12月26日，最高人民法院、最高人民检察院、公安部、国家安全部司、法部、全国人大常委会法制工作委员会联合发布了《关于实施刑事诉讼法若干问题的规定》，最高人民法院、最高人民检察院又先后出台了相关解释，进一步规范了证据合法性审查程序和非法证据的排除制度。从基本框架上确立了非法证据排除规则。这对于防止非法侦查行为而言具有积极作用。

从操作层面看，对证据的审查离不开伦理因素的权衡。如我国修订后的《刑事诉讼法》第50条保留了"严禁刑讯逼供和以威胁、引诱、欺骗以及其他非法的方法收集证据"的规定，对于规范侦查行为，防止侦查权的滥用具有积极意义。而威胁、引诱和欺骗本身就包含有伦理因素，需要根据相应的道德原则才能认定。如对证人证言的合法性进行判断时，需要考虑取证手段对证人隐私的侵犯，对口供的判断需要考虑对犯罪嫌疑人的讯问是否侵犯了其的人格尊严、是否违背司法诚信等因素。对实物证据合法性的判断则主要审查搜查、扣押等取证手段是否合法，而手段的合法性判断也不可避免的会带有相应的伦理权衡。如取证手段对隐私的侵犯、取证行为是否符合公共伦理道德等。对于技术侦查措施更是如此，对通过技术侦查措施所获取的证据合法性的判断，离不开技术侦查措施合法性的判断，而技术侦查措施适用的范围与方式必然涉及个人隐私、社会伦理等问题。可见，取证手段的合法性直接制约着所取得证据的合法性和证明力，而对证据合法性的审查和证明力的判断又会反过来制约着侦查中的调查取证行为。在这一过程中，伦理因素也扮演着相应的角色。一方面，伦理因素决定着侦查取证行为的合理性，并进而制约着证据合法性和证明力的判断；另一方面，对证据的审查和判断又会制约着侦查人员，使其在关注法律规范的同时关注侦查中的伦理规则，保证侦查行为的合理性。如最高人民检察院在 1981 年 7 月 27 日的《关于在办理强奸案件中是否可以检查处女膜问题的批复》中进一步强调："办理流氓强奸案件时，不准对被害人进行处女膜的检查，也不准用检查处女膜的结论作为证据。"原因是："办案的实践证明：处女膜的状况不能作为认定或否定强奸罪行的依据，检查的结果常常是弊多利少。"① 对被害人处女膜的检查，既涉及被害人隐私又涉及伦理风俗。这样规定显然是对包括伦理风俗在内的多方面因素进行权衡的结果。

证据审查中的伦理衡量为刑事侦查提供了另一种类型的伦理保障。即从证据——侦查行为的结果——审查中为侦查行为提供了伦理审查机制。尽管是一种事后的制约机制，但也能在一定程度上保证侦查行为与伦理的契合。

但同令状签发机制一样，这种保障机制的范围也是有限的。它只适用于以收集证据为目的的侦查行为，对于那些不以收集证据为目的的侦查行为以及那些以收集证据为目但没有收集到证据的侦查行为则难以发挥作用。

（三）适度的侦查公开②

1. 对侦查公开的认识

绝对的侦查公开是不现实的，它必然导致无法进行有效的侦查。但绝对的侦查封闭也不可行，它会导致侦查的神秘化，引发公众的质疑。可行的做法是在立法技术上加以调整，采用原则规定和例外列举相结合的办法，加以适当折中处理。问题是侦查公开到底是原则还是例外？

在探讨刑事侦查问题时，有学者认为应当坚持侦查"适当公开原则"或者"合理公开原则"。③ 但实际上，侦查中的公开或者"适度公开"不是原则而是

---

① 最高人民检察院《关于在办理强奸案件中是否可以检查处女膜问题的批复》［1981 年 7 月 27 日（81）高检刑函第 137 号］。

② 说明：本节关于侦查公开研究的部分内容已发表于本人与单民教授合作完成的文章中，文章题目为《职务犯罪侦查公开的几个问题》，载《人民检察》（湖北版）2008 年第 4 期。

③ 如陈永生著：《侦查程序原理论》，中国人民公安大学出版社 2003 年版；宋远升：《设局与破解：论侦查行为合理公开原则》，载《山东警官学院学报》2007 年第 1 期。

例外。进言之，在侦查程序中尤其在职务犯罪侦查程序中应当以不公开为原则，以公开为例外。所谓侦查公开是在坚持侦查不公开的前提下，根据不同的对象而有条件、有限度地公开。

第一，从现行的立法例看，多数坚持侦查秘密原则，把侦查公开作为例外。意大利《刑事诉讼法典》第 329 条规定："由公诉人和司法警察进行的侦查活动应当保密。"在对侦查秘密原则直接规定的同时，意大利《刑事诉讼法典》还对有关侦查文书的公开加以限制。该法第 114 条第 2 款规定："对于不再保密的文书，在初期侦查结束以前或者在初步庭审结束以前，禁止予以公布，包括部分地公布。"作为例外，意大利《刑事诉讼法典》第 329 条规定公诉人可以以附理由的命令允许公布单项文书或者其中的部分，但被公布的文书必须保存在公诉人的秘书室中。但即便在有关文书根据规定不再保密时，在需要继续进行侦查的情况下，公诉人仍然可以采用附理由的命令作出以下决定："（1）当被告人同意时或当对文书的了解有可能妨碍针对其他人的侦查时，要求对单项文书保密；（2）禁止公布单项文书的内容或者有关特定活动的具体消息。"①

《法国刑事诉讼法典》第 11 条规定："除法律另有规定的外，侦查和预审一律秘密进行，并不得损害犯罪嫌疑人的权利。"

德国的侦查程序也以秘密进行为原则。② 在警察或检察官询问证人时被告人及其辩护人无权在场，在警察讯问被告人时，辩护人也无权在场。作为例外，辩护人有查阅案件卷宗的权利，其对被告人的讯问笔录、专家陈述以及法院调查活动的笔录的查阅是无条件的。但在侦查上未终结之前，如果查阅会使侦查目的受到影响，检察官有权拒绝辩护人查阅卷宗的其他部分。③

在英美国家对侦查的秘密性也有严格的要求。一方面，为了保证被追诉人受到公正审判，避免陪审团成员在审前形成不利于被追诉人的成见，法院可以签发限制令的形式对媒体报道诉讼活动进行限制，违反者可能被处以藐视法庭罪。而新闻媒体对于特定案件侦查情况的具体报道则基本被禁止。另一方面，由于实行对抗式的侦查模式，辩护方虽然可以通过听证程序以及警方告知制度了解涉嫌的罪名和一定的证据，但对于控方的侦查行为，嫌疑人和辩护律师大多无权参与或

---

① 意大利《刑事诉讼法》第 329 条第 2 款、第 3 款。
② ［德］克劳思·罗科信著：《刑事诉讼法》，吴丽琪译，法律出版社 2003 年版，第 360—361 页。
③ ［德］克劳思·罗科信著：《刑事诉讼法》，吴丽琪译，法律出版社 2003 年版，第 360—361 页。［德］托马斯·魏根特著：《德国刑事诉讼程序》，岳礼玲、温小洁译，中国政法大学出版社 2004 年版，第 64、65、72 页。

到场，对警察的侦查活动情况辩护方通常难以了解。此外，具有侦查性质的大陪审团的调查程序也具有保密性。

我国台湾地区"刑事诉讼法"第 245 条规定："侦查，不公开之。"在规定了侦查不公开原则的同时明确了相关人员的保密义务。该法规定："检察官、检察事务官、司法警察官、司法警察、辩护人、告诉代理人或其他于侦查程序依法执行职务之人员，除依法令或为维护公共利益或保护合法权益有必要者外，不得公开揭露侦查中因执行职务知悉之事项。"作为侦查不公开原则的例外，台湾刑事诉讼法允许辩护人在讯问嫌疑人时在场权和陈述意见。但施加了一定的限制，对于辩护人的在场，"有事实足认其在场有妨害国家机密或有湮灭、伪造、变造证据或勾串共犯或证人或妨害他人名誉之虞，或其行为不当足以影响侦查秩序者，得限制或禁止之。"①

第二，从我国侦查程序的立法上看，坚持的是侦查不公开原则。我国现行刑事诉讼法并没有明确规定侦查公开原则或侦查不公开原则，但通过《刑事诉讼法》第 3 条、第 4 条、第 290 条把刑事案件的侦查规定为专门机关的职责。这从主体上排除了其他机关和个人全面、主动参与侦查的可能性，同时也使得其他参与人和公众全面主动了解侦查的详细情况失去了现实的基础。这种规定明确了侦查机关独占侦查信息的前提条件。有关诉讼参与人在侦查阶段了解案件信息和参与侦查活动的具体规定包括：（1）第 73 条、第 83 条、第 91 条规定，公安机关执行指定居所监视居住、拘留、逮捕，除无法通知的以外，应当在执行监视居住、拘留、逮捕后二十四小时以内，通知被监视居住人、被拘留人、被逮捕人的家属。（2）第 33 条、第 36 条、第 37 条规定，犯罪嫌疑人自被侦查机关第一次讯问或者采取强制措施之日起，有权委托辩护人；辩护律师在侦查期间可以为犯罪嫌疑人提供法律帮助；代理申诉、控告；申请变更强制措施；向侦查机关了解犯罪嫌疑人涉嫌的罪名和案件有关情况，提出意见。辩护律师可以同在押的犯罪嫌疑人、被告人会见和通信。（3）第 129 条规定：对于死因不明的尸体，公安机关有权决定解剖，并且通知死者家属到场。（4）第 131 条、第 137 条、第 138 条、第 140 条规定：勘验、检查、查封、扣押的时候应当有见证人在场，在搜查的时候，应当有被搜查人或者他的家属，邻居或者其他见证人在场。不难看出，侦查权的专属性基本上排除了其他机关和个人全面参与侦查的可能性，侦查公开的内容、范围极为有限。立法上坚持的是以侦查不公开为原则，以公开为例外的方式。

但是也应当看到，我国刑事诉讼法对该原则的例外情况考虑不够充分，对于侦查中应当适当公开的内容规定不合理，导致侦查程序具有封闭性。从完善立法

---

① 我国台湾地区"刑事诉讼法"第 245 条。

上看，有必要加强侦查公开，但这并不能否定侦查不公开原则。需要强调的是，就现行立法情况看，加强侦查公开虽有必要，但是相对而言是一种例外情况，把侦查公开作为一种原则是一种误导。而所谓的"适当公开原则"的提法也并不科学，适当公开就是有限定的公开，既是作为例外情况而有限定的公开，就够不上实质意义上的"原则"。

2. 必要性

首先应当承认，坚持侦查不公开则是基于多方面利益诉求。对于犯罪嫌疑人而言，侦查阶段事实并未查清，在罪疑状态下公开案情则可能形成"舆论定罪"，对嫌疑人的名誉造成损害，既影响对其公正审判，又影响其在审前程序中的权利保护。而侦查不公开则有利于减少对嫌疑人的名誉损害，避免审前形成干扰力影响审判，这也正是无罪推定原则的内在要求。对于侦查机关而言，侦查不公开更具有实用价值，是保证侦查效率的重要条件。首先，侦查不公开有利于其在侦查中保持信息优势，而侦查信息的优势通常是成功破案的先机。其次，侦查不公开有利于防止被追诉方对抗侦查，防止犯罪嫌疑人伪造、毁灭证据、串供或者干扰证人作证，从而减少侦查阻力，保证侦查的顺利进行。对于其他诉讼参与人而言，侦查不公开有利于证人保护、有利于维护被害人人身安全及隐私，甚至有利于涉案单位商业利益的保护。

但也应当看到，坚持侦查的适度公开也有其合理的原因：一是满足公众的知情权，保护新闻自由和言论自由，这是现在民主政治的重要内容。二是通过公开实现对侦查行为的监督和制约，体现程序公正的同时保障实体公正的实现。不难看出，基于对侦查权力的制约和权利的保护，需要侦查的适度公开，而同样基于权利的保护和侦查效率的需求，侦查公开必须是有限的。因此，在选择上不能简单地执其一端，而要在兼顾的前提下有所侧重。

在侦查程序中，侦查权专属于有关机关，侦查机关实施侦查行为时，其他人员包括律师并不能直接参与。因此，侦查公开则不仅涉及对公众公开问题，还涉及对当事人及其律师的公开问题。侦查中对犯罪嫌疑人及其辩护人的公开与对公众公开在价值选择上不同，因此在内容和方式上也有所差异。

（1）侦查对犯罪嫌疑人及其辩护人适度公开的必要性

在坚持侦查不公开的原则下，需要对犯罪嫌疑人及其辩护人适当公开。

第一，侦查中对案件有关信息的了解和掌握是犯罪嫌疑人及其辩护人有效进行诉讼活动的前提条件。诉讼当事人的有效参与是程序公正的重要标志。但如果缺乏对案件信息的了解，犯罪嫌疑人和辩护人的诉讼活动就缺乏目的性和针对性，这必然影响其有效性。侦查权专属于特定机关使得犯罪嫌疑人及其辩护人没有获取侦查信息的直接来源，而侦查不公开原则为侦查机关独占侦查信息提供了条件，在此条件下有必要通过公开侦查相关信息加以平衡，以保证犯罪嫌疑人及其辩护人诉讼活动的有效性。

第二，向犯罪嫌疑人及其辩护人公开相关信息是保护犯罪嫌疑人正当权利的需要。一方面，知情权是现代民主社会的一项重要权利，作为公众有知情权，而侦查活动对犯罪嫌疑人切身利益紧密相关，更应当享有对案件信息的知情权；另一方面，侦查活动不可避免的带有一定强制性，其实质是对犯罪嫌疑人权利的强制，只有公开相关信息才能使犯罪嫌疑人及其辩护人了解权利被侵犯的情况，才能更好地保护正当权利。

第三，向犯罪嫌疑人及其辩护人公开侦查信息，可以制约侦查权的行使，进而保障案件的公正处理。侦查公开有利于犯罪嫌疑人一方对侦查权进行监督，防止侦查权的滥用；同时可以减少侦查人员在证据收集上的有罪倾向，在收集证据时同样关注对犯罪嫌疑人有利的证据，保证证据的客观全面性。

当然，侦查对犯罪嫌疑人及其辩护人公开也有其限定因素。对于犯罪嫌疑人及其辩护人的侦查公开并不是全面的、无条件的公开。实践中，向犯罪嫌疑人及其辩护人公开侦查信息的方式主要包括三种：一是通过书面或口头的方式直接告知。这种告知往往与实施特定的侦查行为相联系。如联合国《公民权利和政治权利国际公约》第 9 条第 2 款规定："任何被逮捕的人，在被逮捕时应被告知逮捕他的理由，并应被迅速告知对他提出的任何指控。"二是在侦查机关实施侦查行为时在场。如我国台湾地区"刑事诉讼法"第 245 条第 2 款规定："被告人或犯罪嫌疑人之辩护人，得于检察官、检察事务官、司法警察管或司法警察讯问该被告人或犯罪嫌疑人时在场，并得陈述意见。"三是案卷、文书的展示。主要是在侦查阶段在不影响侦查目的实现的前提下，允许辩护人查阅侦查机关的案卷和有关文书，以实现侦查信息的公开。公开的内容通常包括两方面内容：其一是犯罪嫌疑人的权利和义务、与侦查相关的法律规定等内容；其二是犯罪嫌疑人涉嫌的罪名、案卷、文书以及某些证据等。相对而言，第二方面才是侦查公开的实质内容，同时是针对个案情况和具体诉讼参与人，内容比较具体。

（2）对公众适度公开的必要性

侦查情况对公众公开的必要性主要表现在以下方面，第一，公开有利于对侦查权进行监督和制约，防止侦查权滥用。第二，满足公众的知情权，避免对侦查案件产生无端的猜疑。第三，对于某些案件来说，需要发动群众寻找案件线索、发现证据，而发动群众需要适当公开案情。第四，有些情况下，向社会公开某些侦查信息是一种侦查策略。通过故意公开某些信息以引发犯罪嫌疑人的某些反应，从而可以更好地侦破案件。第五，对于侦查后发现无辜的人员，需要将侦查情况向社会公开，以澄清有关事实，恢复无辜者的名誉。

当然，侦查对公众公开也有一定的限定因素，一方面是对犯罪嫌疑人声誉的影响。侦查公开必然会对犯罪嫌疑人的声誉造成负面影响，如果不加以控制，会出现"舆论定罪"或"媒体定罪"的现象。这既违背无罪推定原则，又侵害犯罪嫌疑人的合法权益，同时也会对后来的审判造成影响。因此，在侦查信息向公众公开时必须考虑对犯罪嫌疑人声誉影响的程度，将其影响控制在合理范围内。另一方面是对侦查工作的负面影响。侦查公开不能影响到证人作证，不能对证人及其他涉案人员的安全造成威胁。此外，侦查公开还可能造成一定的社会影响。如在职务犯罪侦查中，由于犯罪嫌疑人的身份相对特殊，侦查信息的公开可能会对其所在企业、单位的经营和运行情况造成影响。而有些案件在侦查阶段公开可能会严重影响公众安全感，甚至引起社会恐慌。

因此，在考虑对公众公开时，须对公开的方式和内容进行限制。对公众公开的方式主要包括两种：一是发布有关侦查情况的公报，将需要公开的信息和事项公之于众；二是以新闻发言人的方式，对媒体公开相关信息。侦查对公众的公开与对犯罪嫌疑人及其辩护人的公开有所差异，对后者的公开应当尽可能具体，且限于与本案有关的情况；对于前者而言，则不必限于一案，也不必太具体。公开内容一般包括：①一段时间发生案件的数量、地域、类型以及侦查破案的情况、采取强制措施的情况等数据统计。②经立案侦查后，又不予追诉的情况。③为澄清某些事实而有必要公开的案件具体情况。

3. 侦查适度公开的伦理保障作用

侦查的适度公开为侦查活动提供了相应制约机制，这种制约机制对于侦查权可以起到一定的道德监督作用。

首先，侦查适度公开可以使律师在侦查中发挥道德制约作用。侦查的适度公开有利于辩护律师及时有效地参与到侦查过程中来。律师参与侦查过程既可以对非法的侦查方法提出意见，也可以对不当的侦查方法和手段及时提出异议。这不仅可起到法律监督的作用，也可以起到道德监督的作用。尤其是在侦查讯问时律师在场，不仅可以见证讯问过程的合法性，而且可以防止不道德讯问手段的使用。

其次，侦查向公众适度公开能够发挥舆论的道德监督作用。侦查向公众适度公开在满足公众知情权的同时，也直接面对公众的舆论监督。舆论监督本身是一种多角度监督，涉及侦查的多个方面。舆论既会关注侦查行为的合法性，也会关注侦查行为的道德影响。在网络媒介越来越发达的今天，舆论监督本身就包含了大量的道德评价因素，很多问题在网络上会自动形成道德审判。这种情况下，舆论监督对侦查的道德制约作用更强。

（四）检察监督中的伦理制约

在中国，检察机关是国家的法律监督机关。修订后的《刑事诉讼法》第8条规定："人民检察院依法对刑事诉讼实行法律监督。"对刑事诉讼实行法律监督当然包括对侦查活动的监督。2012年10月16日最高人民检察院根据新刑事诉讼法修订的《人民检察院刑事诉讼规则（试行）》第564条规定："人民检察院依法对公安机关的侦查活动是否合法实行监督。"该规则在第14章第2节对侦查监督的情形、程序等进行了专门细致的规定。检察机关对侦查活动可以发挥监督制约作用，也可以发挥伦理保障作用。

首先，检察机关重点监督的违法侦查行为中，包含着违背伦理的行为。根据《人民检察院刑事诉讼规则（试行）》第565条的规定，侦查活动监督主要发现和纠正以下违法行为：（1）采用刑讯逼供以及其他非法方法收集犯罪嫌疑人供述的；（2）采用暴力、威胁等非法方法收集证人证言、被害人陈述，或者以暴力、威胁等方法阻止证人作证或者指使他人作伪证的；（3）伪造、隐匿、销毁、调换、私自涂改证据，或者帮助当事人毁灭、伪造证据的；（4）徇私舞弊，放纵、包庇犯罪分子的；（5）故意制造冤、假、错案的；（6）在侦查活动中利用职务之便谋取非法利益的；（7）非法拘禁他人或者以其他方法非法剥夺他人人身自由的；（8）非法搜查他人身体、住宅，或者非法侵入他人住宅的；（9）非法采取技术侦查措施的；（10）在侦查过程中不应当撤案而撤案的；（11）对与案件无关的财物采取查封、扣押、冻结措施，或者应当解除查封、扣押、冻结不解除的；（12）贪污、挪用、私分、调换、违反规定使用查封、扣押、冻结的财物及其孳息的；（13）应当退还取保候审保证金不退还的；（14）违反刑事诉讼法关于决定、执行、变更、撤销强制措施规定的；（15）侦查人员应当回避而不回避的；（16）应当依法告知犯罪嫌疑人诉讼权利而不告知，影响犯罪嫌疑人行使诉讼权利的；（17）阻碍当事人、辩护人、诉讼代理人依法行使诉讼权利的；（18）讯问犯罪嫌疑人依法应当录音或者录像而没有录音或者录像的；（19）对犯罪嫌疑人拘留、逮捕、指定居所监视居住后依法应当通知家属而未通知的；（20）在侦查中有其他违反刑事诉讼法有关规定的行为的。这些违法行为中，一部分是直接违背了法律规范，另一部分则既违背了法律规范，又严重违背了道德规范。如对犯罪嫌疑人刑讯逼供、诱供的行为；采用暴力、威胁等非法方法收集证人证言、被害人陈述行为；以暴力、威胁等方法阻止证人作证或者指使他人作伪证；伪造、隐匿、销毁、调换、私自涂改证据，帮助当事人毁灭、伪造证据行为；非法搜查他人身体、住宅，非法侵入他人住宅行为等。这些违法行为的认定本身离不开伦理因素的权衡。

其次，检察机关对侦查活动监督的途径和方式提供了道德制约的渠道，使得检察机关可以在法律监督的同时发挥一定的道德制约作用。

检察机关对侦查活动监督的途径主要有四方面：（1）在办理审查批准逮捕、审查起诉案件时，通过讯问犯罪嫌疑人、询问证人、审查案卷材料等方式发现侦查活动中的违法行为；（2）通过参与公安机关对重大案件的讨论，参与复验、复查等方式，介入侦查机关侦查活动进行监督；（3）通过受理诉讼参与人以及其他相关人员的控告、申诉、检举等方式进行监督；（4）通过监督批准逮捕、不批准逮捕等决定的执行情况及时发现和纠正侦查活动中的违法行为。监督的具体方式包括口头通知、发出纠正违法通知书、移送有关部门追究刑事责任三种。

虽然检察机关对侦查活动的监督依然有进一步强化的空间，但现有的监督途径和方式依然能够让检察机关附带发挥伦理监督的作用。其一，检察人员在进行讯问犯罪嫌疑人、询问证人、审查案卷材料等活动时，既可以发现侦查活动中的违法行为，也可以发现侦查活动中的严重不道德行为。其二，检察人员参与公安机关对重大案件的讨论，参与复验、复查等侦查活动能够发挥在场效应，本身也能起到一定的伦理制约作用。其三，诉讼参与人以及其他相关人员的控告、申诉、检举中既有针对违法侦查行为的，也有针对不当侦查行为的，其中当然会包括不道德侦查行为。其四，在检察机关侦查监督方式中，口头通知和纠正违法通知书为检察人员在纠正违法的同时纠正不道德侦查行为提供了便利。

当然，检察机关的主要职责是监督侦查行为的合法性，其职能是法律监督而不是道德监督。但实际上，检察机关法律监督过程会附带发挥伦理监督的作用。一方面是因为违法行为与不道德行为在实践中相互伴随发生，难以截然分开；另一方面是因为不法行为和不道德行为都不具有正当性，纠正违法的同时也会对不道德行为产生相应的震慑作用。尽管检察人员的道德水平不一定比侦查人员高，但检察监督机制依然能够附带发挥相应的道德制约作用。在此意义上讲，检察机关的侦查监督也是刑事侦查的伦理保障机制之一。

二、立法完善

侦查的合法性和合理性都离不开法律制度的规范。侦查的伦理保障也与刑事诉讼制度的立法完善紧密相关。一方面，侦查的伦理保障机制需要从立法层面进行构建。侦查的伦理保障机制在具体制度的运行中才能形成，没有具体的侦查制度也就没有了相应的平台。而完善侦查的伦理机制也需要从立法方面对侦查制度进行完善。另一方面，从理论上讲，伦理观念的输入也是通过立法来实现的。重要的道德原则和伦理观念需要经过立法的确认才能在侦查中真正发挥调节作用。反过来，推动侦查的法制化进程也需要从伦理的视角对现行的制度进行审视，寻找进一步完善的路径。笔者认为，要构建侦查的伦理保障机制，我国刑事诉讼需要在立法层面作如下调整。

（一）立法目的的调整

1. "惩罚犯罪"的内在缺陷

立法目的对于刑事诉讼具体制度的构建以及刑事诉讼中国家职权的运行具有指导作用。我国《刑事诉讼法》在第1条明确规定了立法的目的，即"为了保证刑法的正确实施，惩罚犯罪，保护人民，保障国家安全和社会公共安全，维护社会主义社会秩序。"这一规定表明我国刑事诉讼法制定的目的包括三方面：其一，保障刑法的正确实施；其二，惩罚犯罪，保护人民；其三，保障国家安全和社会公共安全，维护社会主义社会秩序。其中，"惩罚犯罪"是刑事诉讼法的立法目的之一。

通常认为，惩罚犯罪和保护人民是紧密联系的。有效的惩罚犯罪才能更好地保护人民，而要更好地保护人民就需要更有力的惩罚犯罪。但要仔细分析便会发现这样的规定也存在问题。

首先，"惩罚犯罪"也与刑事诉讼的实际功能不符。刑事诉讼具有控制犯罪的功能，但不具有惩罚的功能。刑事诉讼中，侦查机关准确、及时地侦破案件，对犯罪具有警戒效果。因此，即便某些情况下最终未能实现具体刑罚权，诉讼活动本身也具有抑制犯罪的功能。但诉讼活动中采取的侦查措施以及强制措施并不具有惩罚性质，在没有经正式审判和定罪的情况下是不能实施惩罚的，否则违背了无罪推定原则。惩罚犯罪只能在定罪后通过刑罚来实施，而刑罚只是实现国家刑罚权的结果，而不是诉讼过程本身。

其次，把惩罚作为刑事诉讼的目的，混淆了手段与目的的区别，把手段当成了目的。这是因为惩罚犯罪并不是目的。在刑事法律体系中，惩罚犯罪的方式是追究犯罪者的刑事责任，对有罪者处以刑罚。而根据现代刑法理念，刑罚的目的在于预防，而不是惩罚。惩罚只不过是控制犯罪的手段。

最后，由于"犯罪黑数"的存在，全面惩罚犯罪难以真正实现，控制犯罪才是可以达到的目的。"由于犯罪黑数现象的存在关系到社会生活的方方面面，彻底消除犯罪黑数是无法实现的。更准确地说，犯罪黑数是一种与犯罪现象相伴相随的必然社会现象，只要犯罪现象没有消灭，犯罪黑数就必然存在。"① 犯罪黑数的存在使得犯罪与刑罚之间的必然联系出现断裂，也使得惩罚犯罪的目的难以实现。换言之，只要存在犯罪黑数，彻底惩罚犯罪就是不可能实现的目标，现实的目标只能是把犯罪控制在一定的限度内。

① 宋英辉主编：《刑事诉讼原理》，法律出版社2003年版，第33页。

2. 对侦查的负面效应

（1）将犯罪嫌疑人污名化

将刑事诉讼的立法目的表述为"惩罚犯罪"，这种表述实际上是在没有正式定罪之前将被追诉人污名化。在侦查中，案件事实并没有查清，无辜者可能被牵连进来。而根据无罪推定原则，犯罪嫌疑人应当被推定为无罪，并不应作为罪犯来对待。而且，作为诉讼法律关系主体犯罪嫌疑人依法享有相应的权利，侦查机关有保障其合法权利的义务。但在"惩罚犯罪"的目的下，犯罪嫌疑人作为被追究的对象，已经被放在了与大众道德情感相对立的位置，在道德上已经被贴上了"坏人"的标签。这显然是在定罪之前将犯罪嫌疑人污名化。

（2）扭曲侦查的诉讼性质

侦查本身具有较强的对抗性质，这种对抗形态很容易联想起战争。但实际上，刑事诉讼不是"对敌斗争"。战争的目的在于战胜敌人，取得胜利，对敌斗争的手段没有道德限制。可以使用美人计、反间计等，只要能削弱敌人，有助于战胜敌人的手段均可以用。也就是说，战争可以为达到目的不择手段。而刑事诉讼是国家与诉讼参与人一起进行的诉讼活动，诉讼的首要价值是正义。同样刑事诉讼法不是战争的工具而是保护公民合法权利的法律。刑事侦查作为诉讼的一个环节，必然要以公正为首要价值目标。立法上把"惩罚犯罪"作为目的时，不仅突出了侦查的对抗性，而且把侦查的对抗性放大成了斗争性。这在一定程度上掩盖了侦查的诉讼性质，是对侦查性质的扭曲。

（3）掩盖侦查手段的正当性问题

以惩罚犯罪为目的，会导致对侦查手段正当性的忽视。既然是惩罚犯罪，那么诉讼不可避免地带有惩罚性质。由此会产生一种误导，就是过格的侦查手段是对犯罪的惩罚，因而也会具有一定的正当性。但实际上，作为代表国家执法的侦查人员必须要遵守相应的道德义务，并不能轻易在道德上越界。当国家工作人员以犯罪的手段对待罪犯，以流氓的手段对待犯罪嫌疑人的时候，在公众的眼里，他们已经和罪犯没有什么区别了。但"惩罚犯罪"的目的掩盖了侦查手段的正当性问题，它在一定程度上为不正当的侦查手段提供了遮掩。也就是以目的的正当性遮盖了手段的不正当性。而包括侦查在内的诉讼活动，不仅要注意目的的正当性，还要注意手段的正当性。

3. "控制犯罪"对侦查的积极意义

2012 年 3 月 14 日，全国人大对刑事诉讼法进行了修改。此次修改将"尊重和保障人权"写入了刑事诉讼法的第 2 条，强调了对人权的尊重和保障。但对第 1 条未作调整。从刑事诉讼的基本原理看，将"惩罚犯罪"修改为"控制犯罪"更为合适。"惩罚犯罪"与刑事诉讼的功能不符，同时也只是控制犯罪的手段之一，并不能代表刑事诉讼的立法目的，刑事诉讼真正可行的目的应当是控制犯罪。① 其实，把立法目的修改为"控制犯罪"对于侦查工作也有相应的积极意义。

（1）还原道德上的公正立场

惩罚与控制相比，惩罚更具有倾向性，控制则是一个相对中性的词汇。将"惩罚犯罪"改为"控制犯罪"，也避免了立法上的倾向性。这对于侦查工作而言，有一定的积极意义。一方面，有助于侦查人员正确认知犯罪嫌疑人诉讼地位，避免将犯罪嫌疑人完全当作罪犯来看待；另一方面，可以还原刑事诉讼法在道德上的公正立场，避免立法上的倾向性引发的道德偏见。

（2）还原侦查的诉讼性质

将"惩罚犯罪"改为"控制犯罪"这一更具技术性的表述，可以淡化侦查的斗争色彩。从控制犯罪的角度看，侦查是控制犯罪的手段，侦查本身不具有惩罚的性质，相反要保护犯罪嫌疑人的合法权益。因此，侦查在发挥控制犯罪功能的同时，还要注意手段的正当性，不能为控制犯罪而不择手段。这才符合侦查权的本质特征，也符合刑事诉讼的基本原理。

（3）为侦查提供伦理空间

从伦理上讲，惩罚应该满足四个必要的条件：其一，惩罚必须包括某种不可悦性；其二，惩罚之实施必须基于某种理由；其三，惩罚应由已经被赋予"正式规定"的道德或法律之惩罚权力的个人或团体来实施，而不应听凭个人的一时冲动和心血来潮；其四，惩罚之实施必须依照违犯者所触犯的某些规则或法律行事。② 显然，惩罚犯罪也是这样，但这并不适用于侦查阶段。因为侦查阶段案件事实并没有查清，惩罚的理由并不充分。如果把侦查的目的定位为惩罚犯罪，那么就意味着侦查手段应当具有不可悦性，否则就不具有惩罚性，就会与立法的目的相违背。这反而限定了侦查手段的多样性。

与之相反，控制犯罪则不仅要关注犯罪行为而且要关注犯罪人的教育和改造，这就把"人"纳入视野。为了控制犯罪，可以采取包括惩罚性措施在内的多种手段，包括教育、感化、伦理示范等。以控制犯罪为立法目的可以在侦查中为伦理规范的作用提供更大的空间，为侦查注入一丝人情色彩。

（二）比例原则的构建

从伦理角度看，要使侦查行为在法律与道德之间保持平衡，要使侦查权在合

---

① 前文已有所论述，在此不再赘述。

② 参见［美］雅克·P. 蒂洛、基思·W. 克拉斯曼著：《伦理学与生活》（第9版），程立显、刘建等译，世界图书出版公司2008年版，第125页。

法行使的同时保持一定的合理性，就必须从立法上确立比例原则。

1. 含义和渊源

比例原则是对国家权力的一项限制性原则。它要求国家权力机关在行使法定职权的过程中，要尽可能采用对公民个人权利损害最小的手段。该原则也被称为"合理性原则"。该原则有广义和狭义之分。广义的比例原则包含适合性、必要性和相称性三方面内容。

适合性是对目的的正当性要求，强调目的和手段之间的对应关系。它要求国家机关所采取的每一措施都必须以实现其法定职能为目的，不能用国家权力谋取私人利益。

必要性则是对手段的限制，它要求国家机关以最温和的方式，以对公民权利最小的侵害来实现职能目标。必要性着眼于手段与手段之间的对比，也就是在实现某一职能目标的时候，应当尽可能选择对公民权利侵害最小的手段。用德国学者 F. 弗莱纳的比喻来表述就是：警察不可用大炮打麻雀。因为用鸟枪就足够了，而用大炮打小鸟，无论击中与否，炮声都会惊扰四邻，因而违反了比例原则。①

相称性则是对度的要求，它要求国家职权行为在个人权利的侵害与保护的公共利益之间保持均衡的比例关系，禁止过度使用国家权力。这是狭义的比例原则所要求的内容，也被称之为"禁止过度原则" （Prohibition Against Excessiveness）。②

比例原则最早出现于德国行政法，主要是对警察权力的限制。1802 年德国学者冯·贝格在《德国警察法手册》一书中首次提出，警察权力只有在"必要时"才可实行。1923 年德国的奥托·迈耶在其《德国行政法》教科书中阐述了比例原则的基本要求。③ 1931 年 6 月 1 日颁布的《普鲁士警察行政法》第 41 条明确规定，"非依警察命令或依一特别法所作之警察处分，惟有是为排除一公共安全或秩序上之滋扰或在具体案件上为防御一即将对公共安全或秩序造成之危害，属必要时，方为有效。"④ "二战"以后，比例原则在德国由行政法领域提升到宪法领域，并适用于一切国家公法活动中。随着比例原则在德国的发展，法

---

① 陈新民著：《宪法基本权利之基本理论》（上册），台湾三民书局 1990 年版，第242—243 页。

② ［印］M. P. 赛夫著：《德国行政法》，周伟译，台湾五南图书出版有限公司 1991 年版，第 219 页。

③ 陈新民著：《宪法基本权利之基本理论》（上册），台湾三民书局 1990 年版，第 258 页。

④ ［德］亨利·苏勒、西格佛里·布罗斯著：《西德警察与秩序法原理》，李震山译，台湾登文书局 1986 年版，第 80 页。

国也在立法和判例中引入这一原则。在英美法国家中，也有许多制度体现了比例原则的基本要求。如平衡原则（A Balancing Test）、合理性原则（The Standard of Reasonableness）、最不激烈手段原则（The Least Drastic Measures）等。

2. 在刑事诉讼中的体现

如今，比例原则在刑事诉讼中得到确认，并在强制措施、侦查手段的使用等具体制度中得到体现。法国在 2000 年 6 月 15 日第 2000 - 516 号法律中明确将必要性原则作为刑事诉讼的一项基本原则加以规定。《意大利刑事诉讼法典》第273 条规定了适用防范措施的一般条件：（1）只有当存在重大的犯罪嫌疑时，才能对嫌疑人适用防范措施。（2）如果查明有关行为是基于正当原因而实施的或具有不可处罚性，或者如果查明存在使犯罪消灭的原因或使可能被科处的刑罚消灭的原因，则不得适用任何防范措施。该法第 275 条又进一步规定了选择防范措施的标准：（1）在决定适用防范措施时，法官应当根据在具体情况中需满足的预防需要、防范措施的性质和强度选择适宜的措施。（2）一切防范措施均应当同行为的严重性以及可能被科处的刑罚相对称。（3）只有当其他防范措施均不宜采用时，才能决定实行预防性羁押。（4）当被告人是正在怀孕的妇女、正在哺乳子女的母亲、处于特别严重的健康状况的人或者超过 65 岁的老人时，不能决定适用预防性羁押的强制措施，除非存在非常严重的防范需要。（5）当被告人是正在接受戒瘾治疗的吸毒者或酗酒者并且中断治疗计划有可能影响被告人脱瘾时，不能决定适用预防性羁押的防范措施，除非存在非常严重的防范需要。在作出决定时或者在以后的决定中法官规定必要的检查措施，以便核查吸毒者或酗酒者是否在继续接受治疗计划。这些规定充分体现了法律在适合性、必要性和相称性方面对预防措施的要求。又如《日本刑事诉讼法典》第 197 条规定："为实现侦查的目的，可以进行必要的调查。但除本法有特别规定的以外，不得进行强制处分。"这也强调了强制处分的合适性，体现了比例原则的要求。

此外，比例原则在国际刑事司法准则中也有所体现。如《少年司法最低限度标准规则》第 5.1 条规定："少年司法制度应强调少年的幸福，并应确保对少年犯作出的任何反应均应与罪犯和违法情况相称。"该规则第 13.1 条规定："审前拘留应仅作为万不得已的手段使用，而且时间应尽可能短。"第 13.2 条规定："如有可能，应采取其他替代方法，如密切监视、加强看管或安置在一个家庭或一个教育机关或环境内。"联合国 1990 年 9 月 7 日通过的《非拘禁措施最低限度标准规则》第 6.1 条规定："审前拘留应作为刑事诉讼程序的最后手段加以任用，并适当考虑对被指控犯法行为的调查和对社会及受害者的保护。"

3. 对侦查的伦理保障作用

比例原则要求国家权力的行使必须要适度。这是比例原则的核心意义之所在。在侦查程序中，这一原则要求侦查权的行使不仅要合法，而且要合理。也就是侦查权在法定的幅度范围内还需要注意手段的适当性，保持比例均衡。这一原则在运行中能够发挥伦理保障作用。

（1）保障目的的正当性。在刑事诉讼中，比例原则也强调侦查目的和手段之间的对应关系。这就要求侦查机关所采取的每一措施都必须以实现侦查职能为目的。也就是说，侦查权只能用来追诉犯罪，而不能用来谋取私人利益。侦查权的终极目的应当是维护国家利益和公共利益，而不能参杂其他目的。任何以侦查犯罪的名义实现部门利益、私人利益的做法都是与该原则相违背的。同时，把侦查措施作为权利斗争的工具也是违背该原则的。实践中严格贯彻比例原则，可以在一定程度上防止侦查目的的异化。根据比例原则，侦查以部门创收为目的显然是不正当的。把侦查办案与部门利益联系在一起，虽然侦查措施符合法律规定的形式要件，但因为目的不正当而违背了比例原则。此外，以侦查名义插手经济纠纷或者以侦查的名义进行权力争斗，都是与侦查机关的职权相违背的，因此也不符合比例原则的要求。可见，比例原则可以从目的上对侦查措施进行制约，防止侦查人员在实施侦查过程中追逐不正当的利益。目的的正当性既是一道法律界限，也是一条伦理界限。保持目的的正当性可以对不道德侦查方式起到制约作用。

（2）为伦理规范提供发挥作用的空间。比例原则要求侦查措施要适度。只要有选择的可能性就应当选择对犯罪嫌疑人侵害较少的侦查手段，拿着大炮打蚊子，或是杀鸡用牛刀都是不应当的。但是判断适度的依据却是多方面的，这其中既有利益的权衡，又有伦理因素的判断。如《德国刑事诉讼法典》第 275 条第 4 项规定："当被告人是正在怀孕的妇女、正在哺乳子女的母亲、处于特别严重的健康状况的人或者超过 65 岁的老人时，不能决定适用预防性羁押的强制措施，除非存在非常严重的防范需要。"从这一规定可以看出，预防羁押措施对于不同的对象而言其必要性是不同的。对于怀孕妇女、哺乳子女的母亲以及严重的病人和老人，一般而言采用羁押措施是不适当的。这一判断既有犯罪嫌疑人逃避追诉的可能性考虑，也有伦理亲情因素的考虑。可见，在判断侦查措施是否符合比例原则的要求时，需要结合伦理道德因素进行综合权衡，这为伦理规范提供了发挥作用的空间。

4. 立法构想

我国刑事诉讼法已经规定了相应的基本原则，这些基本原则也同样适用于侦查程序中。它们不仅承载刑事诉讼的基本价值，而且为侦查活动提供指导。然而，侦查程序有其内在的特殊性，在许多方面不同于审查起诉和审判等其他诉讼程序。因此，刑事侦查还需要符合侦查规律的基本原则加以具体调整。但在我国刑事诉讼法中并没有单独规定侦查程序的基本原则，在已经规定的十几项基本原则中也没有特别适用于侦查程序的。从总体上看，侦查程序虽然存在多个基本原则，但体系并不完整规定也不详备。因此，要完善侦查法制，还需要在基本原则层面进行体系构建，完善侦查程序的基本原则。确立比例原则正是构建侦查原则体系中的一环。

我国立法当中没有明确规定比例原则，只是在具体的规定中体现了比例原则的基本精神。如修订后的刑事诉讼法进一步完善了强制措施的规定，把监视居住作为逮捕的替代措施，同时进一步完善了取保候审、监视居住和逮捕的条件。整个强制措施的完善体现了比例原则的精神。同时，《人民警察使用警械和武器条例》第4条规定："人民警察使用警械和武器，应当以制止违法犯罪行为，尽量减少人员伤亡、财产损失为原则。"这一规定也体现了比例原则的基本精神。

但是从整体上看，我国刑事诉讼法对比例原则的规定既不明确，也没有建立相应的规则体系。要真正确立比例原则，既要有原则性的立法确认，又要有具体制度相配套。

首先，将比例原则作为刑事诉讼的基本原则加以确认。这样有利于比例原则的基本精神在各个具体制度中得到贯彻和体现。

其次，在具体制度的构建中体现比例原则的基本精神和内涵。（1）强调侦查措施目的的正当性，要求任何侦查措施的使用必须与侦查职能相适应，必须有利于侦查目的的实现。（2）明确侦查手段的有限性。在强制性手段与非强制性手段之间，尽可能选择非强制性诉讼手段。（3）明确规定强制性侦查手段适用的条件和范围。搜查、扣押、人身检查、监控等措施的采用，需要有相应的证据为基础证明存在合理的嫌疑，同时要选择对相对人造成最小侵害的方式进行。侦查讯问需要有相应的证据基础。

（三）具体制度的完善

在侦查程序中存在一些具体的制度为侦查的合法性和有效性提供相应的保障。这些具体的制度为侦查活动设定了法律界限，对非法侦查手段起到一定的制约作用。这些制度在侦查程序中不可或缺。它们不仅为侦查提供法律保障和制度制约，而且能够提供一些伦理保障。虽然这些制度没有规定具体的侦查伦理界限，但却能够提供一些道德上的制约。这可以使侦查在法律界限内运行的同时能够保持相应的合理性。就我国的侦查实践而言，不合理的侦查行为依然存在，而具体制度构建方面还有待进一步完善的地方。要加强侦查制度的伦理保障作用，还需要从以下方面进行改进。

1. 完善讯问录音、录像制度

讯问录音录像制度最早是从讯问录音开始的。1972年，英国刑事法律改革委员会提出报告，论证了建立讯问录音制度的重要性并建议进行试验。其后，英国于 1976 年在小范围内进行讯问录音试验。到 1988 年，英国颁布《警察与刑事证据法守则 E》正式确立了讯问录音制度，规定自 1995 年 4 月 9 日午夜后，警察在讯问犯罪嫌疑人时必须进行录音。我国台湾地区在 1997 年修正"刑事诉讼法"时增定了录音、录影的规定，把录音录像结合起来。该法第 100 条第 1 款规定："讯问被告，应全程连续录音；必要时，并应全程连续录影。"立法的理由是："司法警察官或司法警察之询问笔录，在诉讼程序中，时有被告或辩解非其真意，或辩解遭受刑求，屡遭质疑，为建立询问笔录之公信力，以担保程序之合法，所以询问过程应全程连续录音并录像，并应于一定期间内妥为保存，侦审机关如认为有必要时即可调取勘验，以期发现真实，并确保自白之任意性。"[①] 法国在 2000 年 6 月 15 日通过的《关于加强保障无罪推定和被害人权利的法律》中规定，对未成年人犯罪，在讯问时应当进行录音、录像。[②] 2004 年英国颁布了《会见嫌疑人有声录像操作守则》（Code of Practice on Visual Recording with Sound of Interviews with Suspects），规定在讯问犯罪嫌疑人时应当进行录像。此外，在澳大利亚和美国的一些州在立法上明确要求讯问犯罪嫌疑人时同步录音、录像。[③]

我国大陆讯问录音、录像制度最早适用于检察机关侦查的职务犯罪案件。最高人民检察院于 2005 年 11 月 1 日通过《人民检察院讯问职务犯罪嫌疑人实行全程同步录音录像的规定（试行）》，并分三步在全国推行讯问职务犯罪嫌疑人同步录音录像制度。根据最高人民检察院的要求，从 2007 年 10 月 1 日开始，全国检察机关办理职务犯罪案件讯问犯罪嫌疑人必须全程同步录音录像。在职务犯罪案件中，讯问犯罪嫌疑人时实行全程同步录音、录像是硬性要求。但在其他类型的案件中并没有全面实施。2007 年 3 月 9 日，最高人民法院、最高人民检察院、公安部、司法部于联合发布的《关于进一步严格依法办案确保办理死刑案件质量的意见》，该意见第 11 条规定，讯问可能判处死刑的犯罪嫌疑人，在文字记录的同时，可以根据需要录音录像。根据这一规定，在可能判处死刑的案件中可以选择性的采取录音录像措施。2012 年 3 月 14 日，全国人大对刑事诉讼法进行修改，修订后的《刑事诉讼法》第 121 条规定："侦查人员在讯问犯罪嫌疑人的

① 林钰雄编：《新学林分科六法：刑事诉讼法》，新学林出版股份有限公司 2006 年版，第 A－95 页。

② 赵海峰主编：《欧洲法通讯》（第 1 辑），法律出版社 2001 年版。

③ 澳大利亚昆士兰州 2000 年通过的《2000 年警察权力与责任法》第 436 条规定，除紧急情况外，警察讯问犯罪嫌疑人必须采用电子设备进行记录。美国阿拉斯加州、明尼苏达州、伊利诺伊州和缅因州也在立法上进行了规定。

时候，可以对讯问过程进行录音或者录像；对于可能判处无期徒刑、死刑的案件或者其他重大犯罪案件，应当对讯问过程进行录音或者录像。录音或者录像应当全程进行，保持完整性。"随后修订的《人民检察院刑事诉讼规则（试行）》第201条规定："人民检察院立案侦查职务犯罪案件，在每次讯问犯罪嫌疑人的时候，应当对讯问过程实行全程录音、录像，并在讯问笔录中注明。录音、录像应当由检察技术人员负责。特殊情况下，经检察长批准也可以由讯问人员以外的其他检察人员负责。"第202条规定："人民检察院讯问犯罪嫌疑人实行全程同步录音、录像，应当按照最高人民检察院的有关规定办理。"公安部2012年12月3日通过《公安机关办理刑事案件程序规定》第203条规定："讯问犯罪嫌疑人，在文字记录的同时，可以对讯问过程进行录音或者录像。对于可能判处无期徒刑、死刑的案件或者其他重大犯罪案件，应当对讯问过程进行录音或者录像。前款规定的'可能判处无期徒刑、死刑的案件'，是指应当适用的法定刑或者量刑档次包含无期徒刑、死刑的案件。'其他重大犯罪案件'，是指致人重伤、死亡的严重危害公共安全犯罪、严重侵犯公民人身权利犯罪，以及黑社会性质组织犯罪、严重毒品犯罪等重大故意犯罪案件。对讯问过程录音或者录像的，应当对每一次讯问全程不间断进行，保持完整性。不得选择性地录制，不得剪接、删改。"至此，职务犯罪案件、可能判处无期徒刑、死刑的案件、致人重伤、死亡的严重危害公共安全犯罪、严重侵犯公民人身权利犯罪，以及黑社会性质组织犯罪、严重毒品犯罪等重大故意犯罪案件必须实行全程同步录音录像，其他案件可以选择进行同步录音录像。

从有关国家的立法规定看，讯问录音录像制度是关于讯问犯罪嫌疑人时录音录像以及音像资料的保管和使用的制度。这一制度主要包括三方面内容，即讯问录音录像的操作制度、所录制的音像资料保管制度以及录音录像资料的使用制度。这项制度的建立和发展与两个方面因素紧密联系：一是加强讯问笔录公信力的需要；二是现代音像科技的发展提供的技术基础。

与讯问笔录相比，录音录像有如下优势：第一，记录的信息更加全面。讯问笔录仅仅是侦查人员讯问犯罪嫌疑人的文字记载。讯问笔录可以反映讯问的内容，但对讯问过程的反映并不全面。而录音录像可以全面反映讯问人员的语气、犯罪嫌疑人回答问题时的声调、眼神、身体姿势、面部表情等。录音录像不仅记录了讯问的内容，而且全面记录了讯问的过程。第二，更加客观真实。讯问笔录的制作过程中，犯罪嫌疑人的语言表述须经过讯问人员转化为文字表述。讯问人员在这一转化过程中会有意无意进行加工，使得犯罪嫌疑人的表意在转化中发生变化。而录音录像技术设备没有人的情感偏向，会全面逼真地记录讯问的过程，而且录音录像不需要人的转化，不会发生转化中的信息遗漏。此外，录音录像的修改难度要比笔录大，可以避免篡改笔录的弊端。

一般认为，讯问录音录像制度具有两方面的功能，一是对犯罪嫌疑人庭前自白的固定和保全。录音录像可以逼真再现犯罪嫌疑人供述时的表情、语调，有助于判断供述的真实性。有录音录像的印证，可以增加讯问笔录的公信力；二是对讯问过程的监督。录音录像可以全面真实记录讯问的全过程，对于侦查讯问合法性的疑问可以通过查看录音录像来验证。

但实际上，录音录像制度还可以在讯问中发挥伦理保障作用。一方面，录音录像全面记录讯问的过程，不仅记录非法的讯问手段，而且会记录不道德的讯问手段。在验证讯问过程是否合法时，不道德的讯问手段会影响合法性的认定，甚至可以直接成为判断讯问是否合法的依据。因为有录音录像的存在，判断犯罪嫌疑人的供述是否属于自愿就有了切实的依据，而不道德的手段会在一定程度上影响自白的任意性。另一方面，录音录像活动本身会对侦查人员形成心理暗示，任何不正当、不道德的讯问手段都会被记录下来。这在一定程度上会促使侦查人员自我约束行为的方式。因为人们是不愿意将自己错误或不当的行为公开暴露的，而当意识到有可能被公开时会自然有所收敛。

就我国而言，要建立全面的讯问录音录像制度，还需要从以下方面加以改进：

第一，扩大录音录像的范围，实现所有讯问的全程同步录音录像。目前，我国只在职务犯罪案件、死刑案件和其他重大犯罪案件中实行全程同步录音录像，在其他案件中只是选择性使用。这显然制约了录音录像制度的作用。随着音像技术的发展，技术成本越来越低，经费将不再是问题。在侦查讯问中全面推行完全是可行的。[①]

第二，完善录音录像的操作制度，真正做到全程同步录音录像。由于录音录像具有非常逼真的效果，容易对口供的判断形成误导。如果不能全程同步录音录像，实践中会出现选择性录音录像。这样会形成证据偏向，如只录制犯罪嫌疑人供述的部分，对于辩解的部分不录制。这反而会让录音录像制度产生误导作用，遮盖了不当的讯问过程。因此，要让这一制度真正发挥作用，必须要全程、同步录音录像，这样才能为审判人员提供全面的判断材料。

第三，建立录音录像资料的管理使用制度。从目前检察机关推行的录音录像制度看，录制由专门的技术人员负责，音像资料的保存由检察技术部门负责。根据最高人民检察院《人民检察院讯问职务犯罪嫌疑人实行全程同步录音录像的规定（试行）》第 17 条的规定，非办案部门或者人员需要查阅讯问全程同步录

---

① 陈永生：《论侦查讯问录音录像制度的保障机制》，载《当代法学》2009 年第 4 期。

音、录像资料的，应当报经检察长批准。录音、录像资料需要公开使用的，由检察长决定。显然，从目前的情况看，音像资料主要限于检察机关内部侦查人员、公诉人员在办案过程中使用，是否公开的决定权在检察长。辩护人无权查看录音录像资料，也不可能发现其中的问题。这实际上剔除了录音录像制度的监督功能，仅用来作为应对笔录质疑的保障。要充分发挥录音录像制度的作用，需要放宽音像资料的使用范围，允许辩护方使用录音录像资料。这样可以方便辩护方发现侦查讯问中的问题和不足，提出有效的辩护意见，同时也可以制约讯问手段的使用，防止不当讯问手段的使用。

第四，建立配套的质证制度。辩护方对口供有疑问的，可以申请法庭查验录音录像资料，以证明口供的真实性和合法性。这样可以为录音录像制度提供支撑，使其在庭审中能全面发挥作用。没有配套的证据制度作保障，录音录像资料就没有进入庭审的顺畅渠道，也就难以真正发挥作用。

2. 见证人制度

（1）刑事诉讼法中的见证人制度

在刑事诉讼中，见证人是在特定的诉讼活动中被邀请到场观察、监督、证明诉讼行为过程和结果的人。从见证活动的范围看，主要是在侦查阶段的搜查、扣押、勘验、检查等诉讼活动中。如根据《俄罗斯联邦刑事诉讼法典》的规定，在提供辨认、实行提取或搜查、勘验以及进行侦查实验时必须有见证人在场。[①]进行人身搜查时，必须由与被搜查人性别相同的人实行，并有相同性别的见证人在场。勘验尸体过程中，取出尸体应当有侦查员、见证人和法医专家在场，必要时还要有其他专家在场。实行检验应当有见证人在场，必要时还应当有医师参加。为了进行这种侦查行为而需要使受检验人裸体时，实行检验应当有相同性别的见证人在场。[②]在我国刑事诉讼法中，除了留置送达外，需要见证人见证的情况也主要在侦查过程中。具体包括勘验、检查、搜查、扣押以及辨认等活动。

见证人是一种特殊的诉讼参加人，既不同于当事人，也不同于证人。见证人与诉讼的结果没有利害关系，因此不是当事人。从参加诉讼的原因看，见证人是应办案人员的邀请进入诉讼活动中的，而不是因了解案件事实而作证，同时见证人见证的是诉讼行为而不是案件事实，因此也不同于证人。由于见证人的身份特殊，在刑事诉讼法典中被赋予了特殊的称谓。如《意大利刑事诉讼法典》第120条将其规定为"诉讼行为的证人"，《俄罗斯联邦刑事诉讼法典》则称之为"见证人"，我国刑事诉讼法也称之为见证人。

---

① 参见《俄罗斯联邦刑事诉讼法典》第 165 条、第 169 条、第 179 条、第 183 条。

② 参见《俄罗斯联邦刑事诉讼法典》第 172 条、第 180 条、第 181 条。

（2）见证人制度的价值及其伦理保障作用

见证人制度在刑事诉讼中具有内在的价值，尤其是对侦查活动具有重要的意义。首先，侦查中，犯罪嫌疑人与侦查人员之间是一种对抗关系，犯罪嫌疑人处于被追诉的地位，而且对于侦查程序的参与程度有限。见证人以第三方的身份参与到侦查活动中，可以起到一种平衡作用。其次，当庭审过程中对侦查活动的合法性发生分歧的时候，见证人能够对特定的诉讼行为发挥证明作用。这样可以为证据的合法性提供支撑。再次，见证人制度使得与案件无关的公民以见证人的身份参与到诉讼当中来，对国家职权发挥监督和制约作用，体现了诉讼参与原则，同时也体现了诉讼民主。最后，见证人制度与侦查适度公开原则相吻合。见证人见证侦查活动，一方面保证了侦查活动的公开性，可以增强侦查活动的公信力，另一方面又可以控制侦查公开的范围，避免侦查信息的外泄。这可以在侦查保密原则与侦查公开之间保持适度的平衡，既可以体现程序透明又不至于因信息公开造成不利影响。

在伦理保障方面，见证人制度也能发挥重要的作用。见证人作为与案件无利害关系的第三方到场观察和见证搜查、扣押等侦查活动的过程和结果，能够对侦查活动起到双重监督作用。一方面是法律层面上的监督，即见证侦查行为的合法性，另一方面是道德层面的监督，即对于不道德的侦查行为发挥制约作用。从见证人角度看，见证人不是法律专业人士，其对事实的判断更多的是从道德角度进行的，是一种道德判断。因此，见证人的道德制约作用更为明显。

（3）我国见证人制度的完善

我国刑事诉讼法和相关解释中虽然有见证人的相关规定，但规范之间存在冲突，实践中也存在问题。

首先，缺乏见证人的条件和人数的限制性规定，实践操作中具有任意性。如我国修订后《刑事诉讼法》第126条规定："侦查人员对于与犯罪有关的场所、物品、人身、尸体应当进行勘验或者检查。在必要的时候，可以指派或者聘请具有专门知识的人，在侦查人员的主持下进行勘验、检查。"第131条规定："勘验、检查的情况应当写成笔录，由参加勘验、检查的人和见证人签名或者盖章。"但没有见证人的人数和条件限制。第137条、第138条、第140条有关搜查、扣押的规定中，也只规定了见证人签名或盖章，没有见证人数和条件的限制。《人民检察院刑事诉讼规则（试行）》第211条规定："勘验时，人民检察院应当邀请二名与案件无关的见证人在场。"这一规定要求见证人人数为两名，条件是与案件无关。虽然弥补了见证人人数和条件的空缺，但依然存在不足。一方面，这一规定仅适用于检察机关办理自侦案件，公安机关的侦查活动并不适用。另一方面，仅要求与案件无关显然是不够的，见证人要不要年龄限制、精神状态的限制？这一点应当明确。

其次，刑事诉讼法有关见证人的规定多数是选择性的，而不是绝对的。如第131条规定勘验、检查的笔录由参加勘验、检查的人和见证人签名或者盖章，但没有规定见证人是否必须在场。而根据《刑事诉讼法》第137条、第138条的规定，搜查时见证人在场也是选择性的。第137条第1款规定："在搜查的时候，应当有被搜查人或者他的家属，邻居或者其他见证人在场。"第138条规定："搜查的情况应当写成笔录，由侦查人员和被搜查人或者他的家属，邻居或者其他见证人签名或者盖章。如果被搜查人或者他的家属在逃或者拒绝签名、盖章，应当在笔录上注明。"根据这两条规定，搜查的时候有被搜查人在场，或者被搜查人的家属在场，或者邻居在场，或者其他见证人在场，四者有其一即可。如果没有邻居或见证人在场，被搜查人或者他的家属在逃或者拒绝签名、盖章，只要在笔录上注明即可。显然，要不要见证人都不影响勘验、检查、搜查、扣押的合法性。这使得见证人制度难以得到真正的实施。

再次，见证人见证的范围非常有限。刑事诉讼法有关见证人的规定只涉及勘验、检查、搜查、扣押等侦查环节，没有涉及辨认、侦查实验等环节。关于辨认，《公安机关办理刑事案件程序规定》第253条的规定提到了见证人在辨认笔录上签字或者盖章。《人民检察院刑事诉讼规则（试行）》第259条规定"几名辨认人对同一被辨认对象进行辨认时，应当由每名辨认人单独进行。必要的时候，可以有见证人在场。"据此规定，辨认时见证人在场只是选择性的，但第261条又规定"辨认的情况，应当制作笔录，由检察人员、辨认人、见证人签字。对辨认对象应当拍照，必要时可以对辨认过程进行录音、录像。"至于尸体解剖、人身检查、侦查实验等侦查行为是否要有见证人在场均没有规定。

最后，没有规定见证人的权利义务以及见证程序。一般而言，见证人被邀请参与诉讼程序，作为诉讼参与人应当享有相应的权利，承担相应的义务，但我国刑事诉讼法律规范中没有这方面的规定。就权利而言，见证人对因参与刑事诉讼活动而引起的经济损失是否有要求国家补偿的权利，是否有修正笔录以及拒绝签字的权利，对不当侦查手段是否有提出意见的权利等均没有规定。就义务而言，见证人参加刑事诉讼至少应当有保密的义务和出庭作证的义务，但刑事诉讼法也没有这方面的规定。此外，侦查人员是否应当向见证人出示证件？见证人是否有权要求办案人员出示相关证件？相关笔录是否要征求见证人意见？这些程序性的规定也全都缺失。

由于法律规定过于粗疏，导致实践操作中随意性较大。一方面，要不要见证人在场具有随意性；另一方面，没有告知见证人的权利义务，见证人签字盖章但并没有充分观察，并没有真正发挥见证和监督作用。为了使见证人制度真正发挥监督和伦理保障作用，笔者认为应当从以下方面进行完善。

第一，明确见证人的诉讼地位和资格。见证人不是诉讼当事人，也不同于证人，而是与鉴定人诉讼地位相似的诉讼参与人。2001年12月颁布的《俄罗斯联邦刑事诉讼法典》第60条把见证人定位为"与刑事案件的结局无利害关系并被调查人员、侦查员或检察长邀请来证明进行侦查行为的事实以及侦查行为的内容、过程和结果的人员"。这一定位与我国刑事诉讼中的见证人最为相似，值得借鉴。结合我国刑事诉讼有关见证人的规定，可以将我国刑事诉讼中的见证人定位为："接受公安机关、人民检察院或者人民法院的邀请，在特定的诉讼活动中到场观察、监督、证明诉讼行为过程和结果的人。"

关于见证人的资格，《人民检察院刑事诉讼规则（试行）》第211条要求现场勘验中的见证人应当"与案件无关"，这一规定显然过于简单。《意大利刑事诉讼法典》第120条规定两类人不得作为诉讼行为的证人："（1）未满18岁的人，明显患有精神疾病的人，明显处于醉酒状态、麻醉品中毒状态或精神药物麻醉状态的人；（2）处于监禁性保安处分或防范处分管制之下的人。[1]《俄罗斯联邦刑事诉讼法典》第60条则禁止以下人员作为见证人：（1）未成年人；（2）刑事诉讼的参加人、他们的亲属和近亲属；（3）行政机关中依照联邦法律享有进行侦缉活动和（或）审前调查权限的工作人员。"结合我国相关规定和外国的立法经验，笔者认为可以对见证人资格作如下规定：一是与案件没有利害关系；二是具有行为能力；另外应当禁止两类人作为见证人，一类是被剥夺政治权利的人；另一类是侦查人员、司法机关工作人员。

第二，明确应当有见证人在场的诉讼行为范围以及邀请见证人见证的程序规则。对于勘验、检查、搜查、扣押等可能侵害公民权利的强制性侦查措施，应当要求必须有见证人在场。其他侦查措施则可以进行选择性的规定，由侦查机关根据实际情况决定是否要求见证人在场。对于邀请见证人的程序性规定，应当明确以下几点：（1）邀请见证人时应当向见证人出示工作证件；（2）告知见证人权利和义务；（3）见证人的人数为2人；（4）搜查人的身体，应当有与被搜查人相同性别的见证人在场；身体检查时，应当有与被检查人相同性别的见证人在场。

第三，明确见证人的权利和义务。明确见证人的权利和义务是有效发挥见证人作用的前提条件，也是完善见证人制度不可或缺的内容。就我国而言应当明确见证人的以下权利：（1）被邀请见证诉讼行为时，有权查看侦查人员、司法人

---

[1] 《意大利刑事诉讼法典》第120条，黄风译，中国政法大学出版社1994年版，第44页。

员的工作证件；（2）有权询问与特定诉讼行为相关的问题，工作人员应当如实解释；（3）有阅读、修正笔录并在笔录上签字的权利，当见证人发现笔录内容与自己见闻不一致时，有权注明或拒绝签字；（4）就见证行为受到的经济损失有权获得国家补偿。对见证人的义务也应当进一步明确：（1）见证人对见证的情况有保密义务。赋予见证人保密义务一方面可以保护当事人的隐私权，另一方面可以防止侦查信息的泄露。（2）在必要时出庭作证的义务。见证人出庭作证是发挥见证作用的必然环节。如果说见证人在现场观察是"见"的环节，那么在笔录上签字或盖章以及出庭作证则是"证"的环节。见证人不出庭作证，就不能真正发挥对诉讼行为的证明和监督作用，因此既然设立见证人制度，就必须规定见证人在必要时出庭作证的义务。

三、工作机制

要使侦查活动在伦理界限内运行，不仅需要构建法律层面的保障机制，而且需要构建管理制度层面的保障机制，不仅需要完善法律条文和诉讼制度，而且需要完善侦查工作的机制。

机制具有多方面的含义。在机械领域，机制是指机器的构造和工作原理；在生物领域，机制是指机体的构造、功能和相互关系。在日常工作中，机制是指被制度化的工作方式、方法和程序。侦查工作也存在相应的工作机制。

所谓侦查工作机制是指侦查机关系统内部被制度化的侦查工作方式、方法和程序。侦查工作机制具有如下特点：首先，侦查工作机制是侦查实践中相对固定的操作方式、方法和程序。这些操作方式和方法往往经实践证明比较有效，而且一般不会随意变动。其次，侦查工作机制是制度化的方式方法，包含有制度因素。换言之，也就是要求所有侦查人员都要遵守的工作制度，这种方式方法不同于个人偏好或经验。

侦查工作机制不同于侦查法律制度，也不同于侦查体制。侦查法律制度是法律规范层面的程序要求。侦查体制是指国家侦查机构的设置和侦查权限的划分，侦查体制也是由法律来调整的。而侦查工作机制则是工作管理层面的制度，是在法律制度框架内构建的工作运行制度。

侦查工作机制在具体操作层面规范和调节侦查工作，对侦查权的运行起辅助作用。现实中存在多种侦查工作机制，如侦查人员的激励与约束机制、侦查工作的分配机制、侦查经费保障机制、侦查工作质量考评机制等。要使侦查活动在伦理界限内运行，需要构建相应的侦查工作机制，为侦查提供制度层面的保障。

（一）考评机制

考评机制存在于各个侦查机关和部门。考评对于侦查工作来说是必要的，但考评机制的作用是双向的。一方面，这些机制可以发挥激励、引导、规范、制约作用，在调整侦查工作的同时调动侦查人员工作积极性，这是积极的作用。但是另一方面，由于现实情况复杂多样，不合理的工作考评机制可能会扭曲法律制度的本意，架空法律规范，反过来会给侦查工作带来阻力。例如，与侦查破案率相配套的考评奖励机制，在调动侦查人员积极性的同时也可能导致立案和侦查关系的变异，即为了追求破案率而人为改变立案数量，"不破不立，先破再立"。

同样，考评机制既可能对侦查工作起到伦理保障作用，也可能让侦查人员为了破案而不择手段。如2002年8月，武昌警方推出"命案招标制"："中标者可自行挑选探员办案，破案前按中标办案经费的5%向分局缴纳保证金。在规定期限内破案，中标人可报请升职，剩余办案经费可作为奖金；未能如期破案，扣除保证金，必须继续侦破中标案件，期间只保留中标人基本工资，超过规定经费部分由其'自掏腰包'"。① 这种商业操作方式虽然可以充分调动侦查人员的办案积极性，但也极易诱发类似商业上的短期逐利行为。侦查人员在破案的压力下可能会穷尽一切手段，忽视侦查的伦理界限。

因此，完善考评机制就要发挥考评机制激励、引导、规范、制约和制约功能，同时要注意防止其可能带来的负面效应。就发挥考评机制的伦理保障作用而言，需要注意如下几点：

1. 在整体制度的设计上，既要重视侦查工作的法律效果又要重视社会效果。法律效果与侦查行为的程序要件紧密联系，社会效果则与侦查行为的伦理表现紧密相关。因此，在制定侦查工作的考评制度时，既要着眼于侦查行为的合法性，又要着眼于侦查行为的合理性。一方面要保证法律制度和原则在侦查工作中得到切实遵守，另一方面要在法律的框架下进一步充实具体操作要求，使侦查行为符合道德规范的要求。

2. 在具体规范的构建中，适当吸收伦理规范的要求。考评制度可以将法律的规范进一步细化，也可以针对实践对法律没有规定的问题进一步充实，以填补法律的空白。在细化法律规定和填补空白的过程中，可以根据法律的精神和原则要求适当吸收一部分伦理规范的要求。这样做的可行性基础在于现实中的侦查行为是受法律规范和道德规范双重调节的。侦查程序和内部考评制度都是针对侦查行为的，而一般而言，侦查行为既要符合法律规范又要符合伦理规范。把伦理规范的部分要求吸收到考评制度中可以把伦理要求转化为制度要求，这样可以通过制度的强制力来保证伦理规范的实行。这在一定程度上可以弥补道德规范强制力

---

① 该工作机制四年后被悄然废止，取而代之的是"三主五长制"。参见《武昌警方悄然废止"命案招标"》，载《湖北日报》2006年6月11日。

不足的缺陷。

3. 在实际考评中，适当设置一些含有伦理因素的考评指标。考评制度需要对侦查行为的考评活动来发挥检查和激励作用。因此考评制度必须要设置一定的考评指标。考评指标不仅是考评的依据，而且是侦查行为的指导。考评指标是否合理关系到整个考评制度的作用和效果。在设置考评指标的时候，不仅要把法律规范要求进一步细化，而且要适当吸收伦理规范的要求，这就需要设置一些含有伦理规范要求的考评指标。这些指标既可以发挥法律规范的规制作用，又可以发挥道德引导作用。这样可以在保证侦查行为合法性的同时促进侦查行为的合理性。

（二）侦、押分离

目前，我国公安机关侦查的案件中，犯罪嫌疑人的羁押和侦查都由公安机关负责。犯罪嫌疑人被拘留之后基本上就完全处于公安机关的控制之下。这种情况下，羁押与侦查在时间和空间上都是重合的。这为刑讯逼供和其他不正当的侦查讯问提供了便利。一方面，犯罪嫌疑人处于侦查人员的绝对控制之下，为侦查人员提供了相对封闭的空间。在这种环境下，没有外在的监督力量，侦查人员对犯罪嫌疑人采取任何手段都很便利，是否遵守规则完全靠自觉自律。另一方面，在这种体制下羁押时间和讯问时间难以严格区分，为侦查人员长时间讯问犯罪嫌疑人提供了便利。连续讯问最长不得超过 12 小时的限制往往难以落实。在这种情况下，侦查行为的合法性与合理性都难以保障。实践中，发生的犯罪嫌疑人死亡事件与侦、押一体机制也不无关系。

为此需要将侦查与羁押从体制上进行分离，建立侦查与羁押相分离的机制。具体操作上，可以将负责羁押的看守所交由司法行政部门管辖，让看守所与公安机关不再有隶属关系，让侦查与羁押在空间和时间上真正发生分离，避免刑讯逼供等不正当侦查手段的使用。在 2009 年 4 月，国务院新闻办发布的《国家人权行动计划（2009—2010 年)》中提到要完善监管立法，采取有效措施，保障被羁押者的权利与人道待遇。其中还进一步明确国家要"采取有效措施，严防对被羁押者实施刑讯逼供或者体罚、虐待、侮辱等行为的发生"，"建立并推广提讯前后对被羁押者进行体检的制度"。要真正防止对被羁押者实施刑讯逼供或者体罚、虐待、侮辱等行为的发生，建立侦查、羁押分离的机制是关键。这不仅能为被羁押者的权利提供保障，而且能够为侦查的合法性和合理性提供保障，当然，这种分离机制还能够为侦查行为提供相应的伦理保障。

（三）讯问场所的规范和管理

讯问既可以针对在押的犯罪嫌疑人，也可以针对没有关押的犯罪嫌疑人。刑讯逼供、体罚、虐待、侮辱犯罪嫌疑人的现象多发生在讯问环节。这与讯问的场所有一定的关系，因此需要完善讯问场所的规定，规范讯问室的管理机制，防止这样的行为发生。修订后的刑事诉讼法对讯问场所进一步规范，其中第 116 条第 2 款规定："犯罪嫌疑人被送交看守所羁押以后，侦查人员对其进行讯问，应当在看守所内进行。"第 117 条第 1 款规定："对不需要逮捕、拘留的犯罪嫌疑人，可以传唤到犯罪嫌疑人所在市、县内的指定地点或者到他的住处进行讯问，但是应当出示人民检察院或者公安机关的证明文件。对在现场发现的犯罪嫌疑人，经出示工作证件，可以口头传唤，但应当在讯问笔录中注明。"根据这些规定，侦查讯问的场所包括犯罪现场、犯罪嫌疑人所在市、县内的指定地点、犯罪嫌疑人的住处、看守所。为了防止讯问过程中发生安全事故，公安机关、检察机关都设有讯问室作为侦查讯问的场所，在看守所也设有专门的讯问室。因此，实践中在常用的讯问场所是侦查机关的办案区讯问室、看守所讯问室。从规范侦查办案角度看，这也是非常必要的。但仅有讯问室是不够的，还需要建立和完善讯问室的设置和使用制度，以保证讯问顺利进行。

首先，强化讯问室的安全防护。讯问室是传唤或拘传犯罪嫌疑人到案进行讯问的专门场所，首先要符合国家关于建筑设计、环境质量及防火安全等方面的规定和标准。根据国家发布的《国家人权行动计划（2009—2010 年）》，为了保障所有被羁押者的权利，国家采取有效措施，严防对被羁押者实施刑讯逼供或者体罚、虐待、侮辱等行为的发生；所有提讯室实施强制物理隔离；建立并推广提讯前后对被羁押者进行体检的制度。强制物理隔离实际上把讯问人员与犯罪嫌疑人在物理空间上分隔开来，可以起到安全防范的作用，也可以起到保护作用。一方面可以防止犯罪嫌疑人在讯问时逃跑、自杀或威胁侦查人员的安全，另一方面也可以对犯罪嫌疑人起到保护作用。从道理上讲，讯问是语言行为，而不需要肢体上的行为，所以物理隔离是可以的。而从防止不当侦查行为角度看，将讯问者与被讯问者隔离开来也是必要的。但是，从讯问技术角度看，物理隔离措施会形成讯问的障碍，一方面会给犯罪嫌疑人造成心理上的防卫屏障，另一方面会影响侦查人员与犯罪嫌疑人面对面的沟通和交流。实践中，采取强制物理隔离的通常是在看守所讯问室，在检察院和公安机关办案区讯问室一般并没有采取物理隔离措施。因此，如何有效保障安全又不影响办案效率，是实务部门需要解决的重要问题。

其次，规范讯问室的使用。讯问室只能用作讯问犯罪嫌疑人、被告人的地方，不能把讯问室作为羁押、留宿犯罪嫌疑人、被告人或其他涉案人员的场所。而且讯问室的使用应当依法、文明，禁止在讯问室采取暴力手段违法取证。在操作上，可以设置专人负责讯问讯问设备、设施以及讯问室的维护和管理。

　　总体上看，与侦查工作相关的工作机制和管理制度是多方面的，这些机制对侦查工作的顺利进行起重要的保障作用。要发挥这些工作机制的伦理保障作用，需要在具体制度的构建和设置上适当注入伦理关怀因素。在保障侦查权在法律限度内运行的同时，在管理制度上为侦查权设置相应的伦理界限，以保障侦查行为的合理性。

第七章　职业伦理构建

要使侦查权在法律和伦理的界限内运行，仅有外在的法律规范和道德规范是不够的。孟子曰："徒善不足以为政，徒法不能以自行。"① 在孟子看来，内在的善心与外在的法度固然重要，但人的"推行"更为重要。同样，侦查活动需要靠人来完成，如果侦查人员本身不能自觉遵守侦查规范，甚至故意规避有关规定，那么再完善的法律制度、再明确的道德规范也只能充当摆设。显然，侦查行为是否符合法律和伦理规范的要求，与侦查人员自身的道德素养有紧密的关系。要使侦查达到良好的法律效果和社会效果，要使侦查活动不逾越伦理的界限，还必须提高侦查人员自身的道德素质。而要提高侦查人员执法自觉性，使侦查人员在侦查中保持道德自律，就必须构建侦查职业伦理。

一、必要性

职业伦理是与职业活动相联系的，具有职业特征的道德准则和规范。职业不同，职业伦理规范也就不同。作为法律职业者，有专门的法律职业伦理。而侦查活动是一种执法活动，又不同于法官、检察官、律师的职业活动。然而，尽管侦查是一项国家行为，从事侦查的工作人员身份各有不同，但是侦查已经成为一项专门的工作，侦查人员依然要遵循与侦查活动相适应的特殊道德准则。从长远趋势来看，把这些与侦查工作相适应的道德准则作为职业伦理固定下来也是非常必要的。

（一）侦查专业化的要求

职业伦理与特定的职业和职业领域相联系。所谓职业，"就是人们由于社会分工和生产内部的劳动分工，而长期从事的具有专门业务和特定职责，并以此作为主要生活来源的社会活动"。② 从社会历史发展的角度看，职业是社会分工不断细化的结果，而从具体工作角度来看，职业则是专业化发展的结果。具体到侦查领域可以发现，侦查的专业化趋势也越来越明显。

---

① 《孟子·离娄上》。

② 罗国杰主编：《伦理学》，人民出版社 1989 年版，第 245 页。

1. 刑事侦查专业化的表现

（1）侦查职能的分化

职能分工的细化是人类社会发展的趋势。在刑事诉讼领域也是如此，职能分工呈现越来越细化的趋势。犯罪侦查职能的分化大致经历了以下几个阶段：

第一，刑事诉讼与民事诉讼的分化。在西方社会早期，社会关系简单，纠纷解决的方式相对单一，民事诉讼和刑事诉讼基本不分，都实行弹劾式诉讼模式。随着社会发展，由于刑事犯罪的复杂性和严重性，以及国家追究犯罪的必要性，[①] 使得刑事司法权国有化，诉讼形态发生分离。刑事诉讼开始区分于民事诉讼而独立存在，形成了国家追诉犯罪的纠问式诉讼模式。在纠问式诉讼模式中，法官集追诉与审判权于一身，没有诉讼职能的明确区分。而在我国古代诉讼制度中，一直是司法与行政合一，民事与刑事不分，也没有诉讼职能的区分。

第二，控诉职能与审判职能的分化。随着近代资产阶级革命的胜利，在分权理论的影响下，欧洲大陆法系国家开始设立检察机关来承担控诉职能。检察官和法官的职权区分使得刑事诉讼领域出现了控诉与审判职能的分离，从而形成了控辩式诉讼模式。控、审分离是控辩式诉讼模式的核心特征。在这一模式早期，审判前的侦查被视为起诉的准备程序，侦查职能为公诉职能所包含，检察机关集公诉和侦查职权于一体。

第三，侦查职能与公诉职能的分化。随着犯罪形势的发展和变化，侦查的技术性要求越来越高，专业化特征也越来越明显，侦查职能开始与公诉职能分离。在英格兰，亨利·菲尔丁于1750年组建了第一支现代侦探力量——"弓街侦查队"，并逐步发展成为政府支付薪水的侦探。1829年，英国议会通过了《伦敦大都市警察法案》，从而正式建立了职业化的警察力量。[②] 此后，英国警察机关慢慢接管了犯罪侦查工作，治安法官逐渐不再直接介入犯罪的侦查。而在欧洲大陆，也发生了警察与检察官的职能分化，检察官虽然也是侦查权的主体，但从"一线侦查"退居"二线侦查"，成为形式上的侦查机关，而警察机关则实际从事"一线侦查"，成为实质上的侦查机关。这种分化实质上体现了侦查专业化、技术化的趋势。

总体上看，从刑事诉讼形态的演变到诉讼职能的分化，再到侦查职能的进一步分化，体现了一种诉讼职能专业化的趋势，而犯罪侦查职能的分化也是这种专

---

① 参见谢佑平、万毅著：《刑事侦查制度原理》，中国人民公安大学出版社2003年版，第112页。

② ［美］查尔斯·R.斯旺森等著：《刑事犯罪侦查》，但彦铮等译，中国检察出版社2007年版，第4—5页。

业化趋势的体现。这种发展趋势是基于犯罪的发展和侦查效率的诉求而出现的，是国家控制犯罪内在需要的体现。

（2）侦查手段的专门化

侦查是一项专门的调查活动，侦查手段本身就具有特殊性，即便是侦查中常规的调查手段也不同于一般的社会行为。随着社会的发展，犯罪也出现了新的趋势。犯罪的集团化、智能化越来越明显，犯罪手段越来越隐蔽，跨国犯罪越来越多。这对犯罪的侦查提出了新的挑战，侦查犯罪需要充足的侦查手段才能完成任务。因此，侦查机关一方面被赋予了采用常规侦查手段的权限，如讯问犯罪嫌疑人、询问证人、搜查、查封、扣押等等；另一方面，一些专门的侦查手段也逐步被采用，如诱惑侦查、控制下交付、跟踪、通信监控、卧底、线人以及其他特工行动等。

基于侦查工作的实际需要，一些特殊侦查手段在我国也逐步得到认可。1993年《国家安全法》和1995年的《人民警察法》明确规定国家安全机关因侦察危害国家安全行为的需要，公安机关因侦查犯罪的需要，经过严格的批准手续，可以采取技术侦察措施。① 而在1997年最高人民检察院《关于进一步加强检察机关侦查手段设施建设的通知》中，"摄像机、监视器"等器材被列入装备。在2003年最高人民检察院《人民检察院器材设备配备纲要》中，移动定位设备、特种照相设备、激光夜视仪、数字微型录音机、高灵敏度指向话筒、无线录音设备、高清晰度监控摄像机等也被纳入配备的装备范围。

特殊侦查手段的使用，使侦查手段进一步专门化，这使得侦查工作更具有专业性。侦查人员必须要进行专业的技术培训才能胜任侦查工作。

（3）侦查分工的专业化

基于侦查犯罪的需要，侦查中的分工也越来越细化，在分工中也出现了专业化的趋势。分工的专业化趋势可以从两个方面来理解：

一是办案环节上的分工。侦查工作中，犯罪现场的勘验、侦查讯问、赃款赃物的追逃以及电子证据的收集和固定等，都需要专门的知识和技能。这些都不是依靠一个人所能完成的。因此，在办案环节上需要进行分工，让具有专门技能的侦查人员专门负责某些特定的环节，如侦查讯问、现场勘验、证据分析等。这样可以人尽其才，物尽其用，提高侦查的工作效率。

二是在案件类型上的分工。侦查不同类型的案件需要不同的专业知识。不同类型的案件发生在不同的行业和部门，涉及不同的专业领域。而不同领域的案件涉及相应的专业知识，如金融犯罪、走私犯罪、知识产权犯罪、计算机犯罪等。

---

① 《国家安全法》第10条和《人民警察法》第16条。

侦查这些犯罪必须要有相应的专业技术知识为支撑。这就需要根据案件的类型进行相应的分工,以使侦查人员在办案中发挥特长。

2. 侦查专业化对职业伦理的需求

侦查的专业化使得侦查活动不同于一般的社会活动,要从事这些侦查活动就必须经过专门的培训。这就是说,侦查工作不是任何人都能轻易胜任的。专业化的发展使得侦查工作具有职业化的特征。一方面,侦查工作技能需要专门的培训,同时也需要在工作中进一步培养;另一方面,侦查本身是一项操作性很强的工作,工作经验对于侦查人员至关重要。这就要求侦查人员队伍相对稳定,流动性不能太大。因此侦查工作需要向职业化发展,使侦查工作成为一项职业,而不是一项临时性的工作。

侦查工作的专业化赋予了侦查人员不同于一般社会成员的职责。因此对于侦查人员也就有了不同的道德要求。侦查人员必须按照侦查工作的特殊逻辑而不是一般社会生活的规则去操作。在价值追求上,侦查工作也不同于其他职业活动,因此在具体规范上也就不同于其他职业。这种道德要求实际上具有了职业伦理的性质。法国伦理学家爱弥尔·涂尔干在讨论职业伦理的时候指出:"我们可以说有多少种不同的天职,就有多少种道德形式,从理论上说,每个人都只能履行一种天职,于是,这些不同的道德形式便完全适合于个人所组成的不同群体。"[1]这种与职业相适应的道德形式就是职业伦理。可见,侦查工作的专业化需要专门的道德规范相配套,而这些道德规范本身就具有了职业伦理的本质特征。但是这些道德规范还需要以职业伦理的形式进行加强和内化。只有构建侦查人员的职业伦理规范体系,才能培养侦查人员的职业道德情操,让外在的规范要求转化为侦查人员的内在自觉性,使他律转化为自律。

(二) 侦查法制化的条件

要实现侦查的法制化,首先需要侦查人员能够恪守法律的规定,而侦查人员能否依法侦查,与侦查人员的职业伦理紧密相关。丹宁曾言:"如果因为不道德的法官或道德败坏的律师们而得不到公平的执行,就是拥有正义的法律也是没有用的。"[2] 同样,在侦查中如果侦查人员道德败坏,再好的侦查规范也只是一种摆设。侦查法制首先需要侦查人员能够严守法律制度的规定,以实际的行为来维护法律的尊严。沈宗灵教授曾经指出:"为了实现社会主义法制,一定要有一批大无畏的不惜以身殉职的司法工作者来维护社会主义法制的尊严,这就必然要求

---

① [法] 爱弥尔·涂尔干著:《职业伦理与公民道德》,渠东、付德根译,上海人民出版社 2006 年版,第 6 页。

② 转引自杨一平著:《司法正义论》,法律出版社 1999 年版,第 148 页。

我们的司法工作者具有高度的道德水平。一个道德平庸的人是无法胜任这一任务的；一个道德败坏的人则只能是对这一任务的嘲弄。"① 虽然这里的道德主要是指侦查人员的个人道德修养，而不完全是指职业道德，但强调了法律工作人员的道德修养——包括职业道德修养——对社会主义法制的重要性。这也同样适用于侦查，如果侦查人员没有职业道德，或者道德败坏，对于侦查法制的实现也是一种嘲弄。

如果说法律规范对侦查活动是一种外在的限制，那么职业伦理则从外在和内心两方面制约着侦查人员。职业伦理涉及职业理想、职业态度、职业纪律、职业良心、职业荣誉以及职业作风等多方面因素。从调整方式上讲，既有外在的纪律制约，又有内在的良心指引。显然，相对于法律规范而言，职业伦理更强调行为人的自律，即侧重于把外在的规范转化为内在的信仰。这对于法制来说是至关重要的，因为法律也需要被人们所信仰。如同伯尔曼所说的那样，"法律必须被信仰，否则它将形同虚设"。② 侦查中也需要侦查人员具有这样的法律信仰，而要使法律真正被信仰，则需要职业伦理的推动作用。只有在配套的伦理规范作用下，侦查人员才不至于轻易逾越侦查的法律界限。如果侦查人员不是出自内心的遵守法律规范，那么再周全的外在制约也有可能被规避掉。要使侦查法制化，仅依靠法律制度的完善是不够的，还需要关注侦查人员自身的因素，而侦查职业伦理正是围绕侦查人员自身的道德因素为侦查活动提供支撑。因此，构建侦查职业伦理是实现侦查法制的必要条件。

（三）侦查权合理行使的保障

构建侦查职业伦理不仅能对法律规范的实施起辅助作用，而且能促进侦查行为的合理化。有学者指出："法律职业除了要加强其职业技能专长即业务能力之外，需要有相应的职业伦理来匹配，需要通过职业伦理来保障其职业技术理性中的道义性成分发挥到最高程度；还需要通过职业伦理来抑制其职业技术理性中的非道德性成分，克服其'职业病'，使之控制在最低程度。"③ 这一论断也适用于侦查，侦查作为一项专门的执法活动也需要有职业伦理来匹配。一方面，职业伦理可以保障侦查中的道义性成分得到最大的发挥；另一方面，职业伦理在一定度上可以消除法律规范与道德规范之间的隔阂和不相容性，使侦查行为符合伦理规范的要求。这可以在很大程度上提高侦查行为的合理性。

在作用机制上，职业伦理可以激发侦查人员的身份意识、自律意识以及荣誉

---

① 沈宗灵主编：《法理学》（第 2 版），北京大学出版社 2003 年版，第 215 页。

② ［美］伯尔曼著：《法律与宗教》，梁治平译，三联书店 1991 年版，第 15 页。

③ 孙笑侠：《法律家的技能与伦理》，载《法学研究》2001 年第 4 期。

意识。这些意识可以促使侦查人员自觉调整侦查行为，使侦查行为在法律的范围内保持与伦理规范的契合。韦伯在论述近代专业化官僚产生的时候说："近代官吏团体已发展成一支专业劳动力，经过长期的预备性训练后有专长。并且近代官僚集团出于廉洁正派考虑，发展出一种高度的身份荣誉意识，若是没有这种意识，可怕的腐败和丑陋的市侩习气，将给这个团体造成致命的威胁。没有这种廉洁正派，甚至国家机构纯粹技术性的功能也会受到威胁。国家机构对于经济的重要性，一直在稳步上升，尤其是随着社会化的扩大，这种重要性还会得到进一步的加强。"① 职业伦理对于专业化的侦查人员来说也是如此，它有助于培养一种职业身份意识和职业荣誉感。这种身份意识和荣誉意识会促使侦查人员不致满足于法律规范的最低要求，而会尽力把侦查工作做得更好。这种激励会引导侦查人员在合法的基础上提高行为的合理性。

同时，构建职业伦理可以培养正确的职业态度，促进职业良心和职业作风的养成，而良好的工作态度和作风会提升侦查行为的外在表现。职业良心则为侦查人员提供了内在的心理尺度，这种尺度实质上就是一种道德尺度。职业良心会推动侦查人员按照人道、廉洁、公正的标准去衡量侦查行为的道德属性。可见，这种道德尺度也是一种合理性的尺度，它对于保持侦查行为的合理性具有指导和促进作用。

二、职业群体

（一）职业群体的作用

职业伦理是职业群体的产物，职业群体是职业伦理存在的基础。没有形成稳定的职业群体，就不可能发展出相应的职业伦理。如果职业群体分解了，职业伦理也就失去了活力。而在已经形成职业伦理的职业群体中，职业伦理与职业群体有一种互动关系。职业群体的结构越牢固，职业伦理的规范体系就越健全，群体统摄其成员的权威也就越大。这样，群体就会越紧密地凝聚在一起，个体之间的联系就越紧密、越频繁，而这反过来又会进一步推动职业伦理的发展。

就侦查职业伦理的构建而言，也需要相对稳定的侦查职业群体。没有相对稳定的侦查职业群体，侦查职业伦理就会成为空中楼阁。

所谓职业群体，可以从两个角度去理解。一种是从单纯的职业身份角度去理解，在现实中表现为相同职业工作者共同体。这种共同体更多的是一种利益共同体，并不必然包含相似的价值观和伦理观。另一种是把职业工作和价值诉求结合

---

① ［德］韦伯著：《学术与政治》，冯克利译，三联书店1998年版，第68页。

起来理解，即职业群体是既从事相同的职业工作又具有相似的价值与伦理诉求的职业工作者群体。从我国的情况看，侦查权分散于不同的国家机关体系中。普通刑事案件由公安机关侦查，职务犯罪案件由检察机关的侦查部门侦查，涉及国家安全的案件由国家安全部门负责侦查，发生在监狱中的刑事案件由监狱侦查部门负责侦查。这些部门的侦查人员具有不同的职业身份，即人民警察、检察官、国家安全人员等。因此，单纯从职业身份去理解，我国是不存在侦查职业群体的。但是从第二种角度去理解，我国又确实存在侦查职业群体。尽管在我国不同系统中的侦查人员职业身份不同，但却从事相同的职业工作——侦查。他们所从事的侦查工作没有性质上的差别，本质上都是一样的。而且侦查工作的价值目标和伦理诉求在应然层面上也都是一样的。因此，笔者认为，在我国，理解侦查职业群体不能简单地从外在的职业身份去理解，而是要把实质的职业工作和职业信仰结合起来理解。从应然层面上看，侦查职业群体不仅要求从事相同的侦查职业工作，具有相同的职业技能，而且要求职业者具有相同的职业伦理和职业信仰。

但从实然的角度来看，我国侦查职业群体并没有真正形成。没有形成的原因不是因为侦查人员具有不同的官方职业身份，而是因为没有形成相同的职业信仰。由于司法体制的原因，侦查人员具有警察、检察官等不同的身份，但实质上所有侦查人员都从事相同性质的职业工作，这并不影响职业的认同。但问题在于，不同的官方职业身份在现实中又赋予了侦查人员不同的职业伦理。警察要遵循人民警察职业道德规范，检察官要遵循检察官道德准则。警察和检察官的职业伦理和职业信仰是有所不同的。同样，国家安全人员和监狱工作人员的职业伦理和职业信仰也是不同的。这就造成了一种伦理交错的现象，即这些人员都从事性质相同的工作——侦查工作，但却遵循不同的职业伦理准则，信守不同的职业信仰。

在我国侦查职业伦理的构建与侦查职业群体的形成是同步的，也是互动的。一方面，侦查职业群体的形成需要培养相同的职业信仰，而职业信仰的养成又需要侦查职业伦理的作用。另一方面，侦查职业伦理的形成需要以侦查职业群体为基础。现实是有从事侦查职业工作的人员但又不是完全意义上的职业群体。实际需要侦查职业伦理却又没有自动形成侦查职业伦理。因此，我国需要构建侦查职业伦理，而且在构建职业伦理的同时促进实质侦查职业群体的形成。

因此，就我国情况而言，构建侦查职业伦理需要注意两方面问题：

第一，侦查职业伦理与警察职业伦理、检察官职业伦理等相关职业伦理的关系。在现行的司法体制下，侦查职业伦理必须能与警察职业伦理、检察官职业伦理相容，既要照顾侦查工作的特殊性，又不能与警察职业道德、检察官职业道德发生冲突。

第二，注意侦查职业信仰的养成。只有养成侦查职业信仰，才能真正形成侦查职业群体。因此，在构建侦查职业伦理的时候，不能仅仅关注具体规范的制定，而且要关注那些能展示和培养侦查职业信仰的手段。

（二）职业群体的形成

侦查职业伦理需要固定的侦查职业群体。职业人员群体实际上就是一个从事相同职业的人员构成的集体。而在职业伦理的构建上，这样的集体意义重大。"集体对于伦理生活之所以如此重要，可以借用一个或许并不十分贴切的比喻，共同的集体就如同一道栅栏，将其成员如同羊群一样围或圈在一起，而后才有'教养'的可能。如果这道栅栏不存在了，那么羊群四散，'教养'就无从谈起。"① 由于司法体制的原因，我国从事侦查工作的人员分布于公安机关、检察机关、国家安全机关以及监狱管理部门，虽然都从事的是侦查工作，但侦办的案件类型不同，所具有的职业身份也不同。在现有的体制下，把所有的侦查权收归一个部门统一行使是不现实的，也未必科学。但这并不是说不可能形成侦查职业群体。如前所述，职业群体的关键因素是相同的职业工作和相似的职业价值追求。虽然侦查人员外在的职业身份是不同的，但所从事的侦查工作本质是一样的。外在的职业身份统一起来比较困难，但也不一定非得追求这种形式上的统一。只要侦查工作人员具有相同的职业价值观念和价值目标，彼此的思维模式相同，职业信仰和职业荣誉一致，即便他们归属于不同的系统，也会形成一种观念上的职业共同体。因此，笔者认为推动我国侦查人员职业共同体形成可以从如下方面着手：

第一，在各系统内对从事侦查工作的人员实行分类管理。在检察系统内，把从事职务犯罪侦查工作的人员与从事其他检察工作人员归为不同的类别，实行分类管理。在管理模式、业务培训等方面区别对待，突出侦查工作的特色。在公安机关，将从事侦查工作的司法警察与行使其他日常行政管理职能的警察进行区分，也实行分类管理。这样，从事侦查工作的人员就会在系统内与从事其他工作的人员区分开来。而在系统外，侦查人员尽管分属于不同的系统，但在分类管理上却被归为一类，管理模式、职业技能培训具有相似性。这样会增加从事侦查工作人员的职业的认同感。

第二，推动职业价值观念上的统一。在检察机关内部，侦查活动具有不同于其他检察职能活动的特殊性，而在公安机关内部，刑事侦查也具有不同于户籍管

① 吾淳著：《中国社会的伦理生活——主要关于儒家伦理可能性问题的研究》，中华书局2007年版，第9页。

理、公共秩序的维持等行政管理职能活动。但是，职务犯罪侦查与普通刑事案件的侦查在操作上没有明显的区分。而且在理念上、价值追求上更为一致。因此，在分类管理的基础上，需要推动不同系统侦查人员价值观念的统一。不同系统侦查人员之间要加强联系和交流，通过沟通统一侦查工作的价值观念。

三、职业伦理的层次

职业伦理是由不同道德规范构成的有机体系。这一体系中既包含行业成员共同的价值追求，又包括具体的操作规范。一方面，职业伦理体现职业群体的主导价值观。这种主导价值观是为大多数成员接受和认同的价值意识形态。它体现了行业的价值追求，并在群体成员中发挥辐射效应。另一方面，职业伦理也包含有具体的规范要求，这种规范要求表现为群体成员都必须遵守的道德规范，这些规范可能区别于一般的社会伦理规范，也不同于其他行业的职业伦理规范。这些规范构成某些行业的标志性特征，如律师行业中维持律师与当事人之间信赖关系的伦理规范、心理咨询行业中心理咨询师的保密义务等。这些规范是一种硬性的要求，如果违背这些规范就有可能使整个行业受损。可见，职业伦理的规范在不同层次上发挥着作用，规范之间存在层次之分。

其实，道德规范本身就具有层次性。富勒曾经将道德规范区分为"义务的道德"和"愿望的道德"。他认为义务的道德"可比之于语法规则"，愿望的道德相当于"批评家为卓越而优雅的写作所确立的标准"。① 这种比喻意味着他所说的"义务的道德"是一种最基本的道德规则，没有这些规则就维系不了群体的存在。因此，这种"语法规则"也可以理解为社会生活的基本要求。而"愿望的道德"则是较高层次的标准，这种标准追求一种"卓越而优雅"的品质。这种标准强调发挥人的潜能，达到道德上的至善境界。而在伦理学中，也有规范伦理学与美德伦理学之分。与之相对应的是底线伦理与美德伦理。底线伦理体现的是一种最低限度的道德要求。在评价人们的行为时，达不到最低限度的道德底线要求，将会受到谴责和惩罚，而即便达到要求也未必会受到赞扬。而美德伦理强调美德的养成，追求一种人格的至善。成功者将会受到尊敬，而失败者会使人感到惋惜，但不一定会受到批评。

在职业伦理中，不同层次的道德规范发挥着不同的作用。较高层次的规范发挥着价值引导作用。这些规范表现着职业理想、职业信念，也体现职业荣誉。而较低层次的伦理规范则表现为职业责任和职业纪律，在职业群体中发挥着惩戒和强制作用。职业伦理的侧重点不同，这两种规范的比例也就不同。如在法律职业

---

① ［美］富勒著：《法律的道德性》，郑戈译，商务印书馆 2005 年版，第 8 页。

伦理比较发达的美国，出现过两种类型的法律职业伦理规范。一种是 1908 年 8 月 27 日制定的《美国法槽协会法律伦理戒律》，该戒律"旨在指导律师朝法律工作最理想的道德境界努力"，是"制定来激励律师而非规范律师的行为"。这一伦理规范采用的是引导和激励方式，"是好律师专业志向的理想向导"。另一种是《加州律师专业行为规则》，该规则采用类似刑事法的用语"订定一套律师该遵守否则就会受到惩处的最低标准"。这一规则采用禁止和规范的方式规定律师应当遵守的最低准则，并带有惩戒性的规定。① 这两个文件的取向是不同的。《美国法槽协会法律伦理戒律》取向于激励职业者，为其设定的是一种道德楷模；而《加州律师专业行为规则》则取向于惩戒，它为职业者画出了一条道德红线。

职业伦理规范的层次性对我国侦查职业伦理的构建具有一定的启发意义。我国从事侦查工作的人员身份多样，需要不同层次的伦理规范同时发挥作用。一方面，在具体侦查工作层面上，需要相应的伦理规则来规范具体的侦查行为。这一部分规范需要标明从事侦查工作最基本的道德要求和操作标准。这一部分可以侦查责任、侦查纪律的形式表现出来。另一方面，在价值层面，需要能够体现侦查工作价值追求的道德规范来引领侦查工作，为侦查工作提供方向性的指导。这部分规范需要指明侦查工作应当追求的方向，可以职业理想和职业信念的形式表现出来。体现价值追求层面的规范应当与检察官职业伦理以及警察职业伦理中的价值追求相协调，否则就会造成职业信念上的分歧。而从我国的情况看，司法警察、检察官都涉及刑事司法领域的工作，在总体的价值追求上有重合的地方。侦查伦理则需要在这种重合中寻找适合于侦查的价值目标。

从现行的情况看，公安机关侦查人员需要遵守公安部发布的《公安机关人民警察职业道德规范》。该规范于 1994 年发布实施，具体包括八个方面：

一、对党忠诚：坚定信念，听党指挥，维护宪法，忠于祖国。

二、服务人民：热爱人民，甘当公仆，爱憎分明，除害安良。

三、秉公执法：不徇私情，不畏权势，严禁逼供，不枉不纵。

四、清正廉明：艰苦奋斗，克己奉公，防腐拒贿，不沾不染。

五、团结协作：顾全大局，通力协作，相互尊重，相互支持。

六、勇于献身：忠于职守，业精技强，机智勇敢，不怕牺牲。

七、严守纪律：服从领导，听从命令，遵守制度，保守机密。

八、文明执勤：谦虚谨慎，不要特权，礼貌待人，警容严整。

---

① 参见［美］布莱恩·甘洒迪著：《美国法律伦理》，郭乃嘉译，商周出版 2005 年版，第 26、36 页。

2011 年公安部修订印发《公安机关人民警察职业道德规范》内容由原有的 8 条扩充到了 10 条，具体内容修改为：

一、忠诚可靠：听党指挥，热爱人民，忠于法律。

二、秉公执法：事实为据，秉持公正，惩恶扬善。

三、英勇善战：坚韧不拔，机智果敢，崇尚荣誉。

四、热诚服务：情系民生，服务社会，热情周到。

五、文明理性：理性平和，文明礼貌，诚信友善。

六、严守纪律：遵章守纪，保守秘密，令行禁止。

七、爱岗敬业：恪尽职守，勤学善思，精益求精。

八、甘于奉献：任劳任怨，顾全大局，献身使命。

九、清正廉洁：艰苦朴素，情趣健康，克己奉公。

十、团结协作：精诚合作，勇于担当，积极向上。

从形式上看，这些规范，语言简洁，便于记忆。从内容上看，该规范包含了警察这个职业所应具备的政治要求、职业品质、纪律作风三大方面，为警察设定了较高的道德境界。"忠诚可靠"提出了警察工作的政治要求；"秉公执法"、"英勇善战"、"热诚服务"、"文明理性"则是针对职业品质的总要求；"严守纪律"、"爱岗敬业"、"甘于奉献"、"清正廉明"、"团结协作"是对警察纪律作风上的要求。应该说，这是一种高层次的激励式的道德规范，为人民警察设置了一个楷模形象，它是好警察为之奋斗的目标。

检察机关的侦查人员则需要遵循最高人民检察院于 2002 年制定的《检察官职业道德规范》。这一规范主要包括四方面内容：一、忠诚：忠于党、忠于国家、忠于人民，忠于事实和法律，忠于人民检察事业，恪尽职守，乐于奉献。二、公正：崇尚法治，客观求实，依法独立行使检察权，坚持法律面前人人平等，自觉维护程序公正和实体公正。三、清廉：模范遵守法纪，保持清正廉洁，淡泊名利，不徇私情，自尊自重，接受监督。四、严明：严格执法，文明办案，刚正不阿，敢于监督，勇于纠错，捍卫宪法和法律尊严。这一规范与公安部发布的人民警察职业道德规范相比，形式和内容极为相似，简洁易记，都设定了高层次的道德要求。

这两部道德规范有优点也都有缺陷。第一，都定位于高层次的正面引导，没有最低限度的基本要求。有很强的引导和激励性，但规范性差。第二，过于抽象。虽然简洁易记，但不具体，任意性比较大，对职业成员的约束力不够。第三，没有突出职业工作的特点，这些规范除了少数规范之外，多数可以适用于任何行业领域。

需要指出的是，2009 年 9 月 3 日，最高人民检察院第十一届检察委员会第十八次会议通过了《中华人民共和国检察官职业道德基本准则（试行）》，这一准则共计 48 条，进一步细化了检察官职业道德的要求。该准则指出检察官职业道德的基本要求是忠诚、公正、清廉、文明，同时在这些基本要求之下增加了许多具体细致的规定。这些规定体现了不同层次的职业道德要求。如该准则第 26 条指出，检察官应当"以社会主义核心价值观为根本的职业价值取向……秉持清正廉洁的情操"。第 27 条至第 31 条更是明确了一些禁止性规定。这些规定更具有可操作性。同时，第 4 条规定"对模范践行检察官职业道德，品德高尚，业绩突出的，予以表彰奖励；对违反职业道德的行为，予以批评谴责，构成违法违纪的，依照法律和检察人员纪律规定予以惩戒"。该规定首次明确了表彰奖励、批评谴责以及惩戒等手段。

总体上看，该准则把职业道德和执法规范化建设、纪律作风建设紧密结合起来，具有很强的可操作性。不仅有较高层次的要求，而且也有最基本的具体规范的要求。

职业伦理对职业者的作用是双重的，既可以在价值目标层面发挥正面的激励和引导作用，又可以在道德底线层面发挥谴责和惩戒作用。在构建侦查职业伦理的时候，也应当注意全面发挥职业伦理规范的作用。从目前公安机关和检察机关侦查人员遵循的职业道德规范看，正面激励的道德规范已经很多。因此在制定侦查职业伦理规范的时候，应当在原有规范的基础上增加一些禁止性规范和相应的惩戒性规定。如在强调侦查人员要廉洁自律的同时，列举一些禁止性规定。如侦查人员不得收受案件当事人及其亲友、案件利害关系人或者单位及其所委托的人以任何名义馈赠的礼品礼金、有价证券、购物凭证以及干股等；不得参加其安排的宴请、娱乐休闲、旅游度假等活动；不得接受其提供的各种费用报销，出借的钱款、交通通信工具、贵重物品及其他利益。又如在强调要保守工作秘密的同时，明确侦查人员不得披露或者使用未公开的工作信息；不得泄露在侦查工作中获得的商业秘密、个人隐私等非公开的信息等。

四、职业伦理规范

职业伦理是与特定职业相适应的伦理规范体系，因此首先体现的是职业的特点。同样，在构建侦查职业伦理的时候，也需要针对侦查工作的特点来确定职业伦理的规范体系。

（一）确定原则

1. 区分职业伦理与个人道德

职业伦理与特定的职业活动紧密相关，因此与个人道德是不同的。个人道德追求个人道德品质的完善，取向于"做个好人"。但职业伦理不同于做好人。美国学者布莱恩·肯尼迪（Brian Kennedy）在讨论美国法律伦理的时候指出："人们常把法律伦理等同个人道德，这是不对的。法律伦理是规范专业行为的规定，不是道德规定。你可以是个善良的天使，却违反了法律伦理；也可以与恶魔结盟，但仍严守法律伦理。道德属私事，法律伦理则属专业工作的范畴。若法律伦理制度是以个人道德为基础，自然会运作得比较顺畅，但我还是得强调，个人道德与法律伦理是两码事。"① 法律伦理不同于个人道德原因在于两者分属于不同的范畴，前者是职业伦理，后者则是个人伦理。侦查职业伦理也是如此，尽管个人道德与侦查职业伦理紧密相关，尽管良好的个人道德会对侦查工作有很大的促进作用，但两者并不是等同的。

但从我国现有的《人民警察职业道德规范》和《检察官职业道德规范》相关规定看，个人道德与职业伦理并没有区分。职业伦理规范中包含了大量的个人道德的内容。如《公安机关人民警察职业道德规范》中的"勤学善思"、"情趣健康"、"积极向上"，《检察官职业道德规范》中的"淡泊名利"、"不徇私情"、"自尊自重"等均是个人道德规范。而在最高人民检察院出台的《中华人民共和国检察官职业道德基本准则（试行）》中，很多规定也是属于个人道德范畴。如第41条规定："明礼诚信，在社会交往中尊重、理解、关心他人，讲诚实、守信用、践承诺，树立良好社会形象。"第42条规定："牢固树立社会主义荣辱观，恪守社会公德、家庭美德，慎独慎微，行为检点，培养高尚的道德操守。"这些基本上都可以归为个人道德领域。

由于职业伦理与个人道德有内在的区别，同时已发布的《人民警察职业道德规范》以及《检察官职业道德规范》已经对个人道德品质修养提出了要求，因此在制定侦查职业道德规范的时候可以不必再规定这方面的内容。

2. 与侦查工作特点相吻合

职业伦理与职业的社会角色定位直接相关。不同的职业在社会中发挥不同的功能，扮演着不同的社会角色，在价值取向上也不同。职业行为也会因为职业的社会角色不同而出现差异，也就是所谓的"因角色而异的行为"。"'因角色而异的行为'也是专业的表征。专业人应愿意也能够把个人信念、修身原则摆一旁而有专业的表现，说得冷酷一点，就是要能依专业要求'把事情搞定'。警察、军人、医生、护士和律师等等的专业，都有其'因角色而异的行为'。"② 与之

---

① ［美］布莱恩·肯尼迪著：《美国法律伦理》，郭乃嘉译，商周出版2005年版，前言，第5页。

② ［美］布莱恩·肯尼迪著：《美国法律伦理》，郭乃嘉译，商周出版2005年版，第46页。

相适应，社会公众对职业以及职业行为的看法和道德评价也会受到专业在社会中所扮演的角色影响。而在职业伦理中，这些"因角色而异的行为"则表现为职业成员的特殊的道德义务。同样，在侦查职业伦理规范中，也应当体现这样的特殊道德义务。也就是说，侦查职业伦理应当与侦查人员的社会角色相一致，体现出侦查工作的特殊性，明确侦查人员应当承担的特殊道德义务。

（二）主要内容

基于侦查工作的特殊性，笔者认为侦查职业伦理规范应当包含以下几方面的内容：

1. 人性与人道

"以人为本"是现代法治的根本理念，也是现代社会与传统社会的根本区别之所在。在执法和司法过程中，"以人为本"强调法律的执行应当符合人的本性，尊重人的价值，维护人的尊严和权利。而在侦查活动中，公民的权利很容易受到侦查权的侵犯，犯罪嫌疑人最有可能受到不人道待遇，侦查权也可能会异化为谋取私利的私权利。因此，在侦查职业伦理中应当强调人性与人道。一方面要让侦查人员认识到侦查权的派生性，摒弃权力本位观念，把维护人的权利作为工作目标；另一方面要求侦查人员在侦查工作中应当体恤人性的弱点，尊重人的尊严和价值。首先，这就要求侦查人员要树立人权保护意识，尊重诉讼当事人、参与人及其他有关人员的人格，保障和维护其合法权益。其次，在侦查中不能采用违背人性、侮辱人格以及侵犯人的尊严的侦查手段。再次，在侦查中弘扬人文精神，体现人文关怀。做到执法理念文明，执法行为文明，执法作风文明，执法语言文明。最后，树立尊重人性和尊严的荣辱观念，侦查行为以符合人性为荣，以违背人性为耻，以尊重人的权利和尊严为荣，以侵犯人的权利和尊严为耻。

2. 公正与客观

侦查属于刑事司法活动的一部分，应当秉承司法活动的公正与客观的价值追求，在侦查活动中体现司法的公正性和客观性。而在整个诉讼程序中，侦查对于诉讼的公正性和客观性起着决定性的作用。侦查是查明案件事实和收集证据的活动，侦查人员是否公正和客观将直接影响到案件事实的认定和法律的适用。因此，首先，在职业伦理中应当要求侦查人员树立秉公办案的观念，保持客观公正的立场。其次，树立程序正义的观念，坚持程序公正与实体公正并重，严格遵循法定程序，维护程序正义。再次，在办案中以事实为根据，依法客观全面地收集证据，不先入为主、主观臆断，不伪造、隐瞒、毁损证据，树立正确的证据意识。最后，不以权谋私，以案谋利，借办案插手经济纠纷。

3. 忠于宪法和法律

侦查是代表国家实施的法律行为，侦查行为首先要合法。因此，侦查人员必须要忠诚于宪法和法律，正确地理解和执行法律。忠诚于宪法和法律不仅是侦查人员的法律义务，而且是道德义务。在职业伦理中应当特别予以强调。忠于宪法和法律要求侦查人员尊崇宪法和法律，严格执行宪法和法律的规定，自觉维护宪法和法律的尊严和权威。首先，侦查人员要信服宪法和法律，培养法律之上的意识。其次，要认同法律的价值追求，把法律所蕴含的价值内化为侦查工作的信念，用以指导侦查工作。再次，要正确地理解宪法和法律的要求，准确地适用法律，严格按照宪法和法律的精神解释法律，填补法律的空白。最后，不滥用职权和漠视法律，展现法律的尊严。

4. 勤勉与效率

侦查有诉讼期间的限制，同时也受制于办案经费和设备。因此，侦查工作也讲究工作效率。同时案件的质量和办案的速度取决于侦查人员的能力和尽力程度。故而在职业伦理中应当要求侦查人员勤勉工作，讲究效率。首先，侦查人员要勤勉敬业，尽心竭力，不因个人事务及其他非公事而影响侦查职责的正常履行。其次，侦查办案要严格遵守法定的期限，不能任意延长侦查办案的期限，更不能拖案不办。再次，注重学习，精通侦查业务，培养良好的业务素质和侦查业务能力。最后，侦查办案要注意节约成本，避免资源浪费。

5. 廉洁

由于侦查工作涉及当事人的重大利益，侦查人员不免会成为当事人攻关的对象。这使得侦查人员面临很大的人情和社会关系的考验。为维护司法的公正和防止侦查中的腐败，需要把廉洁纳入职业伦理的要求中去。首先，禁止侦查人员利用职权和身份为自己、家人或者他人谋取不正当利益；其次，侦查人员不得收受任何形式的贿赂。不得收受案件当事人及其亲友、案件利害关系人或者单位及其所委托的人以任何名义馈赠的礼品礼金、有价证券、购物凭证以及干股等；不参加其安排的宴请、娱乐休闲、旅游度假等可能影响公正办案的活动；不接受其提供的各种费用报销，出借的钱款、交通通信工具、贵重物品及其他利益。

6. 职业荣誉

职业伦理需要培养职业者的行业意识和职业认同感，因此强调职业荣誉是职业伦理的必备内容。同样，侦查人员应当具有身份荣誉意识，维持侦查工作的职业声誉和信誉。这也是维护司法权威的需要。第一，侦查人员要保持良好的职业操守和风范，维护侦查人员的良好形象。在侦查工作中遵守职业礼仪规范。第二，按照规定着装、佩戴标识和徽章，不发表有损侦查工作的言论。第三，遵守职业纪律，不泄露案件的办理情况及案件承办人的有关信息，不违反规定会见案件当事人、诉讼代理人、辩护人及其他与案件有利害关系的人员。第四，注意言行，不对正在办理的案件发表个人意见或者进行评论。第五，约束业外活动，避免对侦查机关和侦查行为的公信力产生不良影响。

五、职业德性的培养

构建侦查职业伦理的目的在于把职业道德的要求落实到侦查人员的侦查行为中，更好地完成侦查工作。从道德要求转化为实际行为，离不开侦查人员的道德素质。这就需要培养侦查人员的职业德性。所谓德性，是指一个人的品德，"是一个人长期遵守或违背道德的行为所形成和表现出来的相对稳定的心理状态、道德人格和道德个性。"① 也可以看作是人的"一种比较稳定和持久的履行道德原则和规范的个人秉性和气质。"② 职业德性也是在长期职业行为中形成职业秉性和气质。良好的职业德性会稳定而持久的影响人的职业行为，对职业工作发挥正面效应。

职业德性需要培养。一个人的品德是他伦理行为积累到一定程度的结果。亚里士多德曾经指出："德性的获得，不过是先于它的行为之结果；这与技艺的获得相似。"③ 显然，德性不是先天就有的，而是在行动中培养的。职业德性也是如此，它不是一开始从事职业工作就会自动产生的，而是需要进一步培养。因此，侦查人员的职业德性也需要通过培养来养成。一般而言，侦查人员职业德性的培养需要从两方面进行：

（一）侦查思维

从事侦查工作，不仅需要具备法律素养，而且要掌握相应的社会知识，更重要的是要有相应的侦查技能。侦查技能是一项实践性很强的专业技能，需要通过专业的培训才能获得。侦查技能是一项程序性操作技能，同时又是具有创造性的技能。侦查技能的培训本身包含着侦查思维的培养，也就是在培养操作技能的同时还要养成与侦查工作相适应的思维模式。思维模式一旦形成，就会形成相对稳定的心理思考方式，而相对稳定的心理状态正是人的德性的表现。侦查思维一旦养成，思维的惯性就会让侦查人员产生于侦查工作相适应的道德个性。因此，在侦查技能培训中进行侦查思维的培训，可以直接促进职业德性的养成。

（二）职业信仰

职业荣誉是职业共同体在社会中的地位和声誉。在职业共同体的内部，每一

---

① 王海明著：《伦理学导论》，复旦大学出版社 2009 年版，第 241 页。
② 何怀宏著：《伦理学是什么》，北京大学出版社 2002 年版，第 181 页。
③ Aristotle, Aristotle's Nicomachean Ethics, Translated with Commentaries and Glossary by Hippocrates G. Apostle, Peripatetic Press, Grinnel, Iowa , 1984, p. 21.

个成员都负有维护职业声誉的道德义务。而要维护侦查职业声誉，就需要激励侦查人员的职业荣誉感，催生侦查人员的职业信仰，要使侦查人员深刻认识到侦查工作的崇高价值，自觉杜绝有损职业形象的行为。而职业伦理只有变成信仰的一部分才能在从业者心理树立真正的权威。而当侦查人员有了职业荣誉和职业信仰，并能在侦查工作中维护职业荣誉和信仰时，他们就已经养成了职业德性。

参考文献

一、著作类

1. 陈光中主编：《中华人民共和国刑事诉讼法再修改专家建议稿与论证》，中国法制出版社 2006 年版。

2. 陈光中主编：《刑事诉讼法学（新编)》，中国政法大学出版社 1996 年版。

3. 陈光中、徐静村主编：《刑事诉讼法学》，中国政法大学出版社 1999 年版。

4. 陈光中主编：《刑事诉讼法实施问题研究》，中国法制出版社 2000 年版。

5. 樊崇义主编：《刑事诉讼法实施问题与对策研究》，中国人民公安大学出版社 2002 年版。

6. 樊崇义主编：《刑事诉讼法学》，中国政法大学出版社 1996 年版。

7. 卞建林主编：《刑事证明理论》，中国人民公安大学出版社 2004 年版。

8. 宋英辉主编：《刑事诉讼原理》，法律出版社 2003 年版。

9. 宋英辉、吴宏耀著：《刑事审判前程序研究》，中国政法大学出版社 2002 年版。

10. 徐静村主编：《刑事诉讼法学》（上），法律出版社 1997 年版。

11. 谢佑平、万毅著：《刑事侦查制度原理》，中国人民公安大学出版社 2003 年版。

12. 何家弘编著：《外国犯罪侦查制度》，中国人民大学出版社 1995 年版。

13. 何家弘主编：《证人制度研究》，人民法院出版社 2004 年版。

14. 孙长永著：《侦查程序与人权》，中国方正出版社 2000 年版。

15. 周愫娴、曹立群著：《犯罪学理论及其实证》，五南图书出版股份有限公司 2007 年版。

16. 张文显著：《二十世纪西方法哲学思潮研究》，法律出版社 1996 年版。

17. 胡旭晟著：《法的道德历程——法律史的伦理解释（论纲)》，法律出版社 2006 年版。

18. 韩忠谟著：《刑法原理》，中国政法大学出版社 2002 年版。

19. 史尚宽著：《民法总论》，中国政法大学出版社 2000 年版。

20. 陈永生著：《侦查程序原理论》，中国人民公安大学出版社 2003 年版。

21. 陈卫东主编：《刑事诉讼法实施问题调研报告》，中国方正出版社 2001 年版。

22. 张永和著：《权利的由来》，中国检察出版社 2001 年版。

23. 韩德明著：《侦查原理论》，中国人民公安大学出版社 2005 年版。

24. 刘汝宽著：《侦查计谋实务》，中国人民公安大学出版社 2005 年版。

25. 王传道编著：《侦查谋略学》，中国政法大学出版社 2004 年版。

26. 何永星、倪集华编著：《职务犯罪侦查谋略》，中国检察出版社 2007 年版。

27. 庞兴华编著：《侦查谋略》，警官教育出版社 1992 年版。

28. 杨立新：《民商法判解研究》（第 5 辑），吉林人民出版社 1999 年版。

29. 张文显：《法哲学范畴研究》，中国政法大学出版社 2001 年版。

30. 左卫民等著：《中国刑事诉讼运行机制实证研究》，法律出版社 2007 年版。

31. 左卫民等著：《中国刑事诉讼运行机制实证研究（二）——以审前程序为重心》，法律出版社 2009 年版。

32. 曲新久著：《刑事政策的权力分析》，中国政法大学出版社 2002 年版。

33. 江平、米健著：《罗马法基础》，中国政法大学出版社 1982 年版。

34. 何孝元著：《诚实信用原则与衡平法》，三民书局 1977 年版。

35. 王利明、杨立新：《人格权与新闻侵权》，中国方正出版社 1995 年版。

36. 王利明主编：《民法》，中国人民大学出版社 2000 年版。

37. 国际人权法教程项目编写组：《国际人权法教程》（第 2 卷），中国政法大学出版社 2002 年版。

38. 林钰雄主编：《新学林分科六法——刑事诉讼法》，新学林出版股份有限公司 2006 年版。

39. 曾正一著：《侦查法制专题研究》，中央警察大学出版社 2006 年版。

40. 林钰雄著：《刑事法理论与实践》，学林文化事业有限公司 2001 年版。

41. 韩大元主编：《比较宪法学》，高等教育出版社、中国政法大学出版社 2003 年版。

42. 普颖华著：《白话鬼谷子》，时事出版社 1995 年版。

43. 陈新民著：《宪法基本权利之基本理论》（上册），台湾三民书局 1990 年版。

44. 赵海峰主编：《欧洲法通讯》（第 1 辑），法律出版社 2001 年版。

45. 沈宗灵主编：《法理学》（第 2 版），北京大学出版社 2003 年版。

46. 杨一平著：《司法正义论》，法律出版社 1999 年版。

47. 冯友兰著：《中国哲学简史》，北京大学出版社 1995 年版。

48. 张岱年著：《中国伦理思想研究》，江苏教育出版社 2005 年版。

49. 王海明著：《新伦理学》，商务印书馆 2001 年版。

50. 王海明著：《伦理学导论》，复旦大学出版社 2009 年版。

51. 罗国杰主编：《伦理学》，人民出版社 1989 年版。

52. 何怀宏著：《伦理学是什么》，北京大学出版社 2002 年版。

53. 何怀宏著：《底线伦理》，辽宁人民出版社 1998 年版。

54. 万俊人著：《寻求普世伦理》，商务印书馆 2001 年版。

55. 倪愫襄著：《制度伦理研究》，人民出版社 2008 年版。

56. 高兆明、李萍等著：《现代化进程中的伦理秩序研究》，人民出版社 2007 年版。

57. 周辅成编：《西方伦理学名著选辑》（下卷），商务印书馆 1987 年版。

58. 宋希仁主编：《西方伦理思想史》，中国人民大学出版社 2004 年版。

59. 姜法曾著：《中国伦理学史略》，中华书局 1991 年版。

60. 宋希仁、陈劳志等主编：《伦理学大辞典》，吉林人民出版社 1989 年版。

61. 吾淳著：《中国社会的伦理生活——主要关于儒家伦理可能性问题的研究》，中华书局 2007 年版。

62. 乔良、王湘穗著：《超限战》，中国社会出版社 2005 年版。

63. 宁骚主编：《公共政策学》，高等教育出版社 2003 年版。

64. 王晓升著：《商谈道德与商议民主——哈贝马斯政治伦理思想研究》，社会科学文献出版社 2009 年版。

65. ［古希腊］亚里士多德著：《尼可马克伦理学》，苗力田译，中国社会科学出版社 1999 年版。

66. ［法］卢梭著：《社会契约论》，何兆武译，商务印书馆 1980 年版。

67. ［法］爱弥尔·涂尔干著：《职业伦理与公民道德》，渠东、付德根译，上海人民出版社 2006 年版。

68. ［英］亚当·库珀等主编：《社会科学百科全书》，上海译文出版社 1989 年版。

69. ［英］休谟著：《人性论》上册，商务印书馆 1980 年版。

70. ［英］边沁著：《政府片论》，商务印书馆 1997 年版。

71. ［英］边沁著：《道德与立法原理导论》，时殷红译，商务印书馆 2005

年版。

72. [英] 密尔著：《功用主义》，商务印书馆 1957 年版。

73. [英] 亚当·斯密著：《道德情操论》，商务印书馆 1998 年版。

74. [英] 哈耶克：《自由秩序原理》，邓正来译，大百科全书出版社 2000 年版。

75. [英] 麦高伟、杰弗里·威尔逊主编：《英国刑事司法程序》，姚永吉等译，法律出版社 2003 年版。

76. [德] 黑格尔：《美学》（第 2 卷），朱光潜译，商务印书馆 1979 年版。

77. [德] 黑格尔著：《法哲学原理》，范扬、张企泰译，商务印书馆 1982 年版。

78. [德] 康德著：《道德形而上学原理》，苗力田译，上海人民出版社 1986 年版。

79. [德] 康德著：《实践理性批判》，商务印书馆 1960 年版。

80. [德] 哈贝马斯著：《在事实与规范之间——关于法律和民主法治国的商谈理论》，童世俊译，三联书店 2003 年版。

81. [德] 亚图·考夫曼著：《法律哲学》，刘幸义等译，五南图书出版公司 2000 年版。

82. [德] 亨利·苏勒、西格佛里·布罗斯著：《西德警察与秩序法原理》，李震山译，台湾登文书局 1986 年版。

83. [德] 韦伯著：《学术与政治》，冯克利译，三联书店 1998 年版。

84. [德] 托马斯·魏根特著：《德国刑事诉讼程序》，岳礼玲、温小洁译，中国政法大学出版社 2004 年版。

85. [日] 我妻荣著：《新订民法总则》，岩波书店 1965 年版。

86. [日] 田口守一著：《刑事诉讼法》，刘迪、张凌、穆津译，法律出版社 2000 年版。

87. [日] 松尾浩也著：《日本刑事诉讼法》，丁相顺译，中国人民大学出版社 2005 年版。

88. [美] 雅克·蒂洛、基思·克拉斯曼著：《伦理学与生活》（第 9 版），程立显、刘建等译，世界图书出版公司 2008 年版。

89. [美] 弗兰克纳著：《伦理学》，关键译，三联书店 1987 年版。

90. [美] 爱德华·O. 威尔逊著：《论人性》，方展画、周丹译，浙江教育出版社 2001 年版。

91. [美] 富勒著：《法律的道德性》，郑戈译，商务印书馆 2005 年版。

92. [美] 约翰·罗尔斯著：《正义新论》，上海三联书店 2002 年版。

93. ［美］约翰·罗尔斯著：《政治自由主义导论》，译林出版社 2000 年版。

94. ［美］乔纳森·特纳著：《社会学理论的结构》（下），邱泽奇等译，北京华夏出版社 2001 年版。

95. ［美］戴维·波普诺著：《社会学》，中国人民大学出版社 1999 年版。

96. ［美］博登海默著：《法理学：法律哲学与法律方法》，邓正来译，中国政法大学出版社 1999 年版。

97. ［美］阿兰·S. 罗森鲍姆编：《宪政的哲学之维》，郑戈、刘茂林译，三联书店 2001 年版。

98. ［美］弗朗西斯·福山著：《信任：社会美德与创造经济繁荣》，彭志华译，海南出版社 2001 年版。

99. ［美］埃里克·尤斯拉纳著：《信任的道德基础》，张郭敏译，中国社会科学出版社 2006 年版。

100. ［美］Rolando V. del Carmen 著：《美国刑事侦查法制与实务》，李政峰等译，新加坡商汤姆生亚洲私人有限公司台湾分公司 2006 年版。

101. ［美］彼得·斯坦著：《西方社会的法律价值》，中国人民公安大学出版社 1990 年版。

102. ［美］佛瑞德·英鲍、约翰·莱德、约瑟夫·巴克来著：《刑事侦讯与自白》，高忠义译，商业周刊出版股份有限公司 2000 年版。

103. ［美］波斯纳著：《法理学问题》，苏力译，中国政法大学出版社 1994 年版。

104. ［美］蒙罗·H. 弗里德曼、阿贝·史密斯著：《律师职业道德的底线》，王卫东译，北京大学出版社 2009 年版。

105. ［美］霍夫曼著：《弗洛伊德主义与文学思想》，王宁等译，三联书店 1987 年版。

106. ［美］查尔斯·R. 斯旺森等著：《刑事犯罪侦查》（第 8 版），但严铮、郑海等译，中国检察出版社 2007 年版。

107. ［美］罗纳尔多·V. 戴尔卡门著：《美国刑事诉讼：法律和实践》（第 6 版），张鸿巍等译，武汉大学出版社 2006 年版。

108. ［美］布莱恩·甘迺迪著：《美国法律伦理》，郭乃嘉译，商周出版 2005 年版。

109. ［美］伯尔曼著：《法律与宗教》，梁治平译，三联书店 1991 年版。

110. ［美］德沃金著：《认真对待权利》，中国大百科全书出版社 1998 年版。

111. ［印］M. P. 赛夫著：《德国行政法》，周伟译，台湾五南图书出版有限公司 1999 年版。

112. ［奥］曼弗雷德·诺瓦克著：《联合国公民权利和政治权利国际公约评注》，孙世彦、毕小青译，生活·读书·新知三联书店 2008 年版。

113. ［日］松尾浩也著：《日本刑事诉讼法》（上卷），丁相顺译，中国人民大学出版社 2005 年版。

114. ［德］克劳斯·罗科信著：《刑事诉讼法》，吴丽琪译，法律出版社 2003 年版。

115. ［法］卡斯东·斯特法尼等著：《法国刑事诉讼法精义》（上、下），罗结珍译，中国政法大学出版社 1999 年版。

116. ［德］托马斯·魏根特著：《德国刑事诉讼程序》，岳礼玲、温小洁译，中国政法大学出版社 2003 年版。

117. 余叔通、谢朝华译：《法国刑事诉讼法典》，中国政法大学出版社 1995 年版。

118. 《意大利刑事诉讼法典》，黄风译，中国政法大学出版社 1994 年版。

119. 《德国刑事诉讼法典》，李昌珂译，中国政法大学出版社 1995 年版。

120. 《美国联邦刑事诉讼规则和证据规则》，卞建林译，中国政法大学出版社 1996 年版。

二、论文类

1. 宋英辉：《关于搜查、扣押电子资料的立法完善问题》，载孙长永主编：《现代侦查取证程序》，中国检察出版社 2005 年版。

2. 陈光中、陈学权：《强制采样与人权保障之冲突与平衡》，载孙长永主编：《现代侦查取证程序》，中国检察出版社 2005 年版。

3. 龙宗智：《威胁、引诱、欺骗的审讯是否违法》，载《法学》2000 年第 3 期。

4. 龙宗智：《欺骗与刑事司法行为的道德界限》，载《法学研究》2002 年第 4 期。

5. 王泽鉴：《人格权的具体化及其保护范围·隐私权篇》（上），载《比较法研究》2008 年第 6 期。

6. 刘梅湘：《论讯问策略与非法讯问方法的界限》，载《中国人民公安大学学报》2004 年第 5 期。

7. 李建明：《人权保障视野中讯问方法的合法运用》，载《现代法学》2005 年第 5 期。

8. 毕惜茜：《侦查讯问策略运用的法律界限》，载《中国人民公安大学学报》2004 年第 3 期。

9. 谢佑平、万毅：《侦查法律关系论纲》，载《中国人民公安大学学报》2003 年第 1 期。

10. 刘荣军：《诚实信用原则在民事诉讼中的适用》，载《法学研究》1998 年第 4 期。

11. 朱孝清：《侦查讯问时律师在场之我见》，载《人民检察》（下）2006 年第 5 期。

12. 崔敏：《刑事诉讼法实施中的问题与建议》，载《现代法学》1998 年第 1 期。

13. 陈永生：《论侦查讯问录音录像制度的保障机制》，载《当代法学》2009 年第 4 期。

14. 孙笑侠：《法律家的技能与伦理》，载《法学研究》2001 年第 4 期。

15. 刘方权：《认真对待侦查讯问——基于实证的考察》，载《中国刑事法杂志》2007 年第 5 期。

16. ［美］特里·L.库珀：《世界转型中的公共管理伦理标准》，载《中国人民大学学报》2002 年第 6 期。

17. 吴秀莲：《制度伦理的界定》，载《实事求是》2007 年第 1 期。

18. 胡敏中：《论价值共识》，载《哲学研究》2008 年第 7 期。

19. 王培智：《社会转型时期的信用问题浅析》，载《陕西青年管理干部学院学报》2004 年第 1 期。

20. 袁正清：《交往行为理论与国际政治研究——以德国国际关系研究视角为中心的一项考察》，载《世界经济与政治》2006 年第 9 期。

21. 刘祖云：《关系、伦理关系与行政伦理关系》，载《湖南社会科学》2006 年第 6 期。

22. 张步文：《权力的性质、伦理与和缓》，载《社会主义研究》2004 年第 3 期。

23. 强昌文：《权利的伦理解析》，载《法律科学》2005 年第 3 期。

24. 肖士英：《道德冷漠感与制度性道德关怀》，载《陕西师范大学学报》（哲学社会科学版）2000 年第 1 期。

25. 左卫民：《侦查中的取保候审：基于实证的功能分析》，载《中外法学》2007 年第 3 期。

26. 高宣扬：《当代法国哲学关于人性的四次论战》，载《学术月刊》2006 年第 38 卷第 11 期。

27. 王光贤：《残忍、不人道和有辱人格的待遇或处罚：几组概念的辨明》，载《中国刑事法杂志》2006 年第 4 期。

28. 《葡萄牙证人保护法》，杨家庆译，载《中国刑事法杂志》2005 年第 3 期。

29. 杨永存：《陕西府谷押解 3 杀人嫌犯游街引数万人围观》，载《西安晚报》2008 年 11 月 26 日。

30. 刘丹：《论行政法上的诚实信用原则》，载《中国法学》2004 年第 1 期。

31. 冯菊萍：《隐私权探讨》，载《法学》1998 年第 11 期。

32. 林建中：《隐私权概念初探——从美国法之观点切入》，载《宪政时代》第 23 卷第 1 期。

33. 陈绍芳：《公共哲学视角的公共秩序价值解析》，载《社会科学家》2009 年第 1 期（总第 4 期）。

34. 彭赛红：《公序良俗原则与和谐社会的构建》，载《求索》2007 年第 2 期。

35. 梁慧星：《市场经济与公序良俗原则》，载梁慧星主编：《民商法论丛》（1），法律出版社 1994 年版。

36. ［日］田宫裕：《被告人的地位及其口供》，载西原春夫主编：《日本刑事法的形成与特色》，中国法律出版社、日本成文堂 1997 年联合出版。

37. 赵东平、祝光红：《职务犯罪侦查五种高效讯问法》（上），载《中国检察官》2009 年第 2 期。

38. 陆而启：《叶公好龙：刑事证人出庭的一个寓言》，载《证据科学》2008 年第 1 期。

39. 宋远升：《设局与破解：论侦查行为合理公开原则》，载《山东警官学院学报》2007 年第 1 期。

40. 郑琳、庄庆鸿：《"律师涉嫌造假案"庭审激辩 6 小时》，载《中国青年报》2009 年 2 月 3 日。

41. 孟登科：《千里办案，10 万放人》，载《南方周末》2009 年 5 月 30 日。

42. 《证人出庭可获经济补偿 宝安检察院开证人保护先河》，载《南方日报》2005 年 1 月 24 日。

43. 《北京率先向刑事案件出庭证人提供经济补偿》，载《北京晚报》2009 年 2 月 11 日。

三、外文类

1. H. L. A. Hart, The Concept of Law, Oxford University Press, 1996.

2. Jeremy Bentham, An Introduction to the Principles of Morals and Legislation,

Clarendon Press, Oxford, 1823.

3. John Rawls, Political Liberalism, New York: Columbia University Press, 1996.

4. Jean – Paul Sartre, L' Existentialisme est un humanisme. Paris. 1947.

5. Aristotle, Aristotle's Nicomachean Ethics, Translated with Commentaries and Glossary by Hippocrates G. Apostle, Peripatetic Press, Grinnel, Iowa , 1984.

6. Arthur Best, Evidence, Wolters Kluwer Law & Business, 2007.

7. William Burnham, Introduction to The Law and Legal System of The United States, West Group, 2002.

8. William L. Reynolds, Judicial Process, West Group, 2003.

9. Norman Vieira, Constitutional Civil Rights, West Group, 1998.

后 记

给检察机关自侦部门的检察干警讲课，最基本的要求就是要上有理论下接地气，同时要对解决问题有帮助。为了把课讲好，笔者一直坚持抓住所有机会了解职务犯罪侦查的实践，通过挂职、调研、研讨、座谈、课堂上的互动和课后的答疑等各种机会了解实践中的问题，收集办案经验。与此同时，大量收集、阅读并尝试翻译侦查讯问外文资料，并试图组建翻译侦查讯问方面的外文资料的兼职检察官团队，以丰富侦查讯问的理论研究。随着时间的积累，笔者先后开发出《侦查讯问环节和任务》、《侦查讯问中的情绪控制原理》、《侦查讯问中的认知控制原理》、《虚假供述的识别》、《讯问中的话题管理和供述引导》、《贪污案件讯问原理》、《贿赂案件讯问原理》、《侦查讯问中记忆唤醒与信息核对》、《预设在侦查讯问中的应用》等一系列专题。由于针对侦查讯问实践问题，并有理论分析，这些课程深受一线办案检察官的好评，也树立了一些口碑。很多培训学员课下询问是否有相关书籍出版，以便购买阅读。于是也就有了系统整理侦查讯问相关理论和实践问题的想法。虽然已经整理和积累多年，但由于授课任务繁重，总想弄得更好些，出书的事情一推再推。时至今日，遂将研究的东西整理成三本书交付出版。第一本是《侦查讯问研究述评》，侧重于讯问理论的资料整理，因此资料性更强一些。第二本是《职务犯罪侦查讯问原理与技巧》，侧重于讯问原理的分析和讯问技巧的运用，试图把职务犯罪侦查讯问实践中的经验进行更深入的总结，建立相关的操作模型，实务性更强一些。第三本是《侦查的伦理分析》，是在笔者博士论文的基础上修改而成，从伦理角度分析研究侦查的现象和问题，理论性更强一些。

本书出版时，正是中国反腐败体制、机制改革如火如荼进行之时。从目前的形势看，国家监察委员会呼之欲出，检察机关反贪污贿赂、反渎职侵权、职务犯罪预防部门转隶已成必然。笔者所在的国家检察官学院是从事检察教育培训工作的，将来可能会因为培训的对象转隶而不再从事职务犯罪侦查讯问的教学培训。对笔者而言，也面临着研究转向和专业转型的问题。回顾近十多年来的教学和研究工作自然感慨颇多。不管机构如何变化，将来名称如何变迁，侦查讯问都是查明事实真相、收集固定证据不可或缺的一环。与调查对象面对面沟通和交流是获取案件信息的重要渠道，而要合法获取真实陈述，既需要理论指导，又需要经验总结。因此对这方面的研究也总是不可或缺的。这三本书是笔者对过去教学和研究工作的一个小结,期望能够给从事侦查、调查工作以及反腐工作的同仁们一些启发和帮助。不足之处,敬请批评指教。不管中国的反腐败体制将来会如何变动,我本人也依然会关注职务犯罪侦查工作,尤其是职务犯罪的侦查讯问工作。

值此三本书出版之际,衷心感谢我的导师宋英辉教授。《侦查的伦理分析》正是在老师的悉心指导和鼓励下完成的。老师平易近人、治学严谨,充满人格魅力,无论做人、做事、做学问都是我无法企及的榜样。能入宋门,实在是我的幸运!

感谢中国检察出版社的庞建兵主任,因为他的大力支持这三本书才能得以面世。

感谢这么多年一直默默陪伴和支持着我的爱人张万华女士,还有给我带来无限惊喜、幸福、快乐和前进动力的宝贝女儿上官欣宇同学。

上官春光
2017 年 3 月 12 日于北京